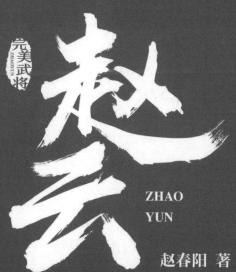

完美武将

赵云

ZHAO
YUN

赵春阳 著

江苏凤凰文艺出版社
JIANGSU PHOENIX LITERATURE AND
ART PUBLISHING, LTD

图书在版编目（CIP）数据

完美武将：赵云 / 赵春阳著. —— 南京：江苏凤凰文艺出
版社, 2019.5
ISBN 978-7-5594-3663-4

Ⅰ.①完⋯ Ⅱ.①赵⋯ Ⅲ.①赵云（？ -229）- 评传Ⅳ.
①K825.2

中国版本图书馆CIP数据核字(2019)第079292号

完美武将：赵云

赵春阳 著

责任编辑	王青
特约编辑	冉智超
装帧设计	王涛
出版发行	江苏凤凰文艺出版社
	南京市中央路 165 号，邮编：210009
网　　址	http://www.jswenyi.com
印　　刷	重庆共创印务有限公司
开　　本	787×1092 毫米 1/16
印　　张	23
字　　数	214 千
版　　次	2019 年 5 月第 1 版　2019 年 5 月第 1 次印刷
书　　号	ISBN 978-7-5594-3663-4
定　　价	109.80 元

江苏凤凰文艺版图书凡印刷、装订错误可随时向承印厂调换

序

段锦川

明、清之前，三国时期的历史远没有后来那样被人们熟知和喜爱。这个现象与小说《三国演义》以及"三国戏"的广泛流行有着直接的关系。钱穆先生在《国史新论》中说道："今天任何一个中国人，都知道些三国史。也许是因为有罗贯中作了《三国演义》，但罗贯中为何作《三国演义》？《三国演义》为何能如此流传？正因为三国时代人物多，而且真算得人物。"

在灿若群星的三国人物当中，赵云极有可能是拥趸最多的，几乎每个中国男人的少年时期，都会把"常山赵子龙"奉若神明。然而，许多人并不十分清楚历史人物赵云与文艺作品中的赵云有着巨大的差异。不仅如此，曹操、诸葛亮、关羽、周瑜、刘备这些著名的三国人物都存在着这种巨大的差异。有趣的是，历代史家与小说家、戏曲家、评书艺人都在为这样的差异做出努力。其中，史家最重要的贡献是依据"正统论"提出"尊刘贬曹"这个极具意识形态色彩的价值判断，而文艺家则根据这个原则，从道德和情感的角度出发，创造出众多有血有肉的三国人物，曹操被涂上白脸成为世人唾骂的奸贼，诸葛亮身披八卦仙衣成为智慧的化身，关羽走上神坛封圣称帝享尽人间烟火。

京剧《甘露寺》当中，乔玄与孙权有一段对话：

> 乔玄：此人姓赵名云字子龙，乃真定常山人氏。这位将军在长坂坡前与曹兵交战，杀入曹营，是七进七出！
>
> 孙权：嗳！三进三出！
>
> 乔玄：不、不、不，七进七出！
>
> 孙权：哽！三进三出！
>
> 乔玄：七出七进，是七进七出啊！
>
> 孙权：也不怕拌坏了你那老嘴！
>
> 乔玄：哼，本来是七进七出啊！

可是，小说《三国演义》只描述了赵云在长坂坡两进两出。其实，无论是几进几出，长坂坡无疑是赵云一生中的高光时刻，他也由此被后人誉为百战百胜的常胜将军。然而，赵云的军事才能在三国时期并不是十分突出。唐宋时期，武圣庙中从祀的三国名将有关羽、张飞、张辽、邓艾、周瑜、陆逊、吕蒙、陆抗、羊祜、王濬、杜预。赵云不在其列。钱穆在论及历代名将的风范时也说，"以搏斗格杀为能事，以暴虎冯河为果决"那不过是匹夫之勇，只有"智、仁、勇三德兼备，军务政事乃至于人生大道之融通一气"，才是中华文化传统中的理想人格，才称得上大圣大贤。"七分实事、三分虚构"是清代史学大家章学诚对小说《三国演义》的严厉批评，这七实三虚"以致观者往往为所惑乱"，他还说："实则概从其实，虚则明著寓言，不可虚实错杂，如三国之淆人耳。"

但是，文人士大夫的批评也好、愤懑也罢，通俗文艺家和乐此不疲的读者、观众却置之不顾，他们需要一个理想化的人物，便把自己的情感和希望投射到一个完美武将的身上。于是，近四五百年以来，创作者和受众合谋，共同塑造了一个战无不胜的将军——赵云赵子龙。

春阳兄的这本《完美武将：赵云》正是秉持了"大三国"的理念，对历史的三国与文化的三国一视同仁，剔抉爬梳，旁征博引。阐述了历史、故事传说、讲史评话、元曲京剧、章回小说以及当今流行的影视作品、电子游戏等，为塑造赵云这一艺术典型共同做出的努力。正如春阳兄为读者呈现出来的，赵云与曹操、诸葛亮、关羽这些著名的三国人物不同的是，身为一个完美的武将，他更多体现的是中国民间社会的价值观。

2019 年初春

（本序作者为央视纪录片《三国的世界》导演）

完美武将 赵云

ZHAO YUN

赵春阳 著

目录 CONTENTS

目录 CONTENTS

完美武将 赵云

ZHAO YUN

赵春阳 著

云昔从先帝，劳绩既著，

经营天下，遵奉法度，功效可书。

当阳之役，义贯金石。

忠以卫上，君念其赏；

礼以厚下，臣忘其死。

死者有知，足以不朽；

生者感恩，足以殒身。

——《云别传》

第一章

《三国志》中的赵云

第一章
《三国志》中的赵云

　　《三国志》是记录三国时代的正史，全面地反映了三国时代的历史大事和人物生平，是后人研究三国历史和三国人物的最重要依据。

　　《三国志》的作者是蜀汉人陈寿。陈寿（233—297年），字承祚，巴西郡安汉县（今四川南充）人，其父为蜀汉将领，师从谯周，精通《史记》《汉书》，历任蜀汉东观秘书郎、散骑黄门侍郎，因不附宦官黄皓，屡遭贬黜。蜀汉灭亡后，陈寿被召入洛阳，司空张华爱其才，举为孝廉，历任著作郎、巴西郡中正、平阳侯相、治书侍御史等职，时人称其有良史之才。太康元年（280年）开始，陈寿系统搜集魏蜀吴三国史料，经过十年之功，写成《三国志》。

　　《三国志》全书共六十五卷，其中《魏书》三十卷、《蜀书》十五卷、《吴书》二十卷，三志原本独立，后世才被合为一书。《三国志》无表无志，只有"纪"和"传"，以曹魏为正统，曹魏的君主归入"纪"中，蜀汉和东吴的君主则归入"传"中。《三国志》治史公允，取材精审，文笔简洁。刊印时，夏侯渊的曾孙夏侯湛正在作《魏书》，看到《三国志》后自愧不如，不惜将自己的作品毁掉。

　　陈寿记事精简，这虽然使得《三国志》拥有言简意赅的优点，但也造成了历史细节的缺失。100多年后，南朝宋文帝命史学家裴松之为《三国志》作注。

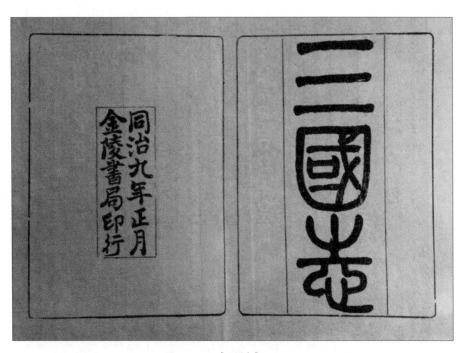

《三国志》

　　裴松之（372—451年），字世期，河东闻喜（今山西闻喜）人，在东晋时曾任殿中将军、尚书祠部郎、零陵内史、国子博士，入宋后担任中书侍郎、司冀二州大中正，封西乡侯。裴松之旁征博引，精心考辨，于元嘉六年（429年）写成《三国志注》。裴松之的注释引用书籍多达二百余种，增入大量史料，极大地弥补了陈寿《三国志》的不足。后世刊印陈寿的《三国志》时都会附上裴松之的注释，陈志和裴注已经形成了一个不可分割的整体。

　　陈寿所著《赵云传》位于《三国志》第三十六卷，即《蜀书》第六卷《关张马黄赵传》中，全文只有400多字，裴松之所引《云别传》的字数是《赵云传》的三倍。

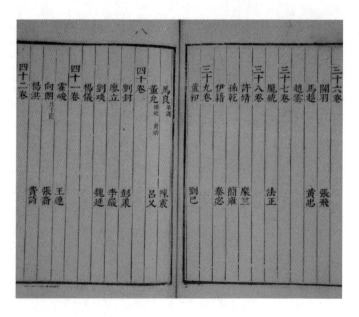

《三国志》目录

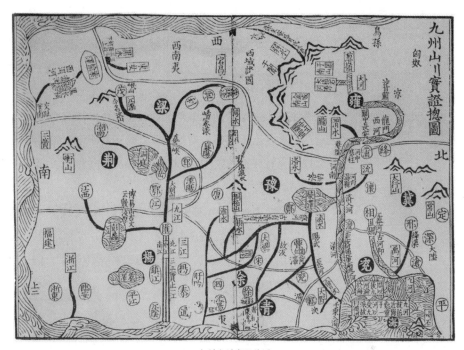

九州山川实证总图

1. 龙现常山

周穆王十七年（公元前 960 年），造父驾车助周穆王平叛有功，获赐赵城，改"造"为"赵"，遂有赵姓。

周威烈王二十三年（公元前 403 年），造父八世孙赵籍与魏斯、韩虔三家分晋，建立赵国。

秦始皇十八年（公元前 229 年），秦将王翦举兵攻赵，赵国国王赵迁投降，赵国降为秦之赵郡。

为了淡化六国的名字，赵郡又被拆分为恒山、邯郸、清河等郡。恒山郡因境内古恒山（今河北曲阳大茂山）得名，治所在东垣县（今河北石家庄东古城村附近），东垣"控太行之险，绝河北之要，西顾则太原动摇，北出则范阳震慑"，自古就是兵家必争之地，"晋得此以雄长于春秋，赵得此以纵横于战国。"

汉高祖四年（公元前203年），刘邦立恒山王张耳为赵王，复置赵国。六年后，赵国国相陈豨反叛，刘邦亲率大军前去东垣平叛。击败叛军后，为了图吉利，刘邦将东垣县改名为真定县，寓意"真正安定"。

真定这个名字给刘邦带来了好运，称霸南越的恒山真定人赵佗不久便臣服刘邦。刘邦死后，汉文帝即位，继续与赵佗修好，大打感情牌，"为佗亲冢在真定置守邑，岁时奉祀。（《汉书·两粤传》）"

汉文帝名刘恒，恒山郡避讳改名为常山郡。汉武帝时期，在常山郡北部设立真定国。东汉光武帝时期，废真定国，将其并入常山郡成为真定县，常山郡也改称常山国。三国时，曹魏恢复常山郡，西晋沿袭。

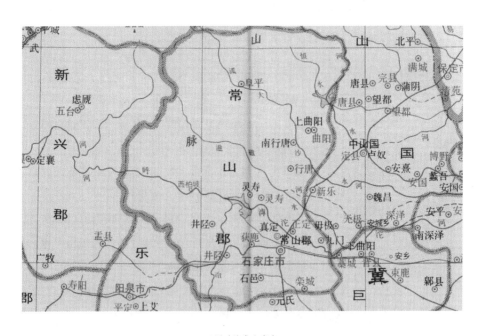

三国时的常山真定

如今，常山之名世人皆知，因为"那里出了个赵子龙"。《三国志·赵云传》的第一句话就是：赵云字子龙，常山真定人也。

《三国演义》中，赵云也常说："吾乃常山赵子龙也！"

表字与本名相关，常出自经典。曹操字孟德，出自《荀子·劝学》："生乎由是，死乎由是，夫是之谓德操。"周瑜字公瑾，出自《楚辞·九章·怀沙》："怀瑾握瑜兮，穷不知所示。"赵云字子龙，"子"是对男子的尊称，"龙"出自《周易·乾》："同声相应，同气相求。水流湿，火就燥。云从龙，风从虎。"日后，这个名字的主人果然云起龙襄，纵横四海。

赵云出生的确切年份已不可考，大概率生于 170 年左右（后文详述），正是东汉内忧外患的桓灵时期。诸葛亮在《出师表》中说："先帝在时，每与臣论此事，未尝不叹息痛恨于桓灵也。"

桓灵二帝虽然不是父子，却有很多共同点：第一，他们俩都好女色，后宫多达数千人；第二，他们俩死得都很早，桓帝死时 36 岁，灵帝死时 33 岁，或许这两者之间有某种必然联系。东汉末年国家财政比较紧张，为了满足私欲，桓灵二帝明码标价公开卖官鬻爵，一时间"庙堂之上，朽木为官，殿陛之间，禽兽食禄。"当时的童谣讽刺说："举秀才，不知书。举孝廉，父别居。寒素清白浊如泥，高第良将怯如鸡。（葛洪《抱朴子》）"

常山国临近燕、代地区，常常遭受羌胡的侵扰。永初四年（110 年），南匈奴单于檀"遣千余骑寇常山、中山。（《后汉书·南匈奴列传》）"永初五年（111 年），先零羌入侵，朝廷下诏命"魏郡、赵国、常山、中山缮作坞候六百一十六所。（《后汉书·西羌传》）"

赵家是常山的郡望，又是南越王赵佗的族人，自然要承担起保家卫国的责任。东汉末年，世家大族很早就让自己的子弟接受军事教育，曹丕自述："余时年五岁，上以世方扰乱，教余学射，六岁而知射，又教余骑马，八岁而能骑射矣。"东吴大将凌统死后，孙权将凌统的两个儿子收养在宫中，八九岁时，"十日一令乘马"。赵云日后可以为刘备主管骑兵，早年必然经过严格的骑射训练。

再长大些，就要接受文化教育了。夏侯惇"年十四，就师学。"刘备"年十五，母使行学。"《三国志》中记录了赵云多次谈话，这些谈话词汇丰富，逻辑清晰，可见赵云早年接受了良好的文化教育。东汉的地方官学和私学都很发达，班固在《东都赋》中形容："四海之内，学校如林，庠序盈门，献酬交错，俎豆莘莘，下舞上歌，蹈德咏仁。"鲁肃的伯祖父鲁丕担任赵国国相时，讲授五帝之道，数百人拜师求学。赵云的发小夏侯兰长大后就成为一名法律专家。

在文武之间，生逢乱世的赵云最终选择了执三尺之剑，立不世之功。

桓灵时期，一种死亡率极高的疾疫蔓延开来，当时的医生称其为伤寒。医圣张仲景在《伤寒杂病论》中称："余宗族素多，向余二百，建安纪元以来，犹未十稔，其死亡者，三分有二，伤寒十居其七。"建安七子中，王粲、徐干、陈琳、应玚、刘桢五人死于瘟疫。精英阶层尚且如此，老百姓更惨，曹植《说疫气》载："建安二十二年，疠气流行。家家有僵尸之痛，室室有号泣之哀。或阖门而殪，或覆族而丧。"

在现有医疗手段失效的情况下，百姓只能求助于神符圣水。巨鹿人张角看准这个机会，以治病救人为幌子大肆发展信徒，《后汉书·皇甫嵩传》载："十余年间，众徒数十万，连结郡国，自青、徐、幽、冀、荆、扬、兖、豫八州之人，莫不毕应。"

中平元年（184年），是一个甲子年，张角自称"天公将军"，以"苍天已死，黄天当立，岁在甲子，天下大吉"为口号在巨鹿郡起事。常山国与巨鹿郡相邻，自然也受到波及，常山国最高行政长官常山王刘暠甚至弃城逃走。

一时间，各地民众纷纷效仿张角，民变如雨后春笋般出现，大有星火燎原之势。《后汉书·皇甫嵩传》记载：

> 自黄巾贼后，复有黑山、黄龙、白波、左校、郭大贤、于氐根、青牛角、张白骑、刘石、左髭丈八、平汉、大计、司隶、掾哉、雷公、浮云、飞燕、白雀、杨凤、于毒、五鹿、李大目、白绕、眭固、苦哂、罗市之徒，并起山谷间，不可胜数。

常山真定人褚燕趁机落草为寇，与博陵人张牛角合兵，以张牛角为主帅，攻城略地。张牛角战死，褚燕接管部队，并改名张燕，吸纳常山、赵国等地的匪众组成"黑山军"，河北诸县皆受其害。

前冀州刺史、太常刘焉分析民变的原因，认为："刺史太守，货赂为官，割剥百姓，以致离叛。"为了解决这个问题，刘焉建议在郡县之上设立更高一级的行政单位。东汉地方行政机构沿袭了秦汉以来的郡县两级制，全国一共有150多个郡，1100多个县，郡的最高行政长官为郡守，县的最高行政长官为县令。在郡之上，还设有13个州，州的最高行政长官为州刺史。但是，州仅仅是个监察机构，州刺史的职能是考核郡守和县令的政绩，既无政权也无兵权。

中平五年（188年），汉灵帝采纳刘焉的建议，在郡守和县令之上设立州牧，总领一州之事，集军政大权于一身。州牧一手遮天，为日后群雄割据埋下伏笔，包括司马光在内的很多历史学家都认为，这一事件才是东汉王朝崩溃的标志。

赵云所在冀州的州牧，由袁氏门生、前御史中丞韩馥担任。

与此同时，在朝廷内部，外戚与宦官的宫斗大戏愈演愈烈。桓帝登基时只有15岁，灵帝登基时只有13岁。皇帝太小无法执政，身边的宦官和外戚获得了干预朝政的机会。两股势力互相倾轧，势同水火。

中平六年（189年），袁绍异想天开，建议大将军何进调董卓进京铲除宦官。事情败露，十常侍率先动手杀死何进，袁绍又率兵杀死十常侍，困扰东汉数十年的外戚宦官之争竟然得到了彻底的解决。朝廷内部出现了权力真空，姗姗来迟的董卓捡了个大馅饼。

为了扶持自己的势力，董卓鸩杀少帝刘辩之母何太后，废黜少帝刘辩，拥立陈留王刘协为献帝，自封相国，入朝不趋，剑履上殿，东汉皇室仅有的一点尊严也丧失殆尽。

初平元年（190年），包括冀州牧韩馥在内的关东群雄组成联军，推举袁绍为盟主，兴兵讨董。迫于压力，董卓鸩杀废帝刘辩，挟持献帝迁都长安。各路诸侯无人追赶，对他们来说，起兵讨董只是一次实兵演戏，他们的真正兴趣在于称霸一方，彼此兼并。

群雄割据的大幕就此拉开，赵云也在这个时候登上历史舞台。

2. 遵从仁政

桓灵时期，外有蛮族侵扰，内有流民反叛，家家思乱，人人自危。为抵御贼寇，世家大族纷纷组织乡勇，建立私人武装，称为私兵。私兵农时为民，战时为兵，农闲时讲武习兵。东汉农书《四民月令》记载：二月"顺阳习射，以备不虞"；三月"警设守备，以御春饥草窃之寇"；八月"凉燥可上弩，缮治鍫锄，正缚铠弦，遂以习射"；九月"缮五兵，习战射，以备寒冻穷厄之寇"。

董卓西迁后，皇权衰微，群雄割据局面形成。"当今之世，非但君择臣，臣亦择君"，许多私兵都由兵长带领另寻明主。私兵的兵长称为渠帅，一般由世家大族中精武之人担任。三国时期，许多著名将领都是渠帅出身，如李乾、许褚、鲁肃等等。

《三国志·魏书·李典传》载：

> 李典字曼成，山阳钜野人也。典从父乾，有雄气，合宾客数千家在乘氏。初平中，以众随太祖。

《三国志·魏书·许褚传》载：

> 许褚字仲康，谯国谯人也。长八尺余，腰大十围，容貌雄毅，勇力绝人。汉末，聚少年及宗族数千家，共坚壁以御寇。……太祖徇淮、汝，褚以众归太祖。

《三国志·吴书·鲁肃传》载：

> 肃体貌魁奇，少有壮节，好为奇计。天下将乱，乃学击剑骑射，招聚少年，给其衣食，往来南山中射猎，阴相部勒，讲武习兵。……后雄杰并起，中州扰乱，肃乃命其属曰："中国失纲，寇贼横暴，淮、泗间非遗种之地，吾闻江东沃野万里，民富兵强，可以避害，宁肯相随俱至乐土，以观时变乎？"其属皆从命。

赵云登上历史舞台的方式与此类似，初平二年（191年）冬，赵云率众投奔公孙瓒。《云别传》：

> 云身长八尺，姿颜雄伟，为本郡所举，将义从吏兵诣
> 公孙瓒。

《三国志》中，身高七尺五寸以上，就是高个子，值得在传记上写上一笔。比如刘备身高七尺五寸，诸葛恪身高七尺六寸，太史慈身高七尺七寸。《三国志》中，同样身高八尺的还有诸葛亮、董袭、满宠等人，身高最高的是王袁：八尺四寸。

三国时一尺究竟多长说法不一，《中国科学技术史·度量衡卷》综合考古文物和历史文献，得出结论："魏武帝令杜夔定音律，杜夔以当朝日常用尺定律，经与新莽铜斛尺校测，一尺之长当在24.2厘米，至景元四年刘徽校大司农铜斛，得铜斛尺也正合24.2厘米……因大司农铜斛尺测算精确，可作为这时期一尺的约定值。"按照一尺为24.2厘米的说法，赵云"身长八尺"折合193.6厘米。这个身高无论当时还是现在都是高个儿，同样是身长八尺的董袭，"（孙）策见而伟之"。

三国是个看脸的时代，公孙瓒因"有姿仪"受到郡守器重，曹操因"自以形陋"担心不足以威震匈奴。《赵云传》记载赵云"姿颜雄伟"，这个相貌非常具有领袖气质，可以帮助赵云在那个时代获得更多机会。

与普通的渠帅不同，赵云率领的部队中，有义从也有吏兵。义从原指胡、羌等外族归附者，后来也指自愿从军者，《三国志·吴书·孙破虏传》曰："坚时乌合义从，兵不如虏精，且战有利钝。"《三国志·吴书·甘宁传》曰："飞白祖，听宁之县。招怀亡客并义从者，得数百人。"

吏兵指州郡的官兵，只有本郡官员才能统领吏兵，《三国志·魏书·公孙度》载："伪使者张弥、许晏与中郎将万泰、

赵云绣像

校尉裴潜将吏兵四百余人，赍文书命服什物，下到臣郡。"
《三国志·魏书·梁习传》载："昔为本县主簿，值黑山贼围郡，
登与县长王隽帅吏兵七十二人直往赴救，与贼交战，吏兵散
走。"赵云为本郡所举，统率本郡吏兵，身份肯定经过郡政
府认可。

当时的冀州，有两股较大的势力，一是公孙瓒，二是袁
绍。公孙瓒的官职只是奋武将军，而袁绍则是赵云所在冀州
的州牧。赵云为什么没有选择袁绍呢？这也是公孙瓒见到赵
云后问的问题。《云别传》：

> 时袁绍称冀州牧，瓒深忧州人之从绍也，善云来附，
> 嘲云曰："闻贵州人皆原袁氏，君何独回心，迷而能反乎？"
> 云答曰："天下讻讻，未知孰是，民有倒县之厄，鄙州论议，
> 从仁政所在，不为忽袁公私明将军也。"遂与瓒征讨。

赵云的回答不卑不亢，既没有恭维公孙瓒，也没有贬低
袁绍，只表明自己遵从仁政，救民水火的决心。到了初平二
年（191年），公孙瓒的确比袁绍做了更多利国利民的事情。

袁绍字本初，汝南汝阳人。从高祖父袁安开始，四世三
公，门生故吏遍天下，权倾朝野。袁绍是司空袁逢的庶子，
袁术是他同父异母的兄弟。汉灵帝时期，袁绍以大将军何进
属官的身份担任侍御史，不久升迁为中军校尉，一直做到司
隶校尉。灵帝死后，袁绍建议何进召董卓进京铲除宦官，结
果引狼入室，致使董卓专权。袁绍公开反对董卓，后担心被
害逃到冀州。

初平元年（190年）正月，关东联军起兵讨董，袁绍自
号车骑将军，担任盟主。虽然贵为联军盟主，但袁绍真正
的目的并不是安邦定国，而是称霸图王。关东联军聚集在

袁绍绣像

酸枣（今河南延津县以北十五里处），袁绍畏首畏尾，不思进取。曹操劝袁绍出兵，说"此天亡之时也，一战而天下定矣，不可失也。"袁绍不听，谋立幽州牧刘虞为帝，欲与董卓分庭抗礼。袁绍曾得到一块玉印，常常举起向曹操炫耀，曹操笑而不语，彻底看清了袁绍与董卓其实是一路人。

初平二年（191年）春，破虏将军孙坚长驱直入，先后击败华雄和吕布，董卓迫于压力西迁长安。袁绍并未派兵追赶，而是开始谋求霸业。袁绍认为冀州南据黄河，北阻燕代，可以因之以争天下，决定从冀州下手。时任冀州牧的韩馥是袁氏的门生，袁绍派荀彧的兄弟荀谌游说韩馥。韩馥是个胆小鬼，在荀谌的威逼利诱下，将冀州拱手让给袁绍。不久，韩馥又认为袁绍要加害于他，跑到厕所里用小刀自杀。

荀谌游说韩馥时吓唬他，公孙瓒来到冀州，是为了夺取冀州牧。

公孙瓒字伯珪，辽西令支人。虽为官宦子弟，但因庶出仅在郡中担任抄写文书的小吏。公孙瓒长得好看，声音洪亮，能言善辩，受到郡守赏识，娶郡守女儿为妻。郡守派他到大儒卢植处学习，期间与刘备成为同学。回来后，公孙瓒以郡吏身份举孝廉，除辽东属国长史，因战功先后担任涿县县令、骑都尉、中郎将、奋武将军。初平二年（191年）秋，公孙瓒受袁绍之邀，率兵讨董，进入冀州。后因从弟公孙越被袁绍部将周昂射杀，与袁绍交恶，屯兵磐河，伺机报仇。

公孙瓒有两个功绩，一是赶走乌桓，二是打击黄巾。

中平（184—189年）年间，乌桓胡反叛，勾结反贼张纯进入冀州，四处烧杀抢掠。公孙瓒率兵反击，将乌桓赶出境内。为了斩草除根，公孙瓒追亡逐北，出卢龙塞，深入辽西，多次与乌桓大战，险些丧命。公孙瓒与从骑皆乘白马，自称"白马义从"，乌桓人彼此提醒，遇到骑白马之人不可与

公孙瓒绣像

刘备绣像

敌。乌桓人以公孙瓒的画像为靶子练习射箭，射中就欢呼雀跃。经过五六年的时间，公孙瓒彻底击败乌桓，逼得乌桓远走柳城。

初平二年（191年）冬，青、徐二州的黄巾余党三十万人进入冀州，欲与黑山军联合。公孙瓒率兵两万，在渤海东光大破黄巾军，斩杀三万余人。黄巾军渡黄河逃走，公孙瓒趁其半渡击之，收降七万余人。

赵云所在的常山国常年苦于外族和贼寇的侵扰，对赵云和他的义从来说，跨马持枪保家卫国的公孙瓒远比阴谋诡计称霸图王的袁绍更值得尊重和托付。

在公孙瓒那里，赵云遇到了他一生中最重要的那个人：刘备。

3. 结识先主

刘备字玄德，涿郡涿县人，汉景帝之子中山靖王刘胜之后，祖父刘雄和父亲刘弘都在州郡做官，刘雄官至东郡范县县令。刘备生于延熹四年（161年），幼年丧父，家道中落，与母亲贩履织席为业。十五岁时，刘备的母亲送他到大儒卢植处学习，与公孙瓒成为同学，公孙瓒年长，刘备以兄事之。刘备不爱读书，喜欢狗马、音乐和漂亮衣服。刘备少言寡语，礼贤下士，喜怒不形于色，善结交英雄豪杰，与关羽、张飞"寝则同床，恩若兄弟"。

黄巾之乱时，刘备平叛有功，担任安喜县尉，后怒鞭督邮弃官而走。不久，刘备又在下邳击败黄巾军，先后担任下密县丞、高唐县尉、高唐县令，后被黄巾军击败，投奔老同学公孙瓒。群雄讨董时，刘备也跟随公孙瓒进入冀州。

赵云与刘备一见如故，《云别传》：

> 时先主亦依讬瓒，每接纳云，云得深自结托。

《资治通鉴》则说："刘备见而奇之，深加接纳。"接纳，结交罗致。奇，看重。这两个词常见于长辈对晚辈。《三国志·魏书·吕布传》曰："先是，司徒王允以布州里壮健，厚接纳之。"《三国志·魏书·田豫传》曰："豫时年少，自讬于备，备甚奇之。"吕布是王允的晚辈，田豫小刘备10岁。结识刘备时，刘备31岁，赵云很可能20岁左右。

初平二年（191年），赵云"为本郡所举，将义从吏兵诣公孙瓒"，这也可以帮助我们推断赵云的年龄。当时，多大年龄可以统领郡兵呢？《三国志·吴书·孙破虏传》载："坚以郡司马募召精勇，得千余人，与州郡合讨破之。是岁，熹平元年也。"孙坚生于155年，熹平元年是172年，此时孙坚18岁。《三国志·蜀书·先主传》载："灵帝末，黄巾起，州郡各举义兵，先主率其属从校尉邹靖讨黄巾贼有功，除安喜尉。"刘备生于161年，黄巾之乱发生于184年，此时刘备24岁。由此推断初平二年（191年）赵云应该20岁左右，与之前的结论吻合。历史学家方北辰先生在他的《三国名将：一个历史学家的排行榜》一书中，也持这个观点。

清朝史学家王鸣盛在《十七史商榷》中认为"赵云卒于建兴七年，其年想亦不过五十余。"建兴七年是229年，按照王鸣盛观点，赵云生于170年到180年之间。考虑到赵云在191年已经"为本郡所举"，赵云绝无可能出生在175年后。

还有人根据赵云字子龙认定他的生肖是龙，得出赵云生于164年的结论，这也有些武断。陆逊的孙子陆云字士龙，生于262年，生肖是马。梁陆云公字子龙，生于511年，生肖是兔。名字与生肖并不存在必然关系。

我们不妨取个整数，认定赵云出生在 170 年前后，20 岁左右时投奔公孙瓒，结识刘备。

公孙瓒见刘备与赵云情投意合，就把赵云安排在刘备身边。

初平二年（191 年），公孙瓒刚刚收降七万多黄巾余党，又得到赵云等冀州人士的归附，兵强马壮，不可一世，于是有了逐鹿中原的野心。公孙瓒以严纲为冀州刺史，田楷为青州刺史，单经为兖州刺史，分置各州，企图控制黄河流域。随即，公孙瓒亲率步骑四万进军界桥，列举袁绍十条罪状，以为公孙越报仇为名，正式向袁绍宣战。

初平三年（192 年）正月，界桥之战爆发，袁绍以麴义为先锋，以步兵和弩兵大破公孙瓒的骑兵，生擒严纲，公孙瓒逃到渤海郡，与从弟公孙范一起退回幽州。

与《三国演义》不同，历史上，赵云与刘备并没有参加这场战斗。界桥之战前夕，刘备以别部司马的身份跟随田楷前往青州，赵云为刘备主管骑兵，《云别传》：

> 云遂随从，为先主主骑。

"主骑"即"主管骑兵"，《新唐书·哥舒翰传》曰："使王思礼主骑，李承光主步。"《资治通鉴》写作"（赵云）为备主骑兵"，含义更加清晰。从刘备日后救助陶谦的兵力配备看，赵云主管的骑兵应是"幽州乌丸杂胡骑"。《三国志·魏书·乌丸传》曰："三郡乌丸为天下名骑。"这支骑兵大大增强了刘备的实力，使刘备有本钱抗衡曹操。

刘备来到青州时，前青州刺史焦和已死，青州成了无主之地，袁绍派出部将臧洪接管青州。田楷与臧洪之间多次交锋，刘备屡立战功，先后担任平原令和平原相。

担任平原相期间，刘备内仁外义，深得人心。对内，刘备为人谦和，乐善好施，与百姓同甘共苦。平原人刘平看不起刘备，不愿在刘备手下做事，派刺客刺杀刘备。受到刘备热情接待的刺客不忍心加害，说出真相后离开。对外，刘备遵道秉义，锄强扶弱。黄巾余党侵扰北海国，国相孔融派太史慈向刘备求救，刘备倾囊相助，当即派遣三千精兵前去解围。

赵云终于看到了他苦苦追寻的"仁政所在"。

4. 终不背德

回到幽州后，公孙瓒击败袁绍部将崔巨业，乘胜南下，追至平原，与田楷会合。为了争夺青州，公孙瓒为田楷增兵数万，派田楷与刘备攻略齐地，战事持续一年多，士卒疲惫，百姓流离，钱粮耗尽，野无青草。赵云对公孙瓒渐渐失去信心。

在平原期间，赵云的哥哥去世，赵云向公孙瓒请辞归乡。《后汉书·袁绍传》记载，初平三年公孙瓒在龙凑被袁绍击败，离开平原返回幽州。所以，赵云辞别公孙瓒只能发生在龙凑之战前。这样算来，赵云在公孙瓒那里只呆了一年多。临行前，刘备对赵云依依不舍，《云别传》：

> 云以兄丧，辞瓒暂归，先主知其不反，捉手而别，云辞曰："终不背德也。"

如果说这时的赵云还对公孙瓒抱有一丝希望的话，那公孙瓒接下来的所作所为则让赵云彻底失望。

群雄讨董时，袁绍曾欲立刘虞为帝另立朝廷，刘虞固辞不受。公孙瓒为夺取幽州，诬陷刘虞篡逆，发兵攻打刘虞。

曹操绣像

刘虞为官清廉，深得民心，虽位列三公，但生性节俭，着布衣穿草鞋，一顿饭不吃两个肉菜。担任幽州牧期间，"务存宽政，劝督农植，开上谷胡市之利，通渔阳盐铁之饶，民悦年登，谷石三十。(《后汉书·刘虞传》)"初平四年（193 年）冬，公孙瓒杀死刘虞，抢占幽州。曾任常山相的孙瑾与属官张逸、张瓒等人义愤填膺，到刘虞尸体旁痛哭，并大骂公孙瓒，公孙瓒知道后将他们杀死。冀、幽两州官民怨声载道，公孙瓒彻底失掉民心。

远在青州的刘备也对公孙瓒十分失望。兴平元年（194 年），曹操为报父仇攻打徐州，徐州牧陶谦向田楷和刘备求援。刘备借机脱离公孙瓒，前往徐州抵御曹操。曹操不久退兵。

兴平二年（195 年），陶谦病故，在糜竺、陈登、孔融等人的支持下，刘备接任徐州牧，完成了从县令到州牧的跨级跳跃。

建安元年（196 年），刘备与袁术交战，吕布趁机偷袭，刘备战败后向吕布投降，后投奔曹操。曹操厚待刘备，任刘备为豫州牧。

建安三年（198 年），曹操与刘备进攻徐州，擒杀吕布。回到许都后，刘备被封为左将军，与曹操"出则同舆、坐则同席"。

建安四年（199 年），刘备与曹操煮酒论英雄，曹操说："今天下英雄，唯使君与操耳。本初之徒，不足数也。"刘备察觉曹操开始怀疑自己，借攻打袁术之机，夺取徐州。同年，袁绍大举进攻幽州，于易京攻破公孙瓒，公孙瓒杀死妻小后自焚。袁绍坐拥冀、青、幽、并四州，士卒超过十万。

建安五年（200 年）春，曹操亲自东征刘备。刘备战败，逃往青州。当时的青州刺史是袁绍之子袁谭，刘备担任平原相期间曾举荐袁谭为茂才。在袁谭的引荐下，刘备前往邺城投奔袁绍。

在邺城，刘备见到了他朝思暮想的一个人：赵云。《云别传》：

先主就袁绍，云见于邺。

此时的刘备，正处在人生的低谷。自己寄人篱下，关羽投降曹操。在刘备辉煌之际，赵云并没有锦上添花，如今刘备落魄，赵云雪中送炭。青州一别七年后，赵云履行了"终不背德"的诺言。

刘备与赵云常常"同床眠卧"，谋划未来。他们认为，"干大事而惜身，见小利而忘命"的袁绍不足以成大事，曹操最终定会将其击败。于是，刘备派赵云暗中招募士卒，为日后离开袁绍积蓄力量。这个任务可不简单，初平四年（193年），孙策投奔舅舅吴景，利用吴景丹阳太守的身份，才募得数百人。《三国志·吴书·孙讨逆传》载："策舅吴景，时为丹阳太守，策乃载母徙曲阿，与吕范、孙河俱就景，因缘召募得数百人。"

但是，赵云虽身处他人屋檐之下，仍凭一己之力，出色地完成了这个任务，《云别传》：

先主与云同床眠卧，密遣云合募得数百人，皆称刘左将军部曲，绍不能知。

有了这支队伍，刘备又成为一股不可忽视的力量。

建安五年（200年）七月，曹操与袁绍相持于官渡，袁绍派刘备骚扰许都。关羽得到消息后回归刘备。曹操听从谋士郭嘉建议，置袁绍不顾，东征刘备，刘备被曹仁击败，返回邺城。袁绍派刘备率部前往汝南收编黄巾余党龚都，刘备借机离开袁绍。十月，曹操在官渡之战大败袁绍，袁绍仅带八百随从逃回河北。

建安六年（201年），刘备在汝南被曹操击败，前往荆州投奔刘表，赵云同行。

5. 举荐夏侯

来到荆州，刘备一行受到刘表的热情款待。刘表为刘备增兵，命其屯兵新野。

新野隶属于南阳郡，南阳位于伏牛山之南，汉水之阳（北），故称南阳。南阳虽属荆州，但因其位于南阳盆地之中，相对独立，张绣曾割据于此。南阳盆地又名南襄盆地，北起宛城（今河南南阳），南到襄阳（今湖北襄阳）。南阳是中原与荆州之间的战略锁钥，被称作南北腰膂，宛城是南阳的北大门，襄阳是南阳的南大门。宛城与襄阳之间有一条著名的官道，即宛襄古道，新野恰恰在宛襄古道的中心点。由曹操所在的许都南下荆州，必过新野。刘表命刘备屯兵新野的意图很明显，就是为了抵御曹操。

建安七年（202年），刘备北上骚扰曹操，进军叶县。曹操派夏侯惇、于禁、李典等人迎战，刘备将阵线后撤，选择在博望与曹军对峙。两军相持多日，刘备烧掉营寨，假装退兵。夏侯惇不听李典劝阻，率兵追赶，遭遇刘备伏击，被李典救回。

在这场战斗中，赵云生擒曹将夏侯兰，夏侯兰是赵云的发小，《云别传》：

> 先是，与夏侯惇战于博望，生获夏侯兰。兰是云乡里人，少小相知，云白先主活之，荐兰明于法律，以为军正。云不用自近，其慎虑类如此。

关羽绣像

夏侯惇绣像

从"云白先主活之"来看，刘备开始是想杀死夏侯兰的。赵云为其求情，并留在军中，需要承担很大的风险。建安十三年（208年），孙权攻打黄祖，生擒苏飞，欲将其杀死，甘宁以性命担保才救得苏飞。《三国志·吴书·甘宁传》：

> 初，权破祖，先作两函，欲以盛祖及苏飞首。飞令人告急于宁，宁曰："飞若不言，吾岂忘之？"权为诸将置酒，宁下席叩头，血涕交流，为权言："飞畴昔旧恩，宁不值飞，固已损骸于沟壑，不得致命于麾下。今飞罪当夷戮，特从将军乞其首领。"权感其言，谓曰："今为君致之，若走去何？"宁曰："飞免分裂之祸，受更生之恩，逐之尚必不走，岂当图亡哉！若尔，宁头当代入函。"权乃赦之。

夏侯兰擅长法律，为了充分发挥他的才能，也为了避免裙带之嫌，经过慎重考虑，赵云推荐夏侯兰担任军正，而并没有留在自己身边。

军正即军中法官，职掌军事刑法。自春秋时起，历代都设此官，《周礼·夏官·诸子》："若有兵甲之事，则授之车甲，合其卒伍，置其有司，以军法治之。"三国时期，魏吴两国皆有。

《傅子》载：

> 太祖既诛袁谭，枭其首，令曰："敢哭之者戮及妻子。"于是王叔治、田子泰相谓曰："生受辟命，亡而不哭，非义也。畏死忘义，何以立世？"遂造其首而哭之，哀动三军。军正白行其戮，太祖曰："义士也。"赦之。

《三国志·吴书·凌统传》载：

> 勤乘酒凶悖，又于道路辱统。统不忍，引刀斫勤，数
> 日乃死。及当攻屯，统曰："非死无以谢罪。"乃率厉士卒，
> 身当矢石，所攻一面，应时披坏，诸将乘胜，遂大破之。还，
> 自拘于军正。

刘备集团一直缺乏法律方面的人才，特别是前期。建安十九年（214年），刘备攻下益州，命诸葛亮、法正、伊籍、刘巴、李严制定蜀汉法律《蜀科》，这五人都是在夏侯兰之后加入刘备军中的。夏侯兰是唯一一位写入正史的刘备军正，他的加入，一定会让刘备的部队更加规范。

此后的几年时间里，曹操北征河北，无暇顾及荆州。而刘备在新野厚树恩德，广收众心，荆州豪杰纷纷归附刘备，其中就包括大名鼎鼎的诸葛亮。

诸葛亮字孔明，琅琊阳都人。早年父母双亡，跟随叔父诸葛玄来到荆州。诸葛玄死后，诸葛亮躬耕陇亩，常常自比管仲乐毅，人称卧龙。经徐庶推荐，刘备三顾茅庐，就天下之事咨询诸葛亮，诸葛亮提出影响深远的《隆中对》，并出山辅助刘备。

荆州豪杰的归附让刘表生疑，刘表暗中提防刘备，不再重用。建安十二年（207年），曹操远征乌桓，刘备建议刘表偷袭许都，被刘表断然拒绝。

错过机会的刘表自然受到惩罚，一年后，曹操亲率二十万大军南下荆州。

6. 长坂救主

建安十三年（208年）正月，曹操彻底肃清袁氏集团，开始着手南征荆州。

六月，曹操罢三公，置丞相，由自己担任，独揽大权。

七月，曹操亲率大军二十万挥师南下。

八月，刘表病死，次子刘琮即位，刘备南移，屯兵樊城。

九月，曹操抵达新野，刘琮望风投降。

曹操抵达宛城时，刘琮才通知刘备，他已经投降。刘备知道后大惊，与部下商议对策，诸葛亮建议刘备攻打襄阳，刘备不忍，决定前往物资充足的江陵防守。途经襄阳时，刘备呼叫刘琮相见，刘琮理亏，不敢面对刘备。刘备向刘表墓告辞，痛哭流涕。荆州的官员和百姓，大批追随刘备南下。

到达当阳时，军民队伍扩大到十余万人，辎重数千车，每天只能走十里路。有人建议刘备放弃百姓，但刘备说："夫济大事必以人为本，今人归吾，吾何忍弃去！"刘备派关羽走水路先行，派张飞断后阻挡曹兵，派赵云保护自己家眷。

曹操以江陵有军资，担心刘备据而守之，决定放弃辎重，率轻兵追赶。到达襄阳，听说刘备已经通过，曹操来不及举行受降仪式，当即派堂弟曹纯率领五千虎豹骑急赶刘备。

虎豹骑是曹操最信赖的嫡系部队，历代统帅皆由曹家人担任，如曹纯、曹仁、曹真。虎豹骑也是三国时代最精锐的骑兵，每一个普通士兵都是从百夫长里面精选的。《魏书》："纯所督虎豹骑，皆天下骁锐，或从百人将补之"。虎豹骑一日一夜行三百余里，在当阳长坂追上刘备。

长坂，即长坡，也作长阪。《说文解字》曰："阪，坡者曰阪，一曰泽障，一曰山胁也。"《广韵》曰："坂，同阪，大陂不平。"春秋时，长坂称阪高，《春秋左传·哀公十六年》载："麇人率百濮聚于选，将伐楚。于是申息之北门不启。楚人谋徙于阪高。"长坂坡位于荆山余脉，大树参天，魏晋时，又称栎林长坂或绿林长坂。南朝盛弘之《荆州记》载："当阳县东有栎林长坂。"北魏郦道元《水经注》载："沮水又东南，迳当阳县城北。城因冈为阻，北枕沮川，其故城在东一百四十里，谓之东城，在绿林长坂南，长坂即为张翼德横矛处也。"

现在的湖北省当阳市在三国时属于临沮县，也就是日后关羽被擒的地方，并非三国时的当阳县。三国时期的当阳位于现在荆门市境内，长坂坡位于今荆门市掇刀区。长坂地处荆山山脉与江汉平原的过渡地带，虽有长坡，但无法阻挡强大的骑兵，顾祖禹在《读史方舆纪要》中称其"间道之可驰，陂陀不能以限马。"

曹纯率领的虎豹骑作战有两个特点：一是打击精确，二是手段残忍。建安十年（205 年）正月，曹纯率领虎豹骑围攻南皮，袁绍长子袁谭弃城逃走。虎豹骑追上袁谭，将其斩首于马上。建安十二年（207 年），曹操北征乌桓，曹纯率领虎豹骑突击，擒杀乌桓首领单于蹋顿。

刘备继承了刘邦的"基因"，一有危难，刘备就会抛妻弃子。

建安元年（196 年），刘备在下邳被吕布击败，"布虏先主妻子"。

建安三年（198 年），刘备在小沛被高顺击败，"复虏先主妻子送布"。

建安五年（200 年），刘备在小沛被曹操击败，"虏先主妻子"。

刘备的队伍在长坂被虎豹骑冲散，刘备故技重施，再次"弃妻子南走"，命张飞断后，自己与诸葛亮等人率先逃走。面对追赶的曹军，张飞据水断桥，瞋目横矛说："身是张益德也，可来共决死！"曹军无人敢于迎战，转而抢夺刘备家眷和辎重。

暂时安全的刘备，开始寻找他的家眷，刘备最在乎的是阿斗。阿斗生于一年前，相传其母甘氏梦吞北斗而孕，因此

张飞绣像

乳名"阿斗"。刘备已经 48 岁，辗转半生，亲生儿子只有这么一个，一旦落入曹操手中，借此要挟，后果不堪设想。建安七年（202 年），曹操要求孙权把儿子送到许都当人质，孙权犹豫不决，与周瑜商议，周瑜断然拒绝，说："质一入，不得不与曹氏相首尾，与相首尾，则命召不得不往，便见制于人也。极不过一侯印，仆从十余人，车数乘，马数匹，岂与南面称孤同哉？"

此时，刘备又听到一个坏消息，有人报告说赵云已经北去投降曹操。三国时代，临阵反水的事例屡见不鲜。

如，建安三年（197 年），徐晃离开杨奉投降曹操：

> 及到洛阳，韩暹、董承日争斗，晃说奉令归太祖；奉欲从之，后悔。太祖讨奉于梁，晃遂归太祖。（《三国志·魏书·徐晃传》）

再如，建安五年（200 年），张郃离开袁绍投降曹操：

> 绍初闻公之击琼，谓长子谭曰："就彼攻琼等，吾攻拔其营，彼固无所归矣！"乃使张郃、高览攻曹洪。郃等闻琼破，遂来降。（《三国志·魏书·武帝纪》）

长坂坡之战中，诸葛亮的好友徐庶也投降了曹操：

> 先主在樊闻之，率其众南行，亮与徐庶并从，为曹公所追破，获庶母。庶辞先主而指其心曰："本欲与将军共图王霸之业者，以此方寸之地也。今已失老母，方寸乱矣，无益于事，请从此别。"遂诣曹公。（《三国志·蜀书·诸葛亮传》）

在这种情况下，有人投降曹操实属正常。但刘备知道，赵云绝对不会这么做。刘备记得，八年前，他寄居在袁绍篱下，几乎是光杆司令。赵云终不背德，前来投奔，与刘备"同床眠卧"，患难与共。八年来，刘备屡战屡败，颠沛流离，赵云不离不弃，心如磐石，岂能为富贵所动？

不因辉煌，慕名而来；不因落魄，转身离开，这就是赵云。

孤子生死未卜，又有人诬陷爱将赵云，刘备大怒，不顾自己的仁君形象，拔出手戟掷向造谣之人。这个人是谁，他是死是活，历史上并无记载。不久，赵云果然返回，《云别传》：

> 初，先主之败，有人言云已北去者，先主以手戟擿之曰："子龙不弃我走也。"顷之，云至。

与赵云一起回来的还有阿斗和甘夫人，《赵云传》：

> 及先主为曹公所追于当阳长坂，弃妻子南走，云身抱弱子，即后主也，保护甘夫人，即后主母也，皆得免难。迁为牙门将军。

甘夫人此时很可能已经身负重伤，否则应由母亲来抱孩子。刘备的两个女儿也被曹纯俘虏，《三国志·魏书·曹纯传》载："从征荆州，追刘备于长坂，获其二女辎重，收其散卒。"长坂坡之战一定异常惨烈，可惜《三国志》并没有交代细节，我们只能从其他救主场面想象长坂坡的情形。

建安二年（197 年），典韦救曹操：

> 后十余日，绣反，袭太祖营，太祖出战不利，轻骑引去。韦战于门中，贼不得入。兵遂散从他门并入。时韦校尚有十余人，皆殊死战，无不一当十。贼前后至稍多，韦以长戟左右击之，一叉入，辄十余矛摧。左右死伤者略尽。韦被数十创，短兵接战，贼前搏之。韦双挟两贼击杀之，余贼不敢前。韦复前突贼，杀数人，创重发，瞋目大骂而死。贼乃敢前，取其头，传观之，覆军就视其躯。(《三国志·魏书·典韦传》)

建安十六年（211年），许褚救曹操：

> 太祖将北渡，临济河，先渡兵，独与褚及虎士百余人留南岸断后。超将步骑万余人，来奔太祖军，矢下如雨。褚白太祖，贼来多，今兵渡已尽，宜去，乃扶太祖上船。贼战急，军争济，船重欲没。褚斩攀船者，左手举马鞍蔽太祖。船工为流矢所中死，褚右手并溯船，仅乃得渡。是日，微褚几危。(《三国志·魏书·许褚传》)

建安二年（197年），周泰救孙权：

> 策讨六县山贼，权住宣城，使士自卫，不能千人，意尚忽略，不治围落，而山贼数千人卒至。权始得上马，而贼锋刃已交于左右，或斫中马鞍，众莫能自定。惟泰奋激，投身卫权，胆气倍人，左右由泰并能就战。贼既解散，身被十二创，良久乃苏。是日无泰，权几危殆。(《三国志·吴书·周泰传》)

刘禅绣像

建安二十年（215年），凌统救孙权：

> 时权彻军，前部已发，魏将张辽等奄至津北。权使追还前兵，兵去已远，势不相及，统率亲近三百人陷围，扶捍权出。敌已毁桥，桥之属者两版，权策马驱驰，统复还战，左右尽死，身亦被创，所杀数十人，度权已免，乃还。（《三国志·吴书·凌统传》）

与"才力绝人"的曹操和"便马善射"的孙权相比，赵云要救的是一个尚在襁褓的婴儿和一个不识鞍马的妇女，难度可想而知。半个世纪后，蜀汉灭亡前夕，55岁的刘禅追忆赵云时说："朕以幼冲，涉涂艰难，赖恃忠顺，济于危险。"时任大将军的姜维也说："当阳之役，义贯金石。"

刘备为感激赵云，拜赵云为牙门将军。几年后，魏延接替赵云，成为新的牙门将军。

迎回阿斗，暂时渡过了危急，但刘备对未来仍然迷茫。前往江陵的计划破灭，刘备考虑远走交州，投奔老友苍梧太守吴巨。正在此时，刘备见到了从江东赶来的鲁肃。

7. 桂阳拒婚

鲁肃见到刘备，提出孙刘结盟，共治曹操。自从二袁、吕布、刘表死后，孙权是除刘备外唯一一个敢于公开对抗曹操的人。此时的孙权据有六郡，兵精粮足，内有张昭，外有周瑜。刘备大喜，当即派诸葛亮随鲁肃前往柴桑拜见孙权，自己与关、张、赵云进驻樊口。

长坂坡击败刘备后，曹操进军江陵，接受了刘琮的投降。曹操希望借孙权之手杀死刘备，给孙权写了一封信，信上说："近者奉辞伐罪，旌麾南指，刘琮束手。今治水军八十万众，方与将军会猎于吴。"

以张昭为代表的东吴群臣看到曹操的信后大惊失色，建议孙权投降曹操。但在诸葛亮、鲁肃、周瑜等人的劝说下，孙权决定联合刘备对抗曹操。孙权任命周瑜、程普为左右都督，鲁肃为赞军校尉，选精兵三万，率军西进，与曹操在赤壁相遇。曹军士卒多是北方人，不习水战，加之水土不服，大面积感染瘟疫。初一交战，曹军被击败，引军驻扎江北乌林。

周瑜采纳黄盖建议，派黄盖以诈降为名接近曹营，放火烧毁曹操战船。曹军死伤惨重，从华容道撤退。刘备与周瑜水陆并进，一直追到南郡。曹操留曹仁镇守江陵，自己返回邺城。周瑜耗时一年，攻破江陵。

与此同时，刘备率领赵云等人征讨荆南四郡，武陵太守金旋、长沙太守韩玄、零陵太守刘度、桂阳太守赵范纷纷投降。赵云取代赵范，成为桂阳太守。《云别传》：

周瑜绣像

> 从平江南，以为偏将军，领桂阳太守，代赵范。

桂阳郡治所在郴县（今湖南郴州），秦属长沙郡，项羽徙楚怀王于长沙，即定都郴县。汉代初年，分长沙郡置桂阳郡，郴县成为桂阳郡治。东汉时郡治一度移至耒阳，不久又回到郴县。桂阳"北瞻衡岳之秀，南当五岭之冲，控引交广，屏蔽湖湘。"东汉建初八年（83年），大司农郑弘为运输旧交趾七郡的贡品，开凿桂阳峤道，桂阳由此成为连接荆州与交州的咽喉重地。北宋初年，宋太祖命大将潘美南征，自湖南进兵，先拔桂阳，再以桂阳为根本收复岭南。

诸葛亮在《隆中对》里说："荆州北据汉沔，利尽南海，东连吴会，西通巴蜀。"这里的南海指南海郡，郡治在番禺（今广东广州）。由郴县经曲江（今广东韶关）即可到番禺。控制桂阳是实现《隆中对》计划的重要一环。

　　三国时，新郡守常由将其攻下的将领担任。209 年，周瑜攻下南郡后担任南郡太守，《三国志·吴书·吴主传》载："十四年，瑜、仁相守岁余，所杀伤甚众。仁委城走。权以瑜为南郡太守。"再如，吕蒙攻下庐江后担任庐江太守，《三国志·吴书·吕蒙传》载："侵晨进攻，蒙手执枹鼓，士卒皆腾踊自升，食时破之。既而张辽至夹石，闻城已拔，乃退。权嘉其功，即拜庐江太守。"

　　因此，桂阳很可能是赵云独自领兵攻下的。桂阳西南芙蓉峰上曾有一唐代摩崖石刻，上书"赵云屯兵处"。唐宋时期，芙蓉峰上还建有纪念赵云的庙宇赵侯祠。赵侯祠又叫护英祠，《康熙桂阳州志》载："护英祠，在芙蓉峰南，古汉将赵云立营于此，因庙祀之。宋进士黄照邻立碑，明都司张元玺重建，郡生骆大麟记。"直到清中期，赵云祠和赵云屯兵遗垒尚在。清代乾嘉时举人吴鲸有诗《芙蓉峰谒赵常山祠》："顺平熊虎将，遗垒至今传。界憾潇湘水，人思战伐年。却婚轻国色，携胆镇蛮大。祠树闻啼鸟，还疑拜杜鹃。"20 世纪 60 年代，赵云祠被毁坏，现在只有《汉顺平侯赵将军庙碑记》存世，被收藏在桂阳蒙泉亭内。

　　前桂阳太守赵范投降后，想把寡嫂嫁给赵云，赵云断然拒绝，《云别传》：

> 范寡嫂曰樊氏，有国色，范欲以配云。云辞曰："相与同姓，卿兄犹我兄。"固辞不许。

　　食、色，性也。三国名将也不例外，关羽助曹操攻打吕布时，多次向曹操索要秦宜禄之妻杜氏，《魏氏春秋》载："朗父名宜禄，为吕布使诣袁术，术妻以汉宗室女。其前妻杜氏留下邳。布之被围，关羽屡请于太祖，求以杜氏为妻，太祖疑其有色，及城陷，太祖见之，乃自纳之。"张飞的妻子是在外出时被张飞抢来的，《魏略》载："建安五年，时霸从妹年十三四，在本郡，出行樵采，为张飞所得。飞知其良家女，遂以为妻，产息女，为刘禅皇后。"但是，赵云不为美色所动。

有人认为樊氏再嫁失节，因此赵云不愿接受。其实不然，"烈女不更二夫"的贞节观是在宋代随理学建立起来的。在三国时代，贞节观十分淡薄，连曹丕的文昭甄皇后都曾是袁熙的妻子。赵云不接受樊氏的真正原因是担心赵范利用美人计图谋不轨，《云别传》：

> 时有人劝云纳之，云曰："范迫降耳，心未可测；天下女不少。"遂不取。

英雄难过美人关，历史上，多少好汉都栽倒在女色上，曹操就是个例子。建安二年（197 年），曹操南征南阳，张绣投降，曹操纳张绣寡婶，张绣降而复叛，反攻曹操，曹操大将典韦、长子曹昂、侄子曹安民战死，曹操险些遇难。

赵云的担心不是多余的，不久，赵范果然逃跑，《云别传》：

> 范果逃走，云无纤介。

这时，那些劝赵云纳樊氏的人才恍然大悟，佩服赵云的远见卓识。

有人认为"时有人劝云纳之"之"纳"指"纳妾"，这是不对的，孙策纳大乔为妾与周瑜娶小乔为妻都用了"纳"字。《三国志·吴书·周瑜传》载："顷之，策欲取荆州，以瑜为中护军，领江夏太守，从攻皖，拔之。时得桥公两女，皆国色也。策自纳大桥，瑜纳小桥。"

那么，此时的赵云是单身吗？我认为大概率是。如果此时赵云是有妻室的，外人劝赵云纳妾不太合适。刘备攻取益州时，甘糜二位夫人病故，孙夫人还吴，刘备正值单身，所以群臣劝他聘刘瑁遗孀吴氏为后，《三国志·蜀书·二主妃子传》载：

> 焉有异志，而闻善相者相后当大贵。焉时将子瑁自随，遂为瑁纳后。瑁死，后寡居。先主既定益州，而孙夫人还吴，群下劝先主聘后，先主疑与瑁同族，法正进曰：'论其亲疏，何与晋文之于子圉乎？'于是纳后为夫人。

刘瑁与刘备同族，赵范与赵云同族，都有所顾忌，情形十分相似。如果按照赵云出生于 170 年计算，此时的赵云已近不惑之年，前任妻子过世的概率较大。

8. 截江夺斗

建安十四年（209 年），刘备席卷荆南四郡，表请孙权行车骑将军，领徐州牧。孙权投桃报李，表请刘备为荆州牧，并将江陵南岸借给刘备，刘备屯兵油江口，改名公安。为了进一步巩固孙刘联盟，孙权将胞妹嫁给刘备。

刘备与孙权进入了蜜月期，但刘备与孙夫人的蜜月却危机四伏。《三国志·蜀书·法正传》载："初，孙权以妹妻先主。妹才捷刚猛，有诸兄之风，侍婢百馀人，皆亲执刀侍立，先主每入，衷心常凛凛。"

孙权生于 182 年，孙坚死于 191 年，因此，孙夫人是个 80 后甚至 90 后。而刘备生于 161 年，是个 60 后。可以想象，两人的婚姻完全是为政治服务的，并没有多少爱情的成分。

孙权绣像

建安十五年（210年），周瑜病逝，孙权听从鲁肃建议，又将江陵（荆州治所）借给刘备。刘备使关羽屯江陵，张飞屯秭归，诸葛亮据南郡，刘备自己住在公安的孱陵城，赵云仍然担任桂阳太守。

此时的刘备，北有曹操虎视眈眈，东有孙权追索荆州，本来就举步维艰。而自己与孙夫人的关系进一步恶化，甚至分居，《元和郡县图志》记载："孙夫人城在孱陵城东五里。汉昭烈夫人，权妹也，与昭烈相疑，别筑此城居之。"

天高皇帝远的孙夫人更加蛮横无理，任由帐下吴兵胡作非为，进退两难的刘备，又想到了赵云，《云别传》：

> 此时先主孙夫人以权妹骄豪，多将吴吏兵，纵横不法。先主以云严重，必能整齐，特任掌内事。

掌管内事，管轻了没有用，管重了又要担心枕边风，需忠诚正直，胆大心细之人担任。比如，为孙坚"典知内事"的是族子孙河，《三国志·吴书·宗室传》载："河质性忠直，讷言敏行，有气干，能服勤。少从坚征讨，常为前驱，后领左右兵，典知内事，待以腹心之任。"

关羽、张飞曾与刘备"寝则同床"，赵云也曾与刘备"同床眠卧"，他们三人与刘备关系最密切。但是，关羽刚而自矜，张飞暴而无恩，都有各自的性格弱点。想来想去，刘备觉得赵云严谨稳重，最适合这项工作，于是将赵云从桂阳调到孱陵。赵云到任后，果然把事情处理得井井有条，孙夫人也有所收敛。

赵云在当地深受百姓爱戴，据著名掌故家郑逸梅先生考证，孱陵安乡县旧时有一赵云庙，香火旺盛，三国时为赵云驻兵之所。庙后还有一株古梅，相传是赵云亲手所植。

建安十六年（211 年），曹操于潼关大破马超，据有关中，益州牧刘璋担心曹操得陇望蜀，于是派法正前往荆州邀请刘备相助。在法正、庞统的建议下，刘备以帮助刘璋为由，率庞统、黄忠、魏延等人入蜀，伺机夺取益州，实现"跨有荆益"的战略构想。诸葛亮、关羽、张飞、赵云等人留守荆州。《云别传》：

> 先主入益州，云领留营司马。

留营司马负责当地军事，一旦生变，可以动用重兵，与留府司马类似，《宋书·武帝纪下》载："辛酉，亡命刁弥攻京城，得入，太尉留府司马陆仲元讨斩之。"《南史·沈攸之传》载："攸之自江陵下，以荣为留府司马守城。"

孙权获悉刘备入川，开始着手夺回荆州。为防止受制于人，孙权派船队将孙夫人接回江东。孙夫人心领神会，欲将阿斗带回，借此要挟刘备。三年前，阿斗险些被曹操俘虏，三年后，阿斗又差点被孙权骗走。抢阿斗的人不同，但救阿斗的人还是赵云。《云别传》：

> 权闻备西征，大遣舟船迎妹，而夫人内欲将后主还吴，云与张飞勒兵截江，乃得后主还。

张飞也参与了截江夺斗，但此事不见于《张飞传》。《汉晋春秋》讲述这件事时，甚至没有提到张飞："先主入益州，吴遣迎孙夫人。夫人欲将太子归吴，诸葛亮使赵云勒兵断江留太子，乃得止。"看来，截江夺斗的首功应属赵云。

三国时，救主事件不少，但能两次救主之人只有赵云一人。此时的阿斗已经五岁，之前只是从大人口中听说赵云叔叔曾于万军丛中将他救出。这次，他亲眼看见了。

9. 分定江阳

建安十七年（212 年），刘备听从庞统建议，彻底与刘璋
决裂，反攻白水，进据涪城。

建安十八年（213 年），刘备攻破绵竹，受阻雒城，围攻
一年无果。

建安十九年（214 年），刘备请求荆州支援。诸葛亮留关
羽镇守荆州，与张飞、赵云溯江而上，先后攻克巴东、江州，
生擒巴郡太守严颜。《云别传》：

> 先主自葭萌还攻刘璋，召诸葛亮。亮率云与张飞等俱
> 溯江西上，平定郡县。

益州又称巴蜀地区，诸葛亮《隆中对》中说："荆州北
据汉沔，利尽南海，东连吴会，西通巴蜀。"巴即巴郡，蜀
即蜀郡。巴郡的治所在江州，也就是今天的重庆市；蜀郡的
治所在成都，也就是今天的成都市。江州和成都，是巴蜀的
两个重心。攻破巴郡，犹折益州一臂。

"从来由江道伐蜀者，未尝不急图江州。江州，咽喉重
地也。"由荆州沿三峡入蜀，犹如在一个细长的喇叭中穿行，
这个喇叭的喇叭口就是江州，江州一过，豁然开朗。诸葛亮
一行也在江州分兵三路：张飞走北路，攻巴西；诸葛亮走中
路，攻德阳；赵云走南路，攻江阳、犍为。《华阳国志》载：

刘璋绣像

> 赵云自江州分定江阳、犍为，飞攻巴西，亮定德阳。

江阳郡本属犍为郡，建安十八年（213 年）刘璋分犍为
郡置江阳郡，治所设在江阳（今四川泸州）。我们知道，建安
十七年刘备与刘璋已经正式决裂，建安十八年两军激战正酣，
刘璋哪来的闲工夫重新规划郡县呢？合理的解释只有一个：

刘璋判断到刘备一定会调荆州之兵入川助战，而江阳是连接巴（江州）蜀（成都）的战略锁钥，为了加强防御，特将其单独设郡。这种情况在三国时代很常见，建安二十四年（219年），为应对刘备东征，孙权设固陵郡加强荆州西部的防御，《三国志·吴书·潘璋传》载："权即分宜都巫、秭归二县为固陵郡，拜璋为太守、振威将军，封溧阳侯。"

江阳为益州东西腰膂之地，"西连僰道，东接巴渝，地兼夷汉，江带梓夔，控制边隅，最为重地。"江阳以西，无险可守，水陆兼程，不到十日可抵成都。南宋末年，蒙元夺蜀，即始于泸州（江阳）守将刘整叛宋。

担任江阳太守的是以"刚烈"闻名的程畿。程畿字季然，巴西阆中人，本为汉昌县长。刘备入川之前，巴西太守庞羲居功自傲，试图起兵反对刘璋。当时，程畿之子程郁在庞羲手下做官，庞羲以此要挟，希望程畿出兵相助。程畿断然拒绝，大义凛然地说："昔乐羊为将，饮子之羹，非父子无恩，大义然也。今虽复羹子，吾必饮之。（《三国志·蜀书·杨戏传》）"庞羲被程畿慑服，向刘璋请罪，得到了刘璋的原谅。遇到程畿这样的忠义之士，赵云进攻江阳必有一战。

赵云是走外水进入江阳的，《赵云传》：

程畿绣像

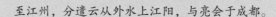

至江州，分遣云从外水上江阳，与亮会于成都。

在江州走涪江，由德阳至涪城，叫内水，诸葛亮走的就是这条路；在江州走江水，由江阳至成都，叫外水，也就是赵云走的路线。东汉岑彭消灭割据巴蜀的公孙述，东晋恒温消灭割据巴蜀的李势，都取道外水。

江阳以西，水路狭窄，易守难攻，程畿一定会挟守江口，静待赵云。正史中，并没有记载赵云与程畿水战的经过，但我们可以从建安十三年（208年）夏口之战一窥端倪，《三国志·吴书·董袭传》载：

> 建安十三年，权讨黄祖。祖横两蒙冲挟守沔口，以栟闾大绁系石为矴，上有千人，以弩交射，飞矢雨下，军不得前。袭与凌统俱为前部，各将敢死百人，人被两铠，乘大舸船，突入蒙冲里。袭身以刀断两绁，蒙冲乃横流，大兵遂进。祖便开门走，兵追斩之。明日大会，权举觞属袭曰："今日之会，断绁之功也。

江阳之战以程畿归降告终。同年，刘备攻占益州，征召程畿为从事祭酒。后随刘备东征孙权，遭遇夷陵之败，别人劝程畿弃船逃走，程畿威武不屈，最终战死。《三国志·蜀书·杨戏传》载：

> 后随先主征吴，遇大军败绩，溯江而还，或告之曰："后追已至，解船轻去，乃可以免。"畿曰："吾在军，未曾为敌走，况从天子而见危哉！"追人遂及畿船，畿身执戟战，敌船有覆者。众大至，共击之，乃死。

杨戏写《季汉辅臣赞》时，如此评价程畿："江阳刚烈，立节明君，兵合遇寇，不屈其身，单夫只役，陨命于军。"

从江阳到成都有两条路，一是走岷江，经僰道（今四川宜宾）、南安（今四川乐山）、武阳（今四川彭山）到成都；一是走沱江，经汉安（今四川内江）、资中（今四川资阳）、牛鞞（今四川简阳）到成都。法正给刘璋的劝降信中说："空尔相守，犹不相堪，今张益德数万之众，已定巴东，入犍为界，分平资中、德阳，三邀道侵，将何以御之？（《三国志·蜀书·法正传》)"可见，赵云走的是沱江一线。

这一路上，犍为郡的牛鞞县是成都的最后一道防线。义熙九年（413 年），刘裕遣朱龄石消灭割据巴蜀的焦纵政权，攻破牛鞞后，焦纵放弃成都逃走，自缢身亡。

牛鞞的守将是对刘璋更加忠心的李邈。李邈，字汉南，广汉郪县人。刘备占据益州后，李邈一直对刘备和诸葛亮耿耿于怀。在元旦宴会上，李邈曾公开指责刘备夺取同宗基业不光彩，差点被刘备杀死，《华阳国志》载：

> 先主领牧，为从事，正旦命行酒，得进见，让先主曰："振威以将军宗室肺腑，委以讨贼，元功未效，先寇而灭；邈以将军之取鄙州，甚为不宜也。"先主曰："知其不宜，何以不助之？"邈曰："匪不敢也，力不足耳。"有司将杀之，诸葛亮为请，得免。

诸葛亮第一次北伐，马谡丢失街亭，诸葛亮将杀马谡，李邈公开反对，引起诸葛亮不满，《华阳国志》载：

> 建兴六年，亮西征。马谡在前败绩，亮将杀之，邈谏以"秦赦孟明，用伯西戎，楚诛子玉，二世不竞"，失亮意，还蜀。

诸葛亮病逝五丈原，李邈上书指责诸葛亮穷兵黩武，图谋不轨，刘禅大怒，将其杀死，《华阳国志》载：

> 十二年，亮卒，后主素服发哀三日，邈上疏曰："吕禄、霍、禹未必怀反叛之心，孝宣不好为杀臣之君，直以臣惧其逼，主畏其威，故奸萌生。亮身杖强兵，狼顾虎视，五

大不在边，臣常危之。今亮殒没，盖宗族得全，西戎静息，大小为庆。"后主怒，下狱诛之。

　　李邈作为牛鞞的守将，虽然忠于刘璋，但终究"力不足"，并没有挡住赵云。攻破牛鞞后，赵云与诸葛亮、张飞会师成都。此时，刘备也已攻破雒城，正在成都城下等候他们。

10. 成都拒宅

　　建安十九年（214 年）夏，刘备与诸葛亮、赵云等人在成都会师后，马超也前来投奔。刘璋见大势已去，开城投降。

　　刘备自领益州牧，有功之臣也加官晋爵：刘备以诸葛亮为军师将军代理左将军府事，以法正为扬武将军领蜀郡太守，以马超为平西将军督临沮，以黄忠为讨虏将军，以荡寇将军关羽总督荆州，以征虏将军张飞领巴西太守，战死的庞统也被追赐关内侯。

　　赵云因战功由偏将军迁升为翊军将军，《赵云传》：

　　成都既定，以云为翊军将军。

马超绣像

　　翊，从立，从羽，立，竖立，羽，羽翼。翊的本意是鸟儿展翅欲飞，后通翼，有辅佐之意。蜀汉的另一位翊军将军是霍峻之子霍弋，《三国志·蜀书·霍峻传》载："时永昌郡夷獠恃险不宾，数为寇害，乃以弋领永昌太守，率偏军讨之，遂斩其豪帅，破坏邑落，郡界宁静，迁监军将军，领建宁太守，还统南郡事。"霍弋迁升翊军将军时还担任了监军，负责督察将帅，赵云以"严重"著称，也可能担任类似的职务。

围攻成都时，为提振士气，刘备与将士约定，如果攻下成都，城中钱物全部拿出来赏赐，自己一分不留。刘璋投降后，刘备履行承诺，重赏群臣。其中，诸葛亮、法正、张飞、关羽均获赐黄金五百斤、白银一千金、钱五千万、蜀锦一千匹。

刘备将刘璋迁往荆州，成都空出大片田宅，刘备想将这些田宅赏赐给诸将。诸将听到这个消息当然都很高兴，但赵云不顾他人另眼相看，站出来反对，《云别传》：

> 益州既定，时议欲以成都中屋舍及城外园地桑田分赐诸将。云驳之曰："霍去病以匈奴未灭，无用家为，今国贼非但匈奴，未可求安也。须天下都定，各反桑梓，归耕本土，乃其宜耳。益州人民，初罹兵革，田宅皆可归还，令安居复业，然后可役调，得其欢心。"先主即从之。

十年前，刘备与刘表共论天下豪杰，批评许汜做不到"忧国忘家"，只顾"求田问舍"；十年后，刘备也想分赏田舍。

二十三年前，赵云为追寻仁政离开常山；二十三年后，赵云初心不改。

刘备飘零半生，现在终于有了一块真正属于自己的地盘，重赏随他出生入死的将士，可以理解，但目前还不是时候，益州正处于内忧外患之中。

内忧方面，益州是天府之国，本来民殷国富，但是刘备入川以来，与刘璋连续作战三年，尸横遍野，血流成河。

刘璋虽然势弱，但却是个爱民的州牧。刘备攻取涪城时，益州从事郑度曾建议刘璋驱散百姓，烧毁田间稻谷，拖垮刘备，但刘璋反对，说："吾闻拒敌以安民，未闻动民以避敌也。（《三国志·蜀书·法正传》）"刘备围攻成都时，成都城内尚有三万精兵，粮草可以支撑一年。军民都劝刘璋死战，但刘璋不愿拖累百姓，开城投降。他说："父子在州二十余年，无恩德以加百姓。百姓攻战三年，肌膏草野者，以璋故也，何心能安！（《三国志·蜀书·刘二牧传》）"

刘备鸠占鹊巢，只有加倍呵护百姓，才能得到百姓拥护。如果置百姓死活于不顾，只图一己之乐，无异于自取灭亡。这样的例子在三国时代就有很多。

公孙瓒取代刘虞成为幽州牧后，盘剥百姓，于易京修筑高楼，囤积粮谷三百万斛。幽州接连遭遇灾荒，逼得百姓易子相食，公孙瓒却置若罔闻，在楼中声色犬马。百姓不满，揭竿而起，杀死公孙瓒设立的官员。袁绍趁机攻打，公孙瓒自焚身亡。

袁术取代陈温成为豫州牧后，骄奢淫逸，数百后宫绫罗绸缎，大殿房梁挂满余肉。而袁术的士兵们饥寒交迫，只靠吃河蚌勉强度日。百姓们不堪重负，死走逃亡，江淮地区一时间竟荒无人烟。最后，袁术坐吃山空，临死前连一杯糖水都喝不上。

外患方面，曹操彻底占据关陇地区，正准备进攻汉中张鲁，若其得陇望蜀，挥师南下，则益州危险；孙权刚刚攻拔皖城，士气正盛，若其执意索要荆州，挺兵西进，则荆州危险。

此时，刘备全军应该厉兵秣马，枕戈待旦，若小富即安，闭门酣歌，很可能会遭遇灭顶之灾。

赵云引用霍去病的故事劝谏刘备。汉武帝时期，骠骑将军霍去病抵御匈奴有功，汉武帝为他修筑了一座豪宅，霍去病知道后，断然拒绝，说："匈奴未灭，何以家为？"

霍去病的典故在三国时也曾被王朗、曹植、陆抗引用。《三国志·魏书·王朗传》载："霍去病，中才之将，犹以匈

奴未灭，不治第宅。"《三国志·魏书·曹植传》载："昔汉
武为霍去病治第，辞曰：'匈奴未灭，臣无以家为。'"《三国
志·吴书·陆抗传》载："昔匈奴未灭，去病辞馆。"王朗"高
才博雅"，曹植"才高八斗"，陆抗"明德睿哲"，赵云能有
如此见识，文化修养远超一般武将。

赵云的建议一举两得，将田舍归还百姓，使其安居乐业，
百姓们必然会感恩于刘备。日后，若巴蜀有难，百姓们也一
定会裹粮策马，挺身而出。清代学者易佩绅说："云之言，固
收拾民心之大计，亦维系政体之大道也。"

虽然刘备有点被胜利冲昏了头脑，但他毕竟是个仁君，
很快就改变了自己的想法，按照赵云的建议将田舍归还百姓。

成都百姓十分感激赵云。成都龙泉驿区石经寺保留着一
块道光四年的石碑，碑文记载："寺古称灵音，古灵音者，汉
将赵侯香火也。"相传，这里是赵云的家庙，赵云去世后，
常有百姓自发前来拜祭。

赵云在成都的府邸据说在今天的和平街小学内，和平街
旧称子龙塘街，原有一池塘，清代初年塘边尚嵌有"汉赵顺
平侯洗马池"八字。

11. 空营退敌

建安二十年（215年），曹操南征张鲁，攻拔汉中，与刘
备接壤。刘备迫于压力，将长沙、江夏、桂阳三郡让与孙权，
双方以湘水为界平分荆州。

建安二十一年（216年），曹操晋爵称王，十月，发兵征
讨孙权。

建安二十二年（217年），曹操与孙权在濡须口大战，互
有胜负，三月，曹操退军，双方讲和。同年，刘备听从法正
建议，率军北进汉中，赵云随军前往。

夏侯渊绣像

建安二十三年（218年），刘备屯兵阳平关，与夏侯渊、张郃、徐晃等人相持近一年。

建安二十四年（219年）正月，刘备从阳平关南渡沔水，在定军山扎营。夏侯渊前来争夺，黄忠居高临下，神兵天降，一战斩杀夏侯渊。曹操大怒，亲率大军前往汉中为夏侯渊报仇。三月，"煮酒论英雄"整整二十年之后，刘备与曹操再次相遇。

汉中位于汉中盆地，北依秦岭，南托大巴山，是关西地区和巴蜀地区之间的南北通道。由于秦岭比大巴山更加险峻，所以与关西相比，汉中对巴蜀的意义更大。曹操刚刚占据汉中时，偏将军黄权就对刘备说："若失汉中，则三巴不振，此为割蜀之股臂也。"刘备与夏侯渊相持，请求益州增兵，诸葛亮征求从事杨洪意见，杨洪说："汉中，蜀之咽喉，存亡之机，若无汉中，则无蜀矣。此家门之祸，男子当战，女子当运，发兵何疑？"蜀汉炎兴元年（263年）九月，钟会攻破汉中，两个月后刘禅就投降了。

由汉中南下巴蜀有三条路，自西向东分别为：阴平道、金牛道、米仓道。由汉中北上关西有五条路，自西向东分别为：祁山道、陈仓道、褒斜道、傥骆道、子午道。其中，金牛道、祁山道、陈仓道这三条大道在阳平关交汇，阳平关因此被称为汉中咽喉。张鲁之弟张卫当年为抵御曹操，又在此修筑阳平城。

汉中位于汉水中游，故称汉中，汉水将汉中分成南北两岸，阳平关也分出南山北山。"阳平城下南北山相远（董昭语）"，曹操占据北山，刘备占据南山。

北山是曹操的屯粮之地，黄忠前去劫粮，赵云将自己的兵马借给黄忠。黄忠在约定时间内没有返回，赵云担心黄忠有失，率领数十骑前去接应，将黄忠救回。曹操亲率大军追

击，赵云且战且退，突破重围，回到营中。赵云得知将军张
著受伤未归，又出营将他救回。《云别传》：

> 　　夏侯渊败，曹公争汉中地，运米北山下，数千万囊。
> 黄忠以为可取，云兵随忠取米。忠过期不还，云将数十骑
> 轻行出围，迎视忠等。值曹公扬兵大出，云为公前锋所击，
> 方战，其大众至，势逼，遂前突其陈，且斗且却。公军败，
> 已复合，云陷敌，还趣围。将张著被创，云复驰马还营迎著。

　　赵云在汉水之战所用的兵器很可能是矛，因为矛是三国
时代乘马突围的首选武器。《三国志·蜀书·公孙瓒传》载：
"尝从数十骑出行塞，见鲜卑数百骑，瓒乃退入空亭中，约
其从骑曰：'今不冲之，则死尽矣。'瓒乃自持矛，两头施刃，
驰出刺胡，杀伤数十人，亦亡其从骑半，遂得免。"《三国
志·吴书·丁奉传》载："奉跨马持矛，突入其陈中，斩首数
百，获其军器。"《三国志·吴书·程普传》载："策尝攻祖郎，
大为所围，普与一骑共蔽扞策，驱马疾呼，以矛突贼，贼披，
策因随出。"

　　黄忠大名鼎鼎，张著则名不见经传，在《三国志》中也
只出现了这么一次。但赵云一视同仁，无论高低贵贱，都舍
命相救。赵云单枪匹马连救两将，这个壮举在《三国志》中
只有曹仁和张辽做到过。《三国志·魏书·曹仁传》载：

> 　　瑜将数万众来攻，前锋数千人始至，仁登城望之，乃
> 募得三百人，遣部曲将牛金逆与挑战。贼多，金众少，遂
> 为所围。长史陈矫俱在城上，望见金等垂没，左右皆失色。
> 仁意气奋怒甚，谓左右取马来，矫等共援持之。谓仁曰："贼
> 众盛，不可当也。假使弃数百人何苦，而将军以身赴之！"

仁不应，遂被甲上马，将其麾下壮士数十骑出城。去贼百
余步，迫沟，矫等以为仁当住沟上，为金形势也，仁径渡
沟直前，冲入贼围，金等乃得解。余众未尽出，仁复直还
突之，拔出金兵，亡其数人，贼众乃退。矫等初见仁出，
皆惧，及见仁还，乃叹曰："将军真天人也！"三军服其勇。

《三国志·魏书·张辽传》载：

辽夜募敢从之士，得八百人，椎牛飨将士，明日大战。
平旦，辽被甲持戟，先登陷陈，杀数十人，斩二将，大呼
自名，冲垒入，至权麾下。权大惊，众不知所为，走登高
冢，以长戟自守。辽叱权下战，权不敢动，望见辽所将众
少，乃聚围辽数重。辽左右麾围，直前急击，围开，辽将
麾下数十人得出，余众号呼曰："将军弃我乎！"辽复还突
围，拔出余众。权人马皆披靡，无敢当者。自旦战至日中，
吴人夺气，还修守备，众心乃安，诸将咸服。

曹操见赵云救出二将，亲率大军追赶。沔阳长张翼想闭
门据守，但赵云认为，敌我兵力悬殊，一味死守只能坐以待
毙。赵云下令打开城门，偃旗息鼓，故作疑兵之计。曹操来
到蜀营，发现四周一片死寂，果然生疑，担心赵云设有伏兵，
不敢攻营，引军返回。

赵云吓退曹操，但并未满足，赵云判断这是乘胜追击的
好机会，当即下令，擂鼓助阵，派弩兵追而射之。曹军大惊，
自相践踏，被射死、被踩死、跌入汉水淹死者不计其数。《云
别传》：

黄忠绣像

> 公军追至围，此时沔阳长张翼在云围内，翼欲闭门拒守，而云入营，更大开门，偃旗息鼓。公军疑云有伏兵，引去。云雷鼓震天，惟以戎弩于后射公军，公军惊骇，自相踩践，堕汉水中死者甚多。

三国时代，除了赵云空营退曹操，还有曹操空营退吕布，文聘空城退孙权。《三国志·魏书·武帝纪》载：

> 于是兵皆出取麦，在者不能千人，屯营不固。太祖乃令妇人守陣，悉兵拒之。屯西有大堤，其南树木幽深。布疑有伏，乃相谓曰："曹操多谲，勿入伏中。"引军屯南十余里。

《三国志·魏书·文聘传》载：

> 孙权尝自将数万众卒至，时大雨，城栅崩坏，人民散在田野，未及补治。聘闻权到，不知所施，乃思惟莫若潜默可以疑之。乃敕城中人使不得见，又自卧舍中不起。权果疑之，语其部党曰："北方以此人忠臣也，故委之以此郡，今我至而不动，此不有密图，必当有外救。"遂不敢攻而去。

曹操的空营计和文聘的空城计仅仅是吓退敌人，并没有追而胜之。三次空城（营）计中，只有赵云对敌军造成了有效杀伤。更难得的是，赵云的对手不是普通将领，而是军事家曹操。汉水之战，也是曹操亲自统率的最后一场战斗，一年后，曹操因病去世。

西晋人郭冲《条亮五事》中还记载了一个诸葛亮空城退

司马懿的故事，郭冲是诸葛亮的超级粉丝，诸葛亮的空城计很早就被证明是虚构的，我们不再赘述，但经过《三国演义》的渲染，影响巨大。一个值得玩味的问题是，郭冲杜撰诸葛亮空城计的灵感是来自历史上哪个空城（营）计呢？我们不妨细读一下郭冲的记载：

> 亮屯于阳平，遣魏延诸军并兵东下，亮惟留万人守城。晋宣帝率二十万众拒亮，而与延军错道，径至前，当亮六十里所，侦候白宣帝说亮在城中兵少力弱。亮亦知宣帝垂至，已与相偪，欲前赴延军，相去又远，回迹反追，势不相及，将士失色，莫知其计。亮意气自若，敕军中皆卧旗息鼓，不得妄出菴幔，又令大开四城门，埽地却洒。宣帝常谓亮持重，而猥见势弱，疑其有伏兵，于是引军北趣山。

《云别传》中，赵云的空营计发生在阳平关；郭冲《条亮五事》中，诸葛亮摆空城计时"亮屯于阳平"。

《云别传》中，赵云"偃旗息鼓"；郭冲《条亮五事》中，诸葛亮"卧旗息鼓"。

《云别传》中，赵云"更大开门"；郭冲《条亮五事》中，诸葛亮"大开四城门"。

种种细节表明，《条亮五事》中诸葛亮的空城计是根据《云别传》中赵云的空营计杜撰而成的，而《三国演义》中的空城计又是对《条亮五事》的进一步改编。

汉水之战的第二天，刘备来到赵云营中，看到昨夜战况，称赞赵云一身是胆，《云别传》：

> 先主明旦自来至云营围视昨战处，曰："子龙一身都是胆也。"作乐饮宴至暝，军中号云为虎威将军。

三国时代，魏蜀吴三家各有一个虎威将军，蜀汉这边是赵云，曹魏这边是五子良将之一于禁，东吴这边是四大都督之一吕蒙。

汉水之败大大挫伤了曹军士气，士卒大量逃散，曹操感叹汉中犹如鸡肋一般。五月，曹操放弃汉中，还军长安。

七月，刘备效仿刘邦，自称汉中王，立刘禅为太子，拜关羽为前将军、张飞为右将军、马超为左将军、黄忠为后将军。赵云的地位不如关、张、马、黄，我们不知道是什么原因，也不愿以阴谋论的方式猜测。我们只知道，赵云并无怨言，仍然竭心尽力辅佐刘备。

正在刘备封侯拜将之际，荆州那边却出了大事。

12. 伐吴阻谏

建安二十四年（219年）七月，刘备自领汉中王之际，关羽举兵北伐襄樊。八月，关羽水淹七军，擒于禁、斩庞德，威震华夏。十月，曹操考虑迁都以避关羽锋芒，但司马懿等人建议曹操联合孙权共治刘备，曹操采纳。孙权为夺荆州，伪降曹操，遣吕蒙白衣渡江，袭取江陵，南郡守将糜芳、士仁投降。十一月，关羽败走麦城。十二月，关羽与其子关平被潘璋部将马忠擒获，随后被杀。

建安二十五年（220年）正月，曹操去世，曹丕废汉献帝为山阳公，篡汉称帝。蜀中传言汉献帝已遇害，刘备为其举行葬礼，并追谥为孝愍皇帝。

章武元年（221年）四月，刘备称帝，以诸葛亮为丞相。五月，刘备立刘禅为太子。六月，张飞被其部将张达、范疆杀死。

新仇旧怨叠加在一起，刘备决定发兵东征孙权。从事祭

吕蒙绣像

酒秦宓阻谏，刘备大怒，将其下狱。此事一出，包括诸葛亮在内的文武百官都选择沉默，不愿引火上身。此时，赵云站了出来。《云别传》：

> 孙权袭荆州，先主大怒，欲讨权。云谏曰："国贼是曹操，非孙权也，且先灭魏，则吴自服。操身虽毙，子丕篡盗，当因众心，早图关中，居河、渭上流以讨凶逆，关东义士必裹粮策马以迎王师。不应置魏，先与吴战，兵势一交，不得卒解。"

赵云敢于逆龙鳞，原因有二。

第一，性格使然。赵云为人向来刚正不阿，敢于直言。投奔公孙瓒时，公孙瓒问赵云为什么不投奔袁绍，赵云不卑不亢地说："从仁政所在，不为忽袁公私明将军也。"占领益州，刘备想将成都田舍赐给诸将，赵云不顾他人白眼，说："益州人民，初罹兵革，田宅皆可归还，今安居复业。"此时赵云应在天命之年，但他仍然不懂圆滑，不懂沉默，只遵循自己内心真实的想法。

第二，伤痛对等。赵云与关羽自191年结识以来，出生入死，有整整三十年的友谊，两人还可能是儿女亲家。《江陵县志》记载："关平娶镇东将军赵氏女，生子樾。"镇东将军即赵云。刘备之子娶了张飞之女，关羽之子娶赵云之女也合乎常理。荆州之败，刘备失去了"恩若兄弟"的关羽。如果他人劝谏刘备，有站着说话不腰疼之嫌。但赵云同样失去了并肩作战的亲家，女儿与外孙也下落不明，赵云劝谏刘备更容易接受。

从内容上看，赵云的建议可以说是益州版的《隆中对》。诸葛亮在《隆中对》中提出，跨有荆益后就应该伺机两路北

伐,《三国志·蜀书·诸葛亮传》:

> 天下有变,则命一上将将荆州之军以向宛洛,将军身率益州之众出于秦川,百姓孰敢不箪食壶浆以迎将军者乎?诚如是,则霸业可成,汉室可兴矣。

《隆中对》中的"天下有变"指的是曹操篡汉。现在,曹操已死,其子曹丕篡汉,即赵云所说"国贼是曹操,非孙权也""操身虽毙,子丕篡盗"。丢失荆州后,"命一上将将荆州之军以向宛洛"已经落空,只能"身率益州之众出于秦川",即赵云所说"当因众心,早图关中,居河、渭上流以讨凶逆",这也是日后诸葛亮北伐的方向。

篡位,在任何时代都是大逆不道的事情,在政治上十分被动。如果善加利用,打着兴复汉室的旗号出兵,一定会得到百姓的支持,诸葛亮说"百姓孰敢不箪食壶浆以迎将军者乎?"赵云说:"关东义士必裹粮策马以迎王师。"英雄所见略同。

如果戮力一心,上天眷顾,诸葛亮认为"霸业可成,汉室可兴矣",赵云认为"且先灭魏,则吴自服"。明末历史学家王夫之也说:"听赵云之言,辍东征之驾,乘曹丕初篡、人心未固之时,连吴好以问中原,力尚全,气尚锐,虽汉运已衰,何至使英雄之血不洒于许、雒,而徒流于猇亭乎?(《读通鉴论》)"乾隆皇帝也说:"使如赵云所言,居河、渭上流,以伐逆寇,汉事未必无成。(《乾隆御批通鉴》)"秦末,刘邦偏安巴蜀,最先并未与在荆州的项羽交战,而是明修栈道暗度陈仓,进攻关中,由此称霸天下。

赵云接着说:"不应置魏,先与吴战,兵势一交,不得卒解。"这是因为,从益州东进荆州,只有一条通道,就是长江三峡。

陆逊绣像

长江三峡是瞿塘峡、巫峡和西陵峡三段峡谷的总称。西起永安（白帝城），经巫县、巴东、秭归，东迄夷陵，直通江陵。如果走水路，从白帝城顺流而下到江陵只需一天，李白有诗曰："朝辞白帝彩云间，千里江陵一日还。"但是，刘备当时并不具备可与东吴抗衡的水军，只能走陆路。走陆路，就不得不面对狭窄的三峡。

三峡宛如一个细长的喇叭，夷陵就是这个喇叭的喇叭口。"水至此而夷，山至此而陵"，故名夷陵。一出夷陵，豁然开朗。但是，如果吴军堵住夷陵，那蜀军的阵型则无法展开，只能沿着三峡结营，摆出难看的一字长蛇阵。这样一来，两军就无法展开正面交战，所以赵云说"兵势一交，不得卒解"。

很遗憾，刘备并没有听从赵云的劝谏。章武元年（221年）七月，刘备举兵四万，御驾亲征。此时，关羽、张飞、黄忠皆已去世，马超病重（次年去世），赵云虽然同行，但因不支持东征，被留在江州，《云别传》：

> 先主不听，遂东征，留云督江州。

江州（今重庆）是巴郡的治所，成都是蜀郡的治所，是巴蜀地区最重要的两个城市，巴蜀之名也由此而来。刘备东征，诸葛亮守蜀，赵云守巴，足见赵云地位之重。南朝陶弘景所撰《古今刀剑录》中的一条记载也可以证明这点：

> 蜀主刘备，以章武元年，岁次辛丑，采金牛山铁，铸八剑，各长三尺六寸。一备自服，一与太子禅，一与梁王理，一与鲁王永，一与诸葛亮，一与关羽，一与张飞，一与赵云。

刘备一共造了八口剑，他和诸子占了四把，另四把分别给了诸葛亮、关羽、张飞、赵云。刘备东征时，关、张二人已死，赵云很可能是蜀汉的三号人物。

江州"会川蜀之众水，控瞿塘之上游"，是巴蜀地区的枢纽城市。刘备东征时，人马辎重都要先到江州会和，然后再顺江东下。因此，赵云在江州很可能负责督运粮草。刘备虽没有安排赵云上阵杀敌，但仍然把最重要的后勤工作交给了赵云。

与此同时，孙权任命镇西将军陆逊为大都督，率军五万抵御刘备。章武二年（222年）正月，刘备从秭归发起进攻。陆逊避其锋芒，连续退兵，扼守夷陵，将狭窄的三峡江道让给刘备，蜀军阵型无法展开，前后连营七百里。刘备无法突破，陆逊坚守不出，两军相持半年之久。正如赵云所料，"兵势一交，不得卒解"。

闰六月，陆逊反攻，火烧连营七百里，蜀军大败。赵云闻讯，前来救驾，《云别传》：

> 先主失利于秭归，云进兵至永安，吴军已退。

旧恨未报，再添新仇，当时反对自己的是赵云，现在来救自己的还是赵云，刘备五味杂陈，后悔当初不听赵云之谏，后悔没有把赵云带去前线。

章武三年（223年）四月二十四日，刘备托孤于诸葛亮后，病逝于白帝城永安宫，时年63岁。

13. 封侯拜将

章武三年（223年）五月，刘禅即位，改元建兴。刘禅当时只有17岁，两次救主的老臣赵云自然成为国之栋梁，《云别传》：

> 建兴元年，为中护军、征南将军，封永昌亭侯，迁镇
> 东将军。

护军的官名最早出现在秦朝时所设置的护军都尉，汉朝
延用秦制。建安十二年（207年），曹操将护军改为中护军。
此后，吴蜀两国也都设有此职。

中护军主要负责选拔武将、执掌禁军，很容易形成忠于
自己的军事力量，所以大多由君主绝对信任的重臣担当，如
曹魏的蒋济、蜀汉的费祎、东吴的周瑜等。中护军一旦落入
权臣家族之手，则很可能对皇权构成威胁，曹魏后期，司马
师就曾担任中护军。赵云担任此职，足见刘禅对他的信任。

征南将军是四征（征东、征西、征南、征北）将军之一，
最早出现在东汉光武帝时期。建安十三年（208年），曹操设
置征南将军，官阶二品，地位仅次于三公、四方（前、后、左、
右）将军，以曹仁担任，负责镇守荆州。东吴设有征南中郎将，
由步骘担任。蜀汉方面，赵云之后，姜维也担任过征南将军。
征南将军赵云是否南征过呢？虽然《三国演义》中赵云曾随
诸葛亮七擒孟获，但正史并没有相关记载。同为征南将军的
姜维一直在北伐，也不曾南征。

杨戏做《蜀汉辅臣赞》时，说："征南厚重，征西忠克，
统时选士，猛将之烈。"这里的征南指的就是赵云。

永昌亭侯是侯爵之名，所谓"冯唐易老，李广难封"，
封侯是一种莫大的荣誉。据清人钱仪吉在《三国会要》中的
统计：曹魏共封侯125人，蜀汉共封侯40人，东吴共封侯
58人。这个统计虽然未必精确（据笔者统计，蜀汉封侯者共
41人），但基本不差。

刘备集团中，最早封侯的是关羽和马超，但关羽的汉寿

亭侯和马超的都亭侯都是汉献帝所封。赤壁之战后刘备第一次封侯，拜张飞为新亭侯。刘备称帝后，为表彰战死的庞统和法正，拜二人为关内侯。刘禅即位后，诸葛亮、赵云等13人同时封侯。

蜀汉的侯爵有四种：县侯、乡侯、亭侯、关内侯。县侯、乡侯、亭侯为列侯，可以享用当地的税收，即食邑。关内侯没有食邑，大多情况代表一种荣誉，地位也比列侯低。刘禅封侯时，县侯0人，乡侯3人，亭侯8人，关内侯2人。

"十里一亭，十亭一乡"，里相当于现在的街道办事处，亭相当于现在的派出所，乡相当于现在的城区。亭长、乡长官不大，但亭侯、乡侯可不得了，可以享受所辖住户的全部税收。据柳春藩先生在《秦汉魏晋经济制度研究》一书中的计算，县侯的平均食邑约为3800户，乡侯平均食邑约为870户，亭侯平均食邑约为280户。但也不绝对，如"王佐之才"荀彧仅为万岁亭侯，但食邑多达2000户，远超一般乡侯。

永昌亭侯之永昌是地名，但并不是永昌郡之永昌。拿汉寿亭侯举例，刘禹锡有《汉寿城春望》一诗，题下自注汉寿乃"古荆州刺史治亭，其下有子胥庙和楚王坟"。可见，汉寿亭侯的汉寿并非指汉寿县，而是汉寿亭，汉寿亭侯即汉寿亭之亭侯。这样看，永昌亭侯也应该是永昌亭之亭侯之意。那么，永昌亭在哪里呢？

亭一级行政单位太小，正史中大多没有记载，但《三国志·吴书·孙休传》还真有一个永昌亭："武卫将军恩行丞相事，率百僚以乘舆法驾迎于永昌亭，筑宫，以武帐为便殿，设御座。"这个永昌亭可以修筑宫殿，绝非一个亭子而已，应是亭一级行政单位。但是，这个永昌亭并不在蜀汉境内，可能不是赵云封侯的永昌亭。

镇东将军是四镇（镇东、镇西、镇南、镇北）将军之一，最早出现在东汉末年，由张济担任。建安元年（196年），曹操迎奉献帝后，迁镇东将军，同年又迁升为大将军，将镇东将军让与刘备。因蜀汉与东吴长期结盟，故蜀汉并无征东将军，只有镇东将军。刘禅将父亲刘备镇东将军一职授予赵云，是对赵云地位的一种肯定。

诸葛亮北伐前，蜀汉的主要精力集中在"西和诸戎，南抚夷越"上。这期间，赵云也在成都西南抵御青羌。

诸葛亮治蜀，刑法严峻，引起一些郡守、大姓、夷王不满。刘备去世后，这些势力趁机反叛，《魏略》载："亮外慕立孤之名，而内贪专擅之实。刘升之兄弟守空城而已。亮又侮易益土，虐用其民，是以利狼、宕渠、高定、青羌莫不瓦解，为亮仇敌。"

青羌，是青衣羌的简称，为羌族的一个分支，因其族人喜穿青衣而得名。刘备入蜀前，青羌是刘璋固有势力，能征惯战，《英雄记》载："董卓使司徒赵谦将兵向州，说校尉贾龙，使引兵还击焉，焉出青羌与战，故能破杀。"

抵御青羌，攻心为上，攻城为下，非智勇双全之人不能胜任，于是，诸葛亮想到了赵云。

青羌主要生活在成都西南的青衣江流域，所以作为成都的西南门户大邑县就成了赵云屯兵之地。银屏山是大邑的天然屏障，银屏山又名锦屏山，由九座大小相同彼此相连的山峰组成，二十余里，横亘在绿野平畴之上，犹如一张美丽的屏风，因此得名锦屏山。这九座山峰形似营垒，当地称之为"九寨连营"。

锦屏山九座山峰中，距离大邑最近的一座叫静惠山。静惠山在县内斜江东侧，又称东山。山顶旧有土台，名曰望羌台，即由赵云在此防羌得名。除静惠山，大邑县还有寨子山、望军山，相传是赵云安营和演兵之所。

赵云去世后，即葬在大邑县静惠山上。明儒曹学全所著《蜀中名胜记》载：

> 静惠山，一名东山。山下土城，相传是蜀汉将军赵云筑。盖云尝防羌于此，有云墓及庙存。

羌人非常善于山地作战，建兴九年（231 年），汶山郡羌人反叛，张嶷前去征讨。羌人于险要之处立石门，门上设床，把大石头放在床上。张嶷部队从此经过，都被石头砸得粉身碎骨。

在大邑期间，赵云恩威并行，青羌对这位有勇有谋的蜀汉将军又敬又怕，渐渐归附。日后，归附后的青羌甚至组成一支特种部队，为蜀汉效力，《华阳国志》载：

> 移南中劲卒青羌万余家于蜀，为五部，所当无前，号为飞军。

国内政局稳定后，是时候"图关中""讨凶逆"了。

14. 箕谷拒金

诸葛亮绣像

建兴四年（226 年），曹丕去世，曹睿即位。

建兴五年（227 年），经过充分准备，诸葛亮率军二十万驻军汉中，伺机北伐，赵云同行，《云别传》：

> 五年，随诸葛亮驻汉中。

诸葛亮与诸将就北伐方案做了深入的探讨。由汉中北上关西有五条路，自西向东分别为：祁山道、陈仓道、褒斜道、傥骆道、子午道。魏延请求给他一万精兵，走子午道，奇袭

长安,《魏略》载:

> 延曰:"闻夏侯楙少,主婿也,怯而无谋。今假延精兵五千,负粮五千,直从褒中出,循秦岭而东,当子午而北,不过十日可到长安。楙闻延奄至,必乘船逃走。长安中惟有御史、京兆太守耳,横门邸阁与散民之谷足周食也。比东方相合聚,尚二十许日,而公从斜谷来,必足以达。如此,则一举而咸阳以西可定矣。"

诸葛亮认为此计太过凶险,并没有采用。子午道由山间谷道和栈道组成,全长六百六十里。三年后,曹真走子午道南攻汉中,走了一个多月也没有出谷,"不过十日可到长安"很难实现。

在《隆中对》中,诸葛亮就曾计划:"天下有变,则命一上将将荆州之军以向宛洛,将军身率益州之众出于秦川。"建安二十四年（219 年）,荆州丢失,跨有荆益同时出兵的构想已经破灭,但诸葛亮仍然选择了两路北伐。

如今,"将军"由刘备变成了诸葛亮自己,而他心中的"上将"非赵云莫属。相比于刚而自矜的关羽、暴而无恩的张飞,厚而慎虑的赵云更适合独当一面。我们甚至可以想象,如果隆中对顺利实施,很可能出现刘备、关羽、张飞一路,诸葛亮、赵云一路同时北伐的场景。

建兴六年（228 年）,诸葛亮兵分两路,令赵云、邓芝率偏师走褒斜道出斜谷,牵制曹魏大将军曹真的主力部队,而自己率大军走祁山道突袭陇右地区,《赵云传》:

> 明年,亮出军,扬声由斜谷道,曹真遣大众当之。亮令云与邓芝往拒,而身攻祁山。

　　邓芝字伯苗，义阳新野人，历任郫县令、广汉太守、尚书，诸葛亮进入汉中后，邓芝担任监军。刘禅即位后，邓芝主要负责出使东吴，修好孙权，并没有统兵的经历。甚至，《三国志·蜀书·邓芝传》都没有提及邓芝参加过第一次北伐。因此，赵云是这支偏师的最高统帅，邓芝的身份应是监军。

　　褒斜道由山间谷道和栈道组成，北口为斜谷口，南口为褒谷口，长约四百七十里。诸葛亮第五次北伐时由褒斜道进入关中，大约走了两个月。出斜谷后，赵云占据箕谷，与曹真相持，《三国志·蜀书·诸葛亮传》：

> 　　六年春，扬声由斜谷道取郿，使赵云、邓芝为疑军，据箕谷，魏大将军曹真举众拒之。

　　与红色岩壁皆可称为赤壁一样，箕谷也不唯一，形似簸箕之谷皆可称为箕谷。关于箕谷的地理位置有两种看法，宋人胡三省注《资治通鉴》中记载箕谷在汉中褒谷口附近："今兴元府褒县北十五里有箕山，郑子真隐于此，赵云、邓芝所据，即此谷也。"谭其骧绘制的《中国历史地图集》即采用此说，影响颇大。

　　但是，如果箕谷在南谷口附近，距离汉中只有几十里，而距离眉县四百多里，如何牵制曹真？清人毕沅在《关中胜迹图志》认为箕谷在斜谷口附近："箕谷，在宝鸡县东南六十五里。"

　　这种说法可以在《后汉书·冯异传》中得到验证：

> 　　明年，公孙述遣将程焉，将数万人就吕鲔出屯陈仓。异与赵匡迎击，大破之，焉退走汉川。异追战于箕谷，复破之，还击破吕鲔，营保降者甚众。

吕鲔尚在陈仓（今陕西宝鸡），冯异绝不敢深入谷道四百里追击程焉，因此箕谷只能在陈仓附近。《后汉书》距离《三国志》时代较近，更加可信。根据李之勤先生在《南山谷口考校注》一书中的考证，箕谷很可能就是今天的伐鱼河（古磻溪河）谷口，也就是传说中姜太公垂钓之地。

赵云成功吸引了曹真的主力部队，诸葛亮趁机出兵祁山，天水、南安、安定三郡叛魏响应。曹睿大惊，即命右将军张郃率军五万前去救援。诸葛亮不用魏延等人，命参军马谡迎战张郃，被张郃在街亭击败。街亭是连接关中与陇右的战略锁钥，丢失之后，诸葛亮进退无据，只能退还汉中。

主力退军，偏师自然没有了存在的价值，《赵云传》：

> 云、芝兵弱敌强，失利于箕谷，然敛众固守，不至大败。

《汉晋春秋》引诸葛亮语：

> 大军在祁山、箕谷，皆多于贼。

《三国志》说"兵弱敌强"，《汉晋春秋》说"皆多于贼"，看似矛盾，其实不然，士兵数量多不等于士兵战斗力强。

第一，赵云作为进攻一方，在补给线上需要消耗大量兵力。赵云所走的褒斜道异常凶险，更增加了运输的难度。建安二十年（215年），曹操征张鲁走褒斜道，感叹"南郑直为天狱中，斜谷道为五百里石穴耳！"魏延提出子午谷奇谋时，向诸葛亮请求"精兵五千，负粮五千"，运输部队与作战部队的比例高达1:1。而曹真屯兵的眉县，正是郿坞所在地，董卓当年曾在此"积谷为三十年储"。曹真背靠郿坞，游刃有余。

第二，赵云缺少优良的骑兵与曹真对抗。走褒斜道，出斜谷，就进入渭河平原，在平原作战，骑兵优势巨大。西汉晁错《言兵事疏》云："平原广野，此车骑之地，步兵十不当一。"蜀地所产西南马身材矮小，只适合驮运，无法与曹魏的西北铁骑对抗。为了解决这个问题，诸葛亮后来不得不调用羌胡的骑兵参与北伐。

两者叠加，虽然"大军在祁山、箕谷，皆多于贼"，但赵云麾下的用于作战骑兵部队并没有多少，因此"云、芝兵弱敌强"。

退军时，赵云为防止曹真追击，将赤崖阁道烧毁，《水经注》引诸葛亮写给诸葛瑾的信：

> 前赵子龙退军，烧坏赤崖以北阁道。

赤崖又称赤岸，在今陕西汉中留坝县东北，是诸葛亮储存军资之所，赵云烧毁阁道的目的是保护赤崖。阁道即栈道，战时退军常常将其烧毁。《三国志·徐晃传》载："备遣陈式等十余营绝马鸣阁道。"《三国志·魏延传》载："延大怒，挽仪未发，率所领径先南归，所过烧绝阁道。"

退回汉中，赵云兵将军容齐整，诸葛亮见后十分惊讶，问是如何做到的。赵云并没有抢着回答，一旁的邓芝说，这是赵云亲自断后的结果。《云别传》：

> 亮曰："街亭军退，兵将不复相录，箕谷军退，兵将初不相失，何故？"芝答曰："云身自断后，军资什物，略无所弃，兵将无缘相失。"

曹真绣像

二十年前，在长坂坡，断后的是赵云。

九年前，在汉水，断后的也是赵云。

如今，在箕谷，断后的还是赵云。

败而整旅难于胜而班师。建安二年（197 年），曹操宛城兵败，全军大乱，只有于禁临危不乱，整旅回营，曹操知道后称赞于禁有不可动之节，并封侯，《三国志·于禁传》：

太祖悦，谓禁曰："淯水之难，吾其急也，将军在乱能整，讨暴坚垒，有不可动之节，虽古名将，何以加之！"于是录禁前后功，封益寿亭侯。

诸葛亮也想赏赐赵云，但赵云断然拒绝，《云别传》：

云有军资余绢，亮使分赐将士，云曰："军事无利，何为有赐？其物请悉入赤岸府库，须十月为冬赐。"亮大善之。

二十年前，在桂阳，赵云拒绝了美女。

十四年前，在成都，赵云拒绝了田舍。

如今，在汉中，赵云又拒绝了金帛。

岁月能改变赵云的容颜，但无法改变他的内心。

由于北伐失利，诸葛亮上书自贬三等，以右将军的身份代理丞相之职。虽然赵云成功地完成了疑兵的任务，但北伐整体失败的事实还是让他受到牵连，《赵云传》：

军退，贬为镇军将军。

镇军将军虽然品级比镇东将军低，但常由重臣担任，如曹魏的镇军将军是陈群之子陈泰，负责都督淮北；东吴的镇军将军是陆逊之子陆抗，负责总督西陵。蜀汉这边，赵云之前，镇军将军是官至司徒的名士许靖；赵云之后，镇军将军是刘禅的宠臣忠侯陈祗。

虽然不甘心就此失败，但此时的赵云已经年近六旬，时间是他最大的敌人。

15. 飞龙归天

按照陈寿的说法，赵云卒于建兴七年（229 年），《赵云传》：

> 七年卒，追谥顺平侯。

但是，这种说法与《后出师表》矛盾。《后出师表》作于建兴六年（228 年）十一月，诸葛亮在表中说赵云已"丧"：

> 自臣到汉中，中间期年耳，然丧赵云、阳群、马玉、阎芝、丁立、白寿、刘郃、邓铜等及曲长屯将七十余人。

这引出了一个著名的公案:《后出师表》真伪之争。

裴松之引《后出师表》时就将信将疑地说:"此表，亮集所无，出张俨《默记》。"张俨是吴国人，陈寿是蜀国人。陈寿的《三国志》和《诸葛亮集》中都没有收录的《后出师表》，却出现在张俨的作品中，着实令人生疑。

但也有许多学者通过分析认定《后出师表》并非伪作，而是《三国志》出现了错误。陈寿的确有过这样的失误，比如，在《三国志·吴书·孙破虏传》中，孙坚卒于 192 年，但是在《三国志·吴书·孙讨逆传》中，孙坚卒于 191 年。

两种说法，莫衷一是。好在无论《后出师表》真伪，赵云的卒年只有一年甚至几个月的差别。我们姑且尊重陈寿的说法，认定赵云卒于建兴七年（229 年）。根据我们之前的推断，赵云出生于 170 年左右，那么，赵云享年大约 60 岁。

赵云生前曾在大邑抵御青羌，死后安葬在大邑东郊银屏山南麓。明儒曹学全所著《蜀中名胜记》记载："静惠山，一名东山。山下土城，相传是蜀汉将军赵云筑。盖云尝防羌于此，有云墓及庙存。"赵云墓冢大如小丘，依山而建，气势雄伟，四周有石砌女墙，古柏森森，至今尚存。

赵云去世后，诸葛亮又进行了多次北伐，但再也没有分兵两路。建兴十二年（234 年）八月，诸葛亮病逝于五丈原。

赵云去世后 12 年，即延熙四年（241 年），蜀汉官员杨戏作《季汉辅臣赞》，其中写道："征南厚重，征西忠克，统时选士，猛将之烈。"征南即指征南将军赵云。"厚重"意为"敦厚持重"，东汉史学家荀悦在《汉纪》中也曾用"厚重"一词形容周勃："周勃厚重少文，然安刘氏者，必勃也。"周勃一生出将入相，是西汉的开国重臣。

赵云去世后 32 年，即景耀四年（261 年）三月，后主刘禅下诏追谥赵云。蜀汉立国四十三年，获得谥号的一共只有十二人，分别是：法正、诸葛亮、蒋琬、费祎、陈祗、夏侯霸、关羽、张飞、马超、庞统、黄忠、赵云，赵云是最后一位。《赵云传》：

> 初，先主时，惟法正见谥；后主时，诸葛亮功德盖世，蒋琬、费祎荷国之重，亦见谥；陈祗宠待，特加殊奖，夏侯霸远来归国，故复得谥；于是关羽、张飞、马超、庞统、黄忠及云乃追谥，时论以为荣。

这十二人中，只有追谥赵云的诏书得以保留。或许，后主只在追谥赵云时才写了详细的诏书。《云别传》：

后主诏曰："云昔从先帝，功积既著。朕以幼冲，涉涂艰难，赖恃忠顺，济于危险。夫谥所以叙元勋也，外议云宜谥。"

此时，距离长坂救主已经 52 年，距离截江夺斗已经 49 年，207 年出生的刘禅已经年过半百，他仍然没有忘记赵云这位两次救命的恩人。

按照谥法，大将军姜维等追谥赵云为顺平侯，《云别传》：

大将军姜维等议，以为云昔从先帝，劳绩既著，经营天下，遵奉法度，功效可书。当阳之役，义贯金石，忠以卫上，君念其赏，礼以厚下，臣忘其死。死者有知，足以不朽；生者感恩，足以殒身。谨按谥法，柔贤慈惠曰顺，执事有班曰平，克定祸乱曰平，应谥云曰顺平侯。

谥号是对逝者一生功过是非的高度概括。蜀汉"五虎将"中，关羽谥号壮缪侯、张飞谥号桓侯、马超谥号威侯、黄忠谥号刚侯、赵云谥号顺平侯。赵云与关羽都是二字谥号，顺平二字基本符合赵云一生的功绩。

"柔贤慈惠曰顺"，是说赵云为人善良忠厚。陈寿认为"羽善待卒伍而骄于士大夫，飞爱敬君子而不恤小人"，而赵云既"忠以卫上"又"礼以厚下"。长坂救主，截江夺斗，舍生忘死，义贯金石，称得上"忠以卫上"。攻占益州，赵云建议刘备将成都田舍分给百姓；箕谷退兵，赵云建议诸葛亮将金帛赐给全军，称得上"礼以厚下"。

"执事有班曰平"，是说赵云对待工作严肃认真，"遵奉法度"。博望坡之战，赵云生擒发小夏侯兰，推荐他担任军正，未留在自己身边。担任桂阳太守，赵范欲以寡嫂许配赵云，赵云固辞不受。孙夫人嫁到荆州，刘备命赵云掌管内事，赵云勒兵截江，夺回阿斗。

"克定祸乱曰平"，是说赵云能征惯战，"劳绩既著"。赤壁之战后，赵云从平江南攻克桂阳。入川支援，赵云溯江西上，平定郡县。汉中之战，赵云空营退敌，大破曹军。青羌造反，赵云在大邑驻防，成功平叛。诸葛亮北伐，赵云出兵斜谷，疑兵诱敌。

陈寿评价赵云时，将赵云与黄忠并列，《三国志·关张马黄赵传》：

> 黄忠、赵云强挚壮猛，并作爪牙，其灌、滕之徒欤？

灌指灌婴，滕指滕公夏侯婴，两人皆为刘邦帐下猛将，同时也是西汉的开国功臣。其中，夏侯婴曾在乱军中救出刘邦的儿子汉惠帝刘盈，与赵云救阿斗非常相似。

评价赵云我更愿意用完美二字，三国时代，谋士如云，良将如雨，但集智、勇、忠、义、德于一身者，可能只有赵云一人。

空营破曹操、伐吴谏刘备是赵云之智。

入川定郡县、汉水救黄忠、大邑防青羌是赵云之勇。

长坂救幼主、截江夺阿斗是赵云之忠。

博望活夏侯、箕谷自断后是赵云之义。

桂阳拒樊氏、成都拒田舍、汉中拒金帛是赵云之德。

虎父无犬子。赵云长子赵统嗣爵，官至虎贲中郎；次子赵广，以牙门将跟随姜维屯田沓中，抵御魏军时临阵战死，《赵云传》：

> 云子统嗣，官至虎贲中郎，督行领军；次子广，牙门将，随姜维沓中，临陈战死。

蜀汉景耀六年（263年），司马昭伐蜀，刘禅投降，蜀国灭亡。

曹魏咸熙二年（265年），司马炎篡魏，曹奂禅位，魏国灭亡。

东吴天纪四年（280年），司马炎伐吴，孙皓投降，吴国灭亡。

至此，三分归晋，真可谓：

> 滚滚长江东逝水，浪花淘尽英雄。是非成败转头空，青山依旧在，几度夕阳红。白发渔樵江渚上，惯看秋月春风。一壶浊酒喜相逢，古今多少事，都付笑谈中。

《赵云传》

16. 赵云年表

汉灵帝建宁三年（170年），约一岁（虚岁，下同）

赵云生于冀州常山国真定县。

是年，刘备十岁，曹操十六岁，孙坚十六岁。

光和五年（182年），约十三岁

孙权出生。

中平元年（184年），约十五岁

黄巾之乱爆发。

中平二年（185年），约十六岁

常山真定人张燕起兵响应张角，自号"黑山军"，冀州诸郡皆被其害。

中平五年（188年），约十九岁

汉灵帝设置州牧。

中平六年（189年），约二十岁

四月，灵帝卒，少帝刘辩继位，外戚何进掌权。

八月，宦官诱杀何进，袁绍反诛宦官，董卓趁机进京把持朝政。

九月，董卓废少帝，立陈留王刘协为献帝。

汉献帝初平元年（190年），约二十一岁

关东诸侯组成联军，以袁绍为盟主，起兵讨董。

初平二年（191年），约二十二岁

正月，董卓鸩杀少帝。

二月，董卓放弃洛阳，西退长安。

七月，袁绍迫使冀州牧韩馥让出冀州牧。

秋，公孙瓒进入冀州，与袁绍交恶。

冬，公孙瓒击败青徐一带的黄巾军。

云身长八尺，姿颜雄伟，为本郡所举，将义从吏兵诣公孙瓒。时袁绍称冀州牧，瓒深忧州人之从绍也，善云来附，嘲云曰："闻贵州人皆原袁氏，君何独回心，迷而能反乎？"
云答曰："天下讻讻，未知孰是，民有倒县之厄，鄙州论议，
从仁政所在，不为忽袁公私明将军也。"遂与瓒征讨。(《云
别传》)

时先主亦依托瓒，每接纳云，云得深自结托。(《云
别传》)

瓒遣先主为田楷拒袁绍，云遂随从，为先主主骑。(《赵
云传》)

是年，孙坚与刘表部将黄祖作战时战死。

初平三年（192年），约二十三岁

正月，公孙瓒在界桥被袁绍击败，退回幽州。

公孙瓒在拒马水击败袁绍部将崔巨业，追至平原。

四月，王允联合吕布诛杀董卓。

冬，曹操破青州黄巾，领兖州牧。

云以兄丧，辞瓒暂归，先主知其不反，捉手而别，云
辞曰："终不背德也。"(《云别传》)

公孙瓒在龙凑被袁绍击败，离开平原返回幽州。

初平四年（193年），约二十四岁

公孙瓒反攻袁绍，追至平原，派田楷与刘备攻略齐地。

六月，袁绍联合吕布，与黑山军张燕战于常山。

秋，曹操为报父仇进攻徐州。

冬，公孙瓒杀死幽州牧刘虞，前常山相孙瑾、掾张
逸、张瓒等来刘虞尸体旁拜祭，大骂公孙瓒，皆被公孙瓒
杀死。

兴平元年（194年），约二十五岁

春，刘备前往徐州支援陶谦，屯兵小沛。

夏，曹操复攻陶谦。会吕布偷袭兖州，曹操退兵。

冬，陶谦去世，刘备领徐州牧。

兴平二年（195年），约二十六岁

二月，李傕、郭汜互相攻击。

夏，曹操击败吕布，吕布投奔刘备。

七月，献帝逃离长安东归。

是年，孙策开始攻略江东。

建安元年（196年），约二十七岁

六月，刘备与袁术交战，吕布趁机偷袭徐州，刘备向吕布投降，复屯小沛。

九月，曹操迎奉献帝于许都。

刘备投奔曹操，曹操表刘备为豫州牧。

建安三年（197年），约二十八岁

正月，曹操在宛城被张绣击败。

袁术于寿春称帝。

建安三年（198年），约二十九岁

九月，曹操东征徐州，擒杀吕布，表刘备为左将军。

建安四年（199年），约三十岁

三月，袁绍击败公孙瓒，公孙瓒自杀。袁绍占据冀、青、幽、并四州。

刘备与曹操"煮酒论英雄"，刘备感到危险，借机离开许都，杀死徐州刺史车胄，复据徐州。

是年，孙策彻底占据江东六郡。

建安五年（200年），约三十一岁

曹操亲征徐州，击败刘备，俘虏关羽。

刘备来到邺城投奔袁绍。

> 先主就袁绍，云见于邺。先主与云同床眠卧，密遣云合募得数百人，皆称刘左将军部曲，绍不能知。（《云别传》）

四月，孙策遇刺身亡，孙权继任。

曹操于官渡击败袁绍。

建安六年（201 年），约三十二岁

刘备投奔荆州牧刘表，驻守新野。

> 遂随先主至荆州。（《云别传》）

建安七年（202 年），约三十三岁

五月，袁绍病死。

刘备在博望坡击败夏侯惇。

> 先是，与夏侯惇战于博望，生获夏侯兰。兰是云乡里人，少小相知，云白先主活之，荐兰明于法律，以为军正。云不用自近，其慎虑类如此。（《云别传》）

建安九年（204 年），约三十五岁

曹操攻占冀州和青州。

建安十一年（206 年），约三十七岁

曹操攻占并州。

建安十二年（207 年），约三十八岁

曹操北征乌桓，平定幽州。至此，曹操统一黄河流域。

刘备三顾茅庐，请诸葛亮出山辅佐。

刘备之子刘禅出生，乳名阿斗。

建安十三年（208 年），约三十九岁

七月，曹操南征刘表。

八月，刘表病逝，刘表次子刘琮领荆州牧。

九月，刘琮投降，刘备败走江陵。

> 初，先主之败，有人言云已北去者，先主以手戟擿之曰："子龙不弃我走也。"顷之，云至。（《云别传》）
>
> 及先主为曹公所追于当阳长坂，弃妻子南走，云身抱弱子，即后主也，保护甘夫人，即后主母也，皆得免难。迁为牙门将军。（《赵云传》）

十月，刘备遣诸葛亮前往柴桑与孙权结盟。

十一月，赤壁之战爆发，孙刘联军击败曹操。

十二月，刘备平定江南，荆南四郡望风投降。

> 从平江南，以为偏将军，领桂阳太守，代赵范。范寡嫂曰樊氏，有国色，范欲以配云。云辞曰："相与同姓，卿兄犹我兄。"固辞不许。时有人劝云纳之，云曰："范迫降耳，心未可测；天下女不少。"遂不取。范果逃走，云无纤介。（《云别传》）

建安十四年（209 年），约四十岁

周瑜击败曹仁，占据江陵。

孙权将妹妹嫁与刘备。

> 此时先主孙夫人以权妹骄豪，多将吴吏兵，纵横不法。先主以云严重，必能整齐，特任掌内事。（《云别传》）

建安十五年（210 年），约四十一岁

周瑜病逝。

建安十六年（211 年），约四十二岁

八月，曹操进军潼关，击败马超、韩遂为首的关西联军。

刘备受刘璋之邀入川，留诸葛亮、关羽、张飞、赵云等人留守荆州。

> 先主入蜀，云留荆州。（《赵云传》）
>
> 权闻备西征，大遣舟船迎妹，而夫人内欲将后主还吴，云与张飞勒兵截江，乃得后主还。（《云别传》）

建安十七年（212年），约四十三岁

刘备与刘璋决裂，刘备开始反攻刘璋。

建安十八年（213年），约四十四岁

曹操与孙权在濡须口对峙。

建安十九年（214年），约四十五岁

攻打雒城时，庞统战死。

五月，刘备调诸葛亮、张飞、赵云入川支援。

> 先主自葭萌还攻刘璋，召诸葛亮。亮率云与张飞等俱溯江西上，平定郡县。至江州，分遣云从外水上江阳，与亮会于成都。（《赵云传》）

六月，刘璋投降，刘备领益州牧。

> 成都既定，以云为翊军将军。（《赵云传》）
>
> 益州既定，时议欲以成都中屋舍及城外园地桑田分赐诸将。云驳之曰："霍去病以匈奴未灭，无用家为，今国贼非但匈奴，未可求安也。须天下都定，各反桑梓，归耕本土，乃其宜耳。益州人民，初罹兵革，田宅皆可归还，令安居复业，然后可役调，得其欢心。"先主即从之。（《云别传》）

建安二十年（215年），约四十六岁

七月，曹操攻占汉中。

八月，孙权进攻合肥，被张辽击退。

建安二十一年（216年），约四十七岁

五月，曹操称魏王。

建安二十二年（217年），约四十八岁

刘备出兵争夺汉中。

建安二十三年（218年），约四十九岁

刘备与夏侯渊在阳平关相持。

建安二十四年（219年），约五十岁

正月，黄忠斩杀夏侯渊。

三月，曹操兵进汉中。

夏侯渊败，曹公争汉中地，运米北山下，数千万囊。黄忠以为可取，云兵随忠取米。忠过期不还，云将数十骑轻行出围，迎视忠等。值曹公扬兵大出，云为公前锋所击，方战，其大众至，势偪，遂前突其陈，且斗且却。公军败，已复合，云陷敌，还趣围。将张著被创，云复驰马还营迎著。公军追至围，此时沔阳长张翼在云围内，翼欲闭门拒守，而云入营，更大开门，偃旗息鼓。公军疑云有伏兵，引去。云雷鼓震天，惟以戎弩于后射公军，公军惊骇，自相蹂践，堕汉水中死者甚多。先主明旦自来至云营围视昨战处，曰："子龙一身都是胆也。"作乐饮宴至暝，军中号云为虎威将军。（《云别传》）

五月，曹操从汉中退军。

七月，刘备称汉中王。

八月，关羽北伐，擒于禁、斩庞德，威震华夏。

闰十月，孙权命吕蒙袭取荆州，关羽被杀。

建安二十五年（220 年），约五十一岁

正月，曹操病逝。

十月，曹丕称帝。

蜀汉先主章武元年（221 年），约五十二岁

四月，刘备称帝于成都。

张飞被部下范疆、张达所害。

七月，刘备东征孙权。

> 孙权袭荆州，先主大怒，欲讨权。云谏曰："国贼是曹操，非孙权也，且先灭魏，则吴自服。操身虽毙，子丕篡盗，当因众心，早图关中，居河、渭上流以讨凶逆，关东义士必裹粮策马以迎王师。不应置魏，先与吴战；兵势一交，不得卒解。"先主不听，遂东征，留云督江州。（《云别传》）

章武二年（222 年），约五十三岁

闰六月，陆逊在夷陵击败刘备。

> 先主失利于秭归，云进兵至永安，吴军已退。（《云别传》）

蜀汉后主建兴元年（223 年），约五十四岁

四月，刘备病逝。

五月，后主刘禅即位。

> 建兴元年，为中护军、征南将军，封永昌亭侯，迁镇东将军。（《赵云传》）

夏，蜀益州郡大姓雍闿、越巂郡夷王高定、牂牁郡太守朱褒皆反。

建兴三年（225 年），约五十六岁

三月，诸葛亮率众南征，平定益州、永昌、牂牁、越巂四郡。

建兴四年（226 年），约五十七岁

五月，曹丕卒，曹叡继位。

建兴五年（227 年），约五十八岁

三月，诸葛亮上《出师表》，率军北驻汉中。

五年，随诸葛亮驻汉中。（《赵云传》）

建兴六年（228 年），约五十九岁

春，诸葛亮第一次北伐，赵云率偏师走褒斜道作疑兵，诸葛亮率大军走祁山道进攻陇右。赵云成功牵制曹真，诸葛亮得到陇右郡县响应，但因马谡丢失街亭退兵。

明年，亮出军，扬声由斜谷道，曹真遣大众当之。亮令云与邓芝往拒，而身攻祁山。云、芝兵弱敌强，失利于箕谷，然敛众固守，不至大败。军退，贬为镇军将军。（《赵云传》）

亮曰："街亭军退，兵将不复相录，箕谷军退，兵将初不相失，何故？"芝答曰："云身自断后，军资什物，略无所弃，兵将无缘相失。"云有军资余绢，亮使分赐将士，云曰："军事无利，何为有赐？其物请悉入赤岸府库，须十月为冬赐。"亮大善之。（《云别传》）

十一月，诸葛亮作《后出师表》（有争议），其中提到："自臣到汉中，中间期年耳，然丧赵云、阳群、马玉、阎芝、丁立、白寿、刘郃、邓铜等及曲长屯将七十余人。"

建兴七年（229 年），约六十岁

七年卒。(《赵云传》)

云子统嗣,官至虎贲中郎,督行领军。(《赵云传》)

建兴十二年(234年),赵云去世后五年

八月,诸葛亮病逝于五丈原。

蜀汉后主延熙四年(241年),赵云去世后十二年

蜀汉官员杨戏作《季汉辅臣赞》,评价赵云与陈到:"征南厚重,征西忠克,统时选士,猛将之烈。"

蜀汉后主景耀四年(261年),赵云去世后三十二年

追谥顺平侯。初,先主时,惟法正见谥;后主时,诸葛亮功德盖世,蒋琬、费祎荷国之重,亦见谥;陈祗宠待,特加殊奖,夏侯霸远来归国,故复得谥;于是关羽、张飞、马超、庞统、黄忠及云乃追谥,时论以为荣。(《赵云传》)

后主诏曰:"云昔从先帝,功积既著。朕以幼冲,涉涂艰难,赖恃忠顺,济于危险。夫谥所以叙元勋也,外议云宜谥。"(《云别传》)

大将军姜维等议,以为云昔从先帝,劳绩既著,经营天下,遵奉法度,功效可书。当阳之役,义贯金石,忠以卫上,君念其赏,礼以厚下,臣忘其死。死者有知,足以不朽;生者感恩,足以殒身。谨按谥法,柔贤慈惠曰顺,执事有班曰平,克定祸乱曰平,应谥云曰顺平侯。(《云别传》)

景耀五年(262年),赵云去世后三十三年

十月,大将军姜维率众北伐,为邓艾所破,退驻沓中。

次子广,牙门将,随姜维沓中,临陈战死。(《赵云传》)

景耀六年（263年），赵云去世后三十四年

司马昭伐蜀，后主刘禅投降，蜀汉灭亡。

曹魏咸熙二年（265年），赵云去世后三十六年

司马炎篡魏，曹奂禅位，魏国灭亡。

东吴天纪四年（280年），赵云去世后五十一年

司马炎伐吴，孙皓投降，吴国灭亡。

17. 历代评价

对于赵云历史形象的认识，经历了一个不断深入的过程。南宋之前，赵云仅以勇武知名，南宋之后，史家逐渐意识到赵云的见识和品德，很多人认为赵云是三国时代最完美的人物，称其"方时诸将，其最优乎""为三分之完人软""故无论功烈才品迥出三国诸人之上"。

> 征南厚重，征西忠克，统时选士，猛将之烈。
> ——蜀汉·杨戏《蜀汉辅臣赞》

> 黄忠、赵云强挚壮猛，并作爪牙，其灌、滕之徒软。
> ——西晋·陈寿《三国志》

> 赵云一身之胆，勇冠三军；关羽万人之敌，声雄百代。
> ——唐·《大唐平百济国碑铭》

> 云虽虎臣，其所建明通达国体，如还田宅以系民心，留军资以须冬赐，舍吴而专事魏，有诸葛亮念所不到者。若其不纳赵范之兄嫂，以远同姓之嫌，律己之严如此。方时诸将，其最优乎？
> ——南宋·萧常《续后汉书》

云、忠缱绻御侮，始终不渝，为汉爪士，功烈志胆，曹樊之俦。云尤识虑经远，壮而不疏，每进忠益，辄中几会。

——元·郝经《续后汉书》

智勇兼全，子龙可谓有古大臣之风。

——明·李贤（《明一统志》）

观云本末，自是大臣局量，不独名将而已。

——明·钟惺《史怀》

夫子龙未曾指皇天后土，如关张之共誓生死者也，乃当流离颠沛，一心不二，气义激扬，如金如石。故子龙不特浑身是胆，殆浑身是忠，且云长益德以忠义佐主，不能料敌而受敌之制，不能料下而受下之欺。子龙独出万死于干戈锋镝之下，而卒以牖下全归焉。故子龙不特浑身是胆，殆浑身是智，为三分之完人欤。

——明·徐奋鹏《古今治统》

客问："子龙，先主称曰子龙一身都是胆。全以胆胜乎？"答曰："还是识胜，非胆胜也。盖胆从识生，无识而有胆，妄耳狂耳，非胆也。"

——明·无名氏《读三国史答问》

关羽、马超、张飞、黄忠、赵云，时谓之五虎上将，吾最服赵云。

——清·孙奇逢《夏峰先生集》

顺平真儒将哉。其律己也严，接人也慎，其见理也明，其去私也力。若夫当阳救主，奋不顾身；汉水立功，威还似虎。语云："胆欲大而心欲小，志欲圆而行欲方。"其顺平之谓乎。……当阳之战、孙夫人之归，微子龙则后主将不免矣，故无论功烈才品迥出三国诸人之上。

——清·王复礼《季汉五志》

读《赵常山别传》，始末皆具大臣器量，目为虎将，屈哉。

——清·龚炜《巢林笔谈》

予尝谓三国有四至人：至诚无伪，不可欺者，鲁子敬；正大光明，不可掩者，寿亭侯；始终慎密，不可破者，赵常山；鬼神变化，不可测者，诸葛丞相也。

——清·齐周华《名山藏副本》

吾爱赵顺平，一见识楼桑。瓒绍皆不就，奋身从危亡。

——清·赵翼《偶得九首之一》

武侯眼自高四海，卓识吾还爱赵云。

——清·柯振岳《读三国志》

大义辨国贼，吾钦赵顺平。

——清·王士祯《咏史小乐府》

同仇可以辨国贼，同姓可以辞国色。即此岂是寻常人，子龙不独胆一身。

——清·舒位《古常山郡吊蜀汉赵顺平侯》

八十万人尘却换，英雄独祀赵将军。

——清·罗应箕《当阳忠烈祠》

不独仰雄风，忠义足千古。

——清·卢永楷《长阪雄风》

汉衰逐鹿最多雄，我爱将军名节终。

——清·萧惟燿《谒汉赵将军墓》

汉臣功业尽峥嵘，第一纯全赵顺平。

——清·仲鹤庆《谒汉顺平侯墓》

陈寿之评云也，仅以强挚壮猛，与黄忠并称，失之矣。云固武臣之有本末者，而兼有儒臣体用矣。

——清·易佩绅《通鉴触绪》

樊氏国色，而子龙不取，贤于关羽之乞娶秦宜禄妻去远矣。

——民国·卢弼《三国志集解》

赵云的将军等级，与糜、简、孙这三位"帮闲"的朋友差不多。我十分为赵云抱屈。

——民国·黎东方《细说三国》

勇猛要紧，也还要智谋；张飞虽不错，到底不如赵子龙。

——毛泽东《矛盾论》讲课记录稿

论三国时代的武将，赵云说得上是第一流人物。

——刘逸生《三国漫谈》

赵云又是三国将领中有独特风格的一个，他德纯、才高、胆大、识远，是将领中的一奇。

——蓝青芹《三国兴衰谈》

赵云是蜀汉著名将领，有勇有谋，有胆有识。在蜀汉关、张、马、黄、赵五虎将中，虽名列最后，而却是最有政治头脑的人物。他的高尚品德以及为国尽忠的精神，更受到了人们的敬重。

——张大可《三国人物新传》

历史上的赵云，虽然在功业上不能冠冕众人，却具有人所不及的美德。

——沈伯俊《沈伯俊说三国》

建安二十四年刘备称汉中王，然后封了四大将军：前将军关羽，右将军张飞，左将军马超，后将军黄忠，没有赵云。所以，在正史上从来没有什么五虎上将，只有四虎上将，赵云一直是杂号将军。赵云是很委屈的，确实是很委屈的。

——易中天《易中天品三国》

赵云作为一员武将，却能集儒道两家的文化精华与一身：对人性的品质，坚持；对名利的枷锁，超脱。这是我对他最为欣赏和倾心的地方了。

——方北辰《三国名将：一个历史学家的排行榜》

赵云有识有胆，有智有勇，识大体，知实务。

——顾承甫，盛巽昌《真假三国》

血染征袍透甲红，

当阳谁敢与争锋！

古来冲阵扶危主，

只有常山赵子龙。

——罗贯中《三国演义》

《三国演义》中的赵云

第二章
《三国演义》中的赵云

　　《三国演义》是我国第一部历史演义小说，也是长篇章回体小说的开山之作，作者罗贯中。罗贯中，名本，字贯中，别号湖海散人，籍贯有太原（今山西太原）、东原（今山东东平）、钱塘（今浙江杭州）诸说，生活年代不详，大体为元末明初。罗贯中的主要作品有三种杂剧、五种小说，其中就包括《三国演义》。

　　罗贯中以陈寿《三国志》及裴松之注释为史料依据，参照《资治通鉴》的叙事框架，博采笔记杂传，吸取三国评书、三国戏剧、三国民间传说等多方面的营养，创作出规模宏大、内容丰富的历史演义小说《三国演义》，艺术地再现了从黄巾起义到西晋统一近百年的三国历史，全面而深刻地反映了魏蜀吴三国之间纷纭复杂的政治、军事斗争，成功地塑造了一大批栩栩如生的艺术形象。

　　情节方面，全书结构宏大，主次分明，大体可分为汉室倾颓、群雄逐鹿、赤壁之战、三足鼎立、南征北战、三分归晋六大部分。罗贯中运用非凡的叙事才能，把一百年的历史，一千多个人物组织得有条不紊。《三国演义》以历史为依据，但并不拘泥于历史，清代学者章学诚称其"七分事实，三分虚构"，使得演义故事相对历史更加精彩曲折。

嘉靖本《三国志通俗演义》

　　人物方面，罗贯中突出甚至夸大三国人物的主要性格特征，舍弃性格中的次要方面，创造了一批具有特征化性格的艺术典型，如宽厚仁爱的刘备、智谋超群的诸葛亮、忠勇双全的关羽、性格暴躁的张飞、胆大心细的赵云、老当益壮的黄忠、雄才大略的曹操、老奸巨猾的司马懿、忠厚老实的鲁肃、见利忘义的吕布等等。

　　语言方面，罗贯中采用"文不甚深、言不甚俗"浅近文言文，既利于营造历史气氛，又能使普通读者"易观易入"，真正实现雅俗共赏。《三国演义》多叙述少描写，简洁明快，生动有力，处处洋溢着阳刚之气，形成了一种适用于历史演义小说的独特语言风格。

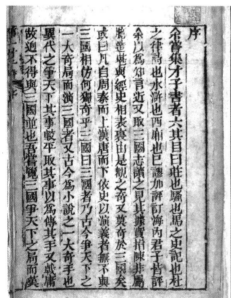

毛本《三国演义》

《三国演义》的版本系统比较复杂，大体上可分为"通俗演义""志传本""毛本"三个系统。

通俗演义系统的代表版本是嘉靖壬午序刊本《三国志通俗演义》（简称嘉靖本），共二十四卷，每卷十则，总二百四十则。嘉靖本是现存最早的《三国演义》刻本，部分学者认为是最接近罗贯中原作的版本，有学者甚至认为嘉靖本就是罗贯中的原作。

志传本系统基本以《三国志传》作书名，共二十卷，每卷十二则，共二百四十则。《三国志传》形式上图下文，内容上多插增关索或花关索故事，部分学者认为《三国志传》的祖本早于嘉靖本，更接近罗贯中的原作。

毛本系统的代表版本是《毛宗岗评三国志演义》，共六十卷，每卷两回，总一百二十回。由明末清初的著名文学评论家毛纶、毛宗岗父子在原作的基础上修订、点评而成。

毛纶，字德音，号声山，长洲（今江苏苏州）人，与金圣叹同乡同时，颇有文名而穷困不仕，中年以后双目失明，以点评《琵琶记》和《三国演义》自娱。其子毛宗岗，字序始，号子庵，也不仕，随其父评改《三国演义》，并为之校订、加工和最终定稿。毛本于康熙年间刊印，最初题名《四大奇书第一种》，复刻本多作《第一次才子书》。

毛本文字精练，情节流畅，在艺术水平上远胜旧本，一经问世，即成为三百余年来最为流行的《三国演义》版本。人民文学出版社的《三国演义》即在毛本的基础上整理而成。本书涉及的《三国演义》内容以流行度最高的毛本为主，兼顾现存最早的嘉靖本。

嘉靖本《三国志通俗演义》共二百四十则，赵云出场于十三则，谢幕于一百九十三则，横跨全书一百八十一则，7次出现在则目中，分别为：十三则《赵子龙磐河大战》、八十二则《长坂坡赵云救主》、一百零四则《赵子龙智取桂阳》、一百零九则《锦囊计赵云救主》、一百二十一则《赵云截江夺幼主》、一百四十二则《赵子龙汉水大战》、一百八十三则《赵子龙大破魏兵》。

毛本《三国演义》共一百二十回，赵云出场于第七回，谢幕于九十七回，横跨全书九十一回，5次出现在回目中，分别为：四十一回《刘玄德携民渡江 赵子龙单骑救主》、五十二回《诸葛亮智辞鲁肃 赵子龙计取桂阳》、六十一回《赵云截江夺阿斗 孙权遗书退老瞒》、七十一回《占对山黄忠逸待劳 据汉水赵云寡敌众》、九十二回《赵子龙力斩五将 诸葛亮智取三城》。

1. 磐河大战露锋芒

东汉末年，天下大乱，汉室倾颓，董卓造逆。关东十八路诸侯推举袁绍为盟主，组成联军兴兵讨董。迫于压力，董卓西迁长安，关东联军随之解散，开始互相兼并。

袁绍邀请公孙瓒合力攻打冀州牧韩馥，答应事成之后平分冀州。冀州牧韩馥懦弱无能，反请袁绍共治州事，袁绍趁机夺取冀州。公孙瓒得知，派遣其弟公孙越敦促袁绍履行承诺平分冀州，袁绍却暗中使人射死公孙越。公孙瓒大怒，率部杀奔冀州，两军于磐河交战。

初一交锋，公孙瓒与手下四健将皆被袁绍大将文丑击败，公孙瓒仓皇逃命，马失前蹄，坠于坡下，文丑捻枪来刺。万分危急之时，赵云登场：

忽见草坡左侧转出个少年将军，飞马挺枪，直取文丑。公孙瓒扒上坡去，看那少年：生得身长八尺，浓眉大眼，阔面重颐，威风凛凛，与文丑大战五六十合，胜负未分。（第七回）

嘉靖本十三则

历史上，赵云是在磐河之战前夕率众投奔公孙瓒的。而在演义里，赵云则是在磐河之战中单枪匹马巧遇公孙瓒的。

赵云一出场，就让读者眼前一亮。

武艺上，少年赵云生平第一战就与河北名将文丑大战五六十回合不分胜负，嘉靖本还特意强调赵云"须无铠甲"，

与文丑打得"如花似锦":

> 看看来近，草坡左侧转出一将，马上须无铠甲，挺枪直取文丑。两马相交，如花似锦。公孙瓒扒上坡去，看那个少年大战文丑五六十合，胜败未分。

尚未进入巅峰期，又以布衣作战，赵云已有如此表现，使读者对他的未来无限期待。

相貌上，毛本中赵云"身长八尺，浓眉大眼，阔面重颐，威风凛凛"，嘉靖本中多了个"相貌堂堂":

> 公孙瓒忙下土坡，问及姓名。其人身长八尺，浓眉大眼，阔面重颐，相貌堂堂，威风凛凛。常山真定人也，姓赵，名云，字子龙。

《云别传》说赵云"身长八尺"，《三国演义》继承了这个说法。除赵云外，《三国演义》中身长八尺的还有张飞、许褚、魏延、诸葛亮、陆逊等人。关羽、华雄身长九尺，吕布身长一丈，身高最高的是南蛮乌戈国国王兀突骨，身长丈二。

"浓眉大眼，阔面重颐"中的"重颐"比较难理解。颐的本意是脸颊，如《孙子·九地》说"偃卧者涕交颐"，意思眼泪流到脸颊上；又如《新唐书》形容武则天"方额广颐"，意思是脸颊很大；再如《西游记》中形容弥勒佛"大耳横颐方面相，肩查腹满身躯胖"，意思是脸颊很宽。在《三国演义》中，颐也指脸颊，罗贯中用"方颐大口"形容孙权，意思是说孙权是个方脸。既然颐指脸颊，那么重颐之重就应读作 [zhòng]，形容赵云脸上肉比较多，与阔面对应。也有人认为颐是下巴之意，重应该读作 [chóng]，重颐是双下巴。

这两个含义虽然有差别，但都是说赵云是个大脸盘。按照古代相术的说法，"重颐丰颔，北方人之贵且强。"放在今天，重颐算不上高颜值，但在古代，可是大富大贵之相。

"相貌堂堂，威风凛凛"在《三国演义》中出现过两次，一次用来形容赵云，另一次用来形容关羽。

正史中，公孙瓒见到赵云有一段对话，《云别传》：

> 时袁绍称冀州牧，瓒深忧州人之从绍也，善云来附，嘲云曰："闻贵州人皆原袁氏，君何独回心，迷而能反乎？"
>
> 云答曰："天下讻讻，未知孰是，民有倒县之厄，鄙州论议，从仁政所在，不为忽袁公私明将军也。"

嘉靖本基本保留了这段对话：

> 瓒曰："将军自何来，救我一命？"
>
> 云曰："某本袁绍辖下之人。今见袁绍无匡国救民之心，特来相投麾下，不期此处相见。"
>
> 瓒执云手曰："闻贵郡之人皆愿倾心以投袁绍，公何独回心见某也？"
>
> 云曰："方今天下滔滔，民有倒悬之危。云愿从仁义之主，以安天下，非特背袁氏以投明主。"

毛本中，删除了公孙瓒与赵云的对话，变成了赵云自述：

> 瓒忙下土坡，问那少年姓名。那少年欠身答曰："某乃常山真定人也，姓赵，名云，字子龙。本袁绍辖下之人。因见绍无忠君救民之心，故特弃彼而投麾下，不期于此处相见。"（第七回）

毛本第七回

　　相对而言，嘉靖本内容更丰富，更能体现赵云远大的理想。赵云出世，并不是为了一己私利，而是遵从仁政，希望救万民于水火。

　　公孙瓒大喜，与赵云同回营寨。虽然赵云救了公孙瓒一命，但公孙瓒对赵云并不放心。第二天，两军在界桥对垒，公孙瓒把赵云放在后军，派大将严纲担任先锋。

　　两军交战，先锋严纲被袁绍大将麴义斩杀。公孙瓒大败，回马逃走，麴义随后追杀。赵云再次杀出，二救公孙瓒：

> 麹义引军直冲到后军，正撞着赵云，挺枪跃马，直取
> 麹义。战不数合，一枪刺麹义于马下。（第七回）

历史上，麹义后来因自恃功高而骄纵不轨，被袁绍所杀。演义中，赵云一枪刺死麹义，打开了自己的斩将账户。赵云乘胜追击，直捣黄龙：

> 赵云一骑马飞入绍军，左冲右突，如入无人之境。公
> 孙瓒引军杀回，绍军大败。（第七回）

袁绍齐心军士死战，颜良也引军赶到，公孙瓒不敌，在赵云保护下突出重围。袁绍随后追赶，恰遇刘备、关羽、张飞从青州前来助战，袁绍落荒而逃，公孙瓒也收兵回营。刘备见到赵云，"甚相敬爱，便有不舍之心"。

在董卓的斡旋下，公孙瓒与袁绍讲和。刘备不远万里来救师兄公孙瓒，而公孙瓒为讨好董卓不顾杀弟之仇；刘备初见赵云就惺惺相惜，而公孙瓒却不重用有救命之恩的赵云，二人高下立判。

磐河之战结束，刘备返回平原。临行前，拉着赵云的手流泪，依依不舍。赵云感叹："某曩日误认公孙瓒为英雄；今观所为，亦袁绍等辈耳！"刘备说："公且屈身事之，相见有日。"洒泪而别。

当年若是相逢早，桃园兄弟多一人，一句"相见有日"，为日后赵云投刘备埋下伏笔。

历史上，磐河之战爆发于初平三年（192年）的正月，赵云在初平二年（191年）年底就跟随刘备前往青州了，并没有参加磐河之战，也并未与刘备分别。

2. 卧牛山下
得明君

磐河分别后，刘备一直挂念赵云。十一回，刘备救陶谦，向公孙瓒借兵，特意提出"更望借赵子龙一行"，分别时，二人再次洒泪。二十一回，刘备在曹操处听说公孙瓒败亡，"不知赵子龙如何下落，放心不下"。直到二十八回中，赵云才再次出场，与刘备重逢。

关羽过五关斩六将，在古城巧遇张飞，消除误会后，兄

嘉靖本五十六则

弟相聚。关羽令张飞守护古城，派周仓前往卧牛山招揽人马，自己与孙乾前往河北寻找刘备。刘备听说关羽前来，用简雍之计脱离袁绍，与关羽重逢。

刘备与关羽取道卧牛山返回古城，途中遇到周仓带伤而来，关羽问其何故受伤，周仓说：

> "某未至卧牛山之前，先有一将单骑而来，与裴元绍交锋，只一合，刺死裴元绍，尽数招降人伴，占住山寨。仓到彼招诱人伴时，止有这几个过来，余者俱惧怕，不敢擅离。仓不忿，与那将交战，被他连胜数次，身中三枪。因此来报主公。"（二十八回）

周仓"两臂有千斤之力"，水淹七军时，曾生擒庞德，但遇到赵云连败数次，身中三枪。刘备追问此人的相貌和姓名，周仓说："极其雄壮，不知姓名。"《云别传》中记载赵云"姿颜雄伟"，"极其雄壮"的描述符合史实。无论正史还是演义，赵云都是身材魁梧的猛将，并非后世戏剧、影视作品中的白袍小将。

刘备与关羽随周仓来到卧牛山前，才知道那将原来是赵云。刘备问赵云因何至此，赵云有一大段独白：

> "云自别使君，不想公孙瓒不听人言，以致兵败自焚，袁绍屡次招云，云想绍亦非用人之人，因此未往。后欲至徐州投使君，又闻徐州失守，云长已归曹操，使君又在袁绍处。云几番欲来相投，只恐袁绍见怪。四海飘零，无容身之地。前偶过此处，适遇裴元绍下山来欲夺吾马，云因杀之，借此安身。近闻翼德在古城，欲往投之，未知真实。今幸得遇使君！"（二十八回）

毛本二十八回

　　赵云这段独白多处与历史不符。历史上，公孙瓒兵败自
焚是在建安四年（199年），而赵云早在初平三年（192年）
就因兄丧返回常山，并非像演义那样一直在公孙瓒帐下。历
史上，赵云再次见到刘备是在建安五年（200年），当时刘备
兵败，寄居袁绍篱下，赵云前往邺城投奔刘备，为刘备秘密
招兵买马，并不在乎"袁绍见怪"。《三国演义》推迟了赵云
见到刘备的时间，性质也从雪中送炭变成了锦上添花。

　　听赵云之言，刘备大喜，两人相见恨晚：

> 玄德曰:"吾初见子龙,便有留恋不舍之情。今幸得相遇!"
>
> 云曰:"云奔走四方,择主而事,未有如使君者。今得相随,大称平生。虽肝脑涂地,无恨矣。"(二十八回)

赵云当即烧毁卧牛山,与山上喽啰跟随刘备前往古城。几经周折,赵云终于得事明主,这是赵云的幸运,更是刘备的幸运。

3. 穰山救主显威风

古城聚义后,刘备前往汝南,收编黄巾余党刘辟、龚都数万之众,欲乘曹操出兵河北之机进攻许昌。曹操大惊,亲率大军前去汝南征讨刘备。历史上,曹操的确征讨过屯兵汝南的刘备,但战斗细节和战斗地点并没有记载。《三国演义》中,此战发生在穰山,这也是赵云投奔刘备后经历的第一战。

刘备兵分三队,关羽屯兵穰山东南,张飞屯兵穰山西南,刘备与赵云在正南立寨。曹操兵至,两军对圆,曹操叫刘备打话。刘备大骂曹操,并宣读衣带诏。曹操大怒,命许褚出战。之前,典韦已经在宛城阵亡,许褚已是曹营的第一武将。刘备这边,赵云出战:

> 操大怒,教许褚出战。玄德背后赵云挺枪出马。二将相交三十合,不分胜负。(三十一回)

《三国演义》的诸多武将中,论单挑,吕布明显高人一筹,自己单独一档。刘备的五虎上将关张赵马黄和曹操的折冲二将典韦、许褚武力相差无几,可并列排在第二档。许褚

嘉靖本六十二则

曾二百多回合战平马超，马超又二百多回合战平张飞。赵云与许褚大战，三十合肯定难分胜负。

正在赵云与许褚较量时，忽然喊杀声起，关羽和张飞同时杀来，曹军不能抵挡，大败而归。

次日，刘备又使赵云挑战，曹操一连十多天闭门不出。曹操暗中用计，派夏侯渊拦截运粮的龚都，派夏侯惇攻打镇守汝南的刘辟。刘备只好命张飞、关羽前去救援，自己势单力孤，缓缓撤军。约行数里，刘备遭遇曹操伏兵，赵云再次出马：

> 赵云曰："主公勿忧，但跟某来。"赵云挺枪跃马，杀开条路，玄德掣双股剑后随。正战间，许褚追至，与赵云力战。背后于禁、李典又到。（三十一回）

刘备见势不妙，落荒而逃，此后作者便以刘备的视角叙述故事，没有提到赵云这边的战况。但可想而知，赵云要独自面对许褚、于禁、李典三员曹将。

挨到天明，刘备遇到刘辟护送刘备家小而来，刘备又惊又喜，与刘辟继续前行。又走数里，张郃、高览突然出现，拦住刘备去路。刘辟死战，被高览三合斩于马下，刘备只得准备亲自作战。这时，赵云突然杀出：

> 高览后军忽然自乱，一将冲阵而来，枪起处，高览翻身落马。视之，乃赵云也。玄德大喜。云纵马挺枪，杀散后队，又来前军独战张郃。郃与云战三十余合，拨马败走。（三十一回）

高览是河北名将，曾与许褚打得难解难分：

> 操怒，使张辽出战。张郃跃马来迎。二将斗了四五十合，不分胜负。曹操见了，暗暗称奇。许褚挥刀纵马，直出助战。高览挺枪接住。四员将捉对儿厮杀。（三十回）

赵云一回合将高览挑于马下，是否有突袭之嫌呢？我觉得是没有的。《三国演义》中，武将突袭，作者都会特意说明。二十五回关羽突袭颜良，原文写到"颜良措手不及"；

毛本三十一回

七十一回黄忠突袭夏侯渊，原文写到"夏侯渊措手不及"。赵云刺杀高览，作者并没有类似的文字。作为一员名将，"后军忽然自乱"，高览肯定有所察觉。

张郃的武艺更加高强，战张飞，三五十合不分胜负：

> 一将当先，拦住去路，睁圆环眼，声如巨雷：乃张飞也。挺矛跃马，直取张郃。两将在火光中，战到三五十合。
>
> （七十回）

战黄忠，二十回合不分胜负：

> 黄忠引军下关，与张郃对阵。张郃出马，见了黄忠，笑曰："你许大年纪，犹不识羞，尚欲出战耶！"忠怒曰："竖子欺吾年老！吾手中宝刀却不老！"遂拍马向前与郃决战。二马相交，约战二十余合。（七十回）

此时的赵云已经厮杀一夜，先与许褚等人力战，又突围寻找刘备，再冲阵曹军，枪挑高览，杀散后队，体力严重消耗，但仍能三十余合击败张郃，足见赵云武艺之高。

杀退张郃后，赵云保护刘备突围，与关羽、张飞等人会合。刘备无处安身，只得前往荆州投奔刘表。

4. 长坂单骑救幼主

来到荆州后，刘表命刘备屯兵新野抵御曹操。一次，刘表就立嗣问题征求刘备意见，刘备建议立长子刘琦。刘表次子刘琮之母蔡氏忌恨，与其弟蔡瑁定计，邀请刘备来襄阳赴会，借机除掉刘备。

刘备与关、张、赵三人商议是否赴会，赵云提出保护刘备同往，刘备这才决定前去，并说"子龙同去，何足虑也"。襄阳会上，蔡瑁见赵云保驾，不敢造次。酒席间，刘备得知蔡瑁欲图谋不轨，离席逃走，飞马跃檀溪，巧遇水镜先生司马徽。次日，赵云寻得刘备，二人一共返回新野。半路上，徐庶化名单福前来投奔，刘备拜徐庶为军师。

屯兵樊城的曹仁率军进攻新野，赵云先后斩杀吕旷、击败李典。曹仁大怒，摆出八门金锁阵，徐庶教赵云破阵之法，赵云大败曹仁。当晚，曹仁前来劫寨，又被赵云等人击败，退军许昌。刘备返回新野，留赵云镇守樊城。

嘉靖本八十二则

　　曹操用程昱之计，将徐庶之母接到许都，迫使徐庶转投曹操。临行前，徐庶走马荐诸葛。刘备三顾茅庐，请出诸葛亮。曹操命夏侯惇为都督，统兵十万，杀奔新野。关羽、张飞不服诸葛亮，诸葛亮特意从樊城请回赵云。赵云按诸葛亮之计诈败诱敌，在博望坡烧败夏侯惇。

　　相比于傲慢的关羽和暴躁的张飞，谦逊低调、智勇双全的赵云更适合依计行事。无论徐庶还是诸葛亮，派将时的第一选择都是赵云。

《云别传》记载，赵云的发小夏侯兰在博望坡一战中被赵云生擒，而后担任刘备军正。但在演义中，夏侯兰被张飞一枪刺死，与赵云的同乡关系也未提及。

建安十三年（208年）秋七月丙午日，曹操亲率五十万大军南下荆州。荆州牧刘表病故，次子刘琮继任，在王粲等人的建议下投降曹操。诸葛亮再次用火攻，在新野烧败曹仁、许褚，撤至樊城。曹操大怒，分兵八路，进取樊城。刘备率军投奔刘琮，刘琮避而不见，刘备只得携民渡江前往江陵。

刘备军民多达十余万，每日只能走十余里。曹操派五千铁骑追击，于当阳长坂击溃刘备，刘备家小也在乱军中失散。此时，有人对刘备说赵云临阵叛逃。《云别传》中，刘备大怒，用手戟掷向造谣者：

> 初，先主之败，有人言云已北去者，先主以手戟摘之曰："子龙不弃我走也。"

刘备的反应太过暴力，与他仁君的形象不符，元代的《三国志平话》中，改为砍断马鬃警告造谣者：

> 人告皇叔："赵云反也。"玄德曰："如何见得？"皇叔不顾便行。有人再言。皇叔一剑断其马鬃："只此马鬃为例！"众人不语。皇叔曰："我投袁绍，关公斩颜良、诛文丑，冀王使赵云赶我，欲行诛斩，赵云不肯，与刘备相逐三载无过，岂有反意！"

到了《三国演义》，情节更加丰富：

> 正恓惶嚎啕之时，忽见糜芳面带数箭，跪于马前，口言："反了常山赵子龙也，投曹去了！"玄德叱之曰："子龙是吾故人，安肯反也？"张飞曰："他知我等势穷力尽，反投曹操，以图富贵。此乃常理也，何故不信？"玄德曰："子龙与吾相从患难之时，他心如铁石，岂以富贵能摇动乎？"糜芳曰："我亲见他引军投操去了。"玄德曰："子龙必有事故。再说子龙反者，斩之！"张飞曰："待我亲自寻他去。若撞见时，一枪刺死！"玄德曰："休错疑了。岂不见你二兄诛颜良、文丑之事乎？子龙此去，必有事故。吾料子龙必不弃我也。"（四十一回）

正史或平话中，诬告赵云之人并没有留下名字，但在演义里，作者写成了糜芳。这是因为，日后关羽被杀是因为糜芳反叛，糜芳早已钉在耻辱柱上，不妨再给他一些污点。为了维护刘备的仁君形象，演义中刘备既没有用手戟掷人，也没有砍断马鬃，只是用言语训斥和警告。另外，张飞在这个故事中扮演了一个不太光彩的角色。作者目的是塑造张飞疾恶如仇的性格，但有点用力过猛，显得张飞不明事理。

接下来，作者笔锋一转，开始以赵云视角叙述故事。赵云与曹军厮杀至天明，不见刘备家眷，心想："主公将甘、糜二夫人与小主人阿斗，托付在我身上；今日军中失散，有何面目去见主人？不如去决一死战，好歹要寻主母与小主人下落！"于是，赵云率领三四十骑兵在乱军中寻找，先后救出简雍、甘夫人、糜竺，并将甘夫人送至长坂坡交给张飞，又率数骑折回，寻找糜夫人和阿斗。

路上，赵云遇到曹操背剑官夏侯恩，赵云一枪将其刺死，夺了宝剑，看靶上有金嵌"青釭"二字，赵云方知是宝剑，嘉靖本写道：

> 原来曹操有剑二口：一名倚天，一名青釭。倚天剑自佩之，青釭剑教夏侯恩佩之。倚天剑镇威，青釭剑杀人。

釭的本意是油灯，青釭即青灯，常与"寒""冷"等词连用。刘基《寒夜》："青釭冷暗愁眠怯，楼外频移北斗杓。"黄景仁《焦节妇行》："荧荧一点青釭寒，蟋蟀在户鬼在室。"三国故事源于评书艺术，釭这个字较生僻，不易传播，不符合民间艺人的创作规律。青釭与倚天，两者在意象上也无多大关联。若换成青虹倚天，就非常有诗意了。在京韵大鼓《截江夺斗》中，即作青虹剑。

在明清两代的诗词中，青虹的确常常用来形容剑气或剑光，如王稚登《碧云寺月出赠朱十六短歌中》："渐离筑傍流水立，干将剑上青虹绕。"于谦《秋兴用陈绣衣韵》："黄鹄摩云壮气增，青虹贯斗剑光腾。"陈曰昌《次韵答唐卧公其二》："几淬青虹怜古剑，独翻黄石得奇篇。"戚继光《秋日其二》："旗翻紫电皇威远，剑跃青虹闾令明。"李慈铭《水龙吟》："怎奔雷战夕，痴云遏晓，看长剑，青虹吐。"姚燮《怀九老诗九章其九》："延平剑气逼牛斗，郁然远见青虹光。"甚至，黎崇敕《赠朱季美》一诗中，明确提到了青虹剑："握里青虹剑，囊中白雪章。"

或许，青釭原本作青虹，好事者以剑为金属改了个金字旁，成了青釭，却不知道釭这个字原本就存在。

夺取青釭剑后，赵云已是单枪匹马，但他毫无退却之意，继续寻找。经百姓指路，赵云终在一面土墙下的枯井旁找到糜夫人和阿斗。《三国志》中，糜夫人最后一次出现是在建安五年（200 年），之后就没有记载了。《三国演义》巧妙地安排糜夫人在长坂坡慷慨赴难，既能体现长坂坡一战的惨烈，又给了糜夫人一个结局，一举两得。

赵云请糜夫人上马，自己步行死战，糜夫人身负重伤，担心两误，二人有一段对话：

> 夫人曰："妾得见将军，阿斗有命矣。望将军可怜他父亲飘荡半世，只有这点骨血。将军可护持此子，教他得见父面，妾死无恨！"
>
> 云曰："夫人受难，云之罪也。不必多言，请夫人上马。云自步行死战，保夫人透出重围。"
>
> 糜夫人曰："不可！将军岂可无马！此子全赖将军保护。妾已重伤，死何足惜！望将军速抱此子前去，勿以妾为累也。"
>
> 云曰："喊声将近，追兵已至，请夫人速速上马。"
>
> 糜夫人曰："妾身委实难去。休得两误。"乃将阿斗递与赵云曰："此子性命全在将军身上！"（四十一回）

赵云三番五次请夫人上马，糜夫人坚决拒绝。这时，四边喊杀声起。赵云十分着急，嘉靖本写道：

> 云大喝曰："如此不听吾言，后军来也！"糜氏听得，弃阿斗于地上，投枯井而死。

赵云向主母大喝，违背臣下身份，而且有逼死糜夫人之嫌。嘉靖本中附有一句批语，指责赵云不忠：

> 后来子龙不得入武臣庙，与子胥把门，盖因吓喝主母，以致丧命，亦是不忠也。

毛宗岗也察觉到了这个问题，对文字做了修改：

> 云厉声曰："夫人，不听吾言，追军若至，为之奈何？"
> 糜夫人乃弃阿斗于地，翻身投入枯井中而死。（四十一回）

"大喝"换成了"厉声"，感叹句换成了疑问句，语气缓和了很多。

糜夫人投井后，赵云担心曹军盗走尸体，将土墙推到，掩盖枯井。又解开勒甲绦，放下掩心镜，将阿斗包在怀中，绰枪上马。曹洪部将晏明来战赵云，被赵云一枪刺死。

正走间，赵云又遇到了老对手张郃。穰山之战，赵云曾三十余合击败张郃。但这次，赵云怀抱幼主，并未恋战，打了十余合夺路而走。不料，却中了曹军埋伏：

> 背后张郃赶来，云加鞭而行，不想跐趷一声，连马和人，颠入土坑之内。张郃挺枪来刺，忽然一道红光，从土坑中滚起，那匹马平空一跃，跳出坑外。（四十一回）

赵云战马跃出陷坑，是因为一道红光。随后的诗赞中，作者暗示这道红光是阿斗所化：

> 红光罩体困龙飞，征马冲开长坂围。
> 四十二年真命主，将军因得显神威。

这段违背常理的情节，是传统君臣观在作怪，本来是赵云救阿斗，却写成了阿斗救赵云。估计，那道红光耗尽了阿斗一生的能量。

张郃被红光吓退，赵云又用青釭剑击退马延、张顗、焦触、张南四将。曹操在景山顶上见此将威不可当，急问左右是谁，曹洪飞马下山大叫曰："军中战将可留姓名！"赵云应声说："吾乃常山赵子龙也！"这句话是《三国演义》中最霸气的自我介绍，在后文中多次出现。

曹操有爱将之意，欲招降赵云。嘉靖本中，曹操说：

> "世之虎将也！吾若得这员大将，何愁天下不得乎？可速传令，使数骑飞报各处，如子龙到处，不要放冷箭，要捉活的。"

曹操的话太啰唆，不符合他大诗人的身份。毛本中，曹操只说了一句："真虎将也！吾当生致之。"言简意赅。

赵云杀出重围，脱离曹营，又遇到夏侯惇部将钟缙、钟绅，赵云枪刺钟缙，剑砍钟绅，来到长坂桥，见到张飞。书中总结：

> 赵云怀抱后主，直透重围，砍倒大旗两面，夺槊三条；前后枪刺剑砍，杀死曹营名将五十余员。（四十一回）

赵云纵马过桥，来到刘备休息处，君臣相见，痛哭流涕。阿斗半天未出声，赵云十分担心，解开护甲一看，阿斗正在睡觉。赵云大喜，将阿斗递与刘备，刘备接过来，扔在地上。嘉靖本是这么写的：

> 玄德接过，掷之于地，指阿斗而言曰："为汝这孺子，几乎损吾一员大将！"子龙泣拜谢之曰："云虽肝胆涂地，不能报也！"

阿斗被扔在地上后，似乎就没人管了，这不太合适。毛本中增加了赵云抱起阿斗的细节：

玄德接过，掷之于地曰："为汝这孺子，几损我一员大将！"赵云忙向地下抱起阿斗，泣拜曰："云虽肝脑涂地，不能报也！"（四十二回）

此处还有一首赞诗：

曹操军中飞虎出，赵云怀内小龙眠。

无由抚慰忠臣意，故把亲男掷马前。

毛本四十一回

在作者看来，刘备摔孩子确有收买人心之意。

单骑救主是《三国演义》全书中个人英雄主义的最高体现，比三英战吕布、过五关斩六将更加精彩曲折。赵云的勇武、胆略、忠义在这一战体现得淋漓尽致，赵云的光辉形象深入人心，成为亿万读者心中不朽的传奇。

后世，人们不断用各种艺术形式再现长坂坡的故事，使赵云的形象家喻户晓，妇孺皆知。就我个人而言，正是这段故事激发了我阅读《三国演义》的兴趣，以致日后将三国作为我的学术研究对象。

救出阿斗后，张飞喝退曹兵，关羽前来接应，刘备率领众人前往江夏投奔刘琦。在那里，他们遇到了前来联合的鲁肃。

5.智取桂阳拒樊氏

经过诸葛亮、鲁肃的斡旋，刘备与孙权结盟对抗曹操。双方在赤壁交战，周瑜在诸葛亮、庞统等人的帮助下，用火攻烧退曹操。

赤壁之战后，赵云乘虚而入攻占南郡；又刺杀邢道荣攻取零陵。接着，在与张飞的拈阄中获胜，率军三千兵发桂阳。

桂阳太守赵范本欲献城投降，但管军校尉陈应、鲍隆坚持出战。赵范拗不过，只得应允。两军对阵，赵云巧夺飞叉生擒陈应：

陈应列成阵势，飞马绰叉而出。赵云挺枪出马……直取陈应。应捻叉来迎，两马相交，战到四五合，陈应料敌不过，拨马便走。赵云追赶。陈应回顾赵云马来相近，用飞叉掷去，被赵云接住。回掷陈应。应急躲过，云马早到，将陈应活捉过马，掷于地下，喝军士绑缚回寨。（五十二回）

嘉靖本一百零四则

赵范畏惧，手捧印绶前往赵云营寨纳降。赵云大喜，设宴款待。二人同姓同乡，赵范提出与赵云结拜，赵云同意。赵云长赵范四个月，赵范便拜赵云为兄。

次日，赵云入城安民，赵范回请赵云。酒席间，赵范请出其嫂樊氏为赵云把酒：

> 范忽请出一妇人，与云把酒。子龙见妇人身穿缟素，有倾国倾城之色，乃问范曰："此何人也？"范曰：

> "家嫂樊氏也。"子龙改容敬之。樊氏把盏毕，范令就坐。
> （五十二回）

樊氏辞归后堂，赵云问赵范为何令嫂举杯，赵范说樊氏寡居三年，若得三件事兼全之人才愿改嫁，嘉靖本中这三件事分别为：

> 第一要名誉动荡，人才出众；
> 第二要与家兄同姓；
> 第三要文武双全。

"文武双全"必然"人才出众"，有些重复，毛本中把这两条捏合在一起，另外增加了相貌的要求，改为：

> 第一要文武双全，名闻天下；
> 第二要相貌堂堂，威仪出众；
> 第三要与家兄同姓。（五十二回）

赵云恰好符合这三条要求，赵范于是提出将樊氏许配给赵云。赵云听罢大怒，斥责赵范：

> "吾既与汝结为兄弟，汝嫂即吾嫂也，岂可作此乱人伦之事乎！"（五十二回）

这句话改编自《云别传》："范寡嫂曰樊氏，有国色，范欲以配云。云辞曰：'相与同姓，卿兄犹我兄。'固辞不许。"

赵范羞愧不堪，目视左右，欲加害赵云。赵云察觉，一拳打倒赵范，出门而去。赵范急招陈应、鲍隆商议，二人提议诈降，与赵范里应外合对付赵云。赵范采纳，当夜即命二人引兵前往赵云营寨投降。赵云早知有诈，将计就计，置酒与二人痛饮。待二人大醉，将陈应、鲍隆斩首。赵云又令二人手下叫开桂阳城门，生擒赵范，报与刘备和诸葛亮。

赵范对刘备和诸葛亮讲述了赵云拒娶之事，刘备和诸葛亮都劝赵云接纳樊氏，赵云断然拒绝，三人有如下对话：

> 孔明谓云曰："此亦美事，公何如此？"
>
> 云曰："赵范既与某结为兄弟，今若娶其嫂，惹人唾骂，一也；其妇再嫁，使失大节，二也；赵范初降，其心难测，三也。主公新定江汉，枕席未安，云安敢以一妇人而废主公之大事？"
>
> 玄德曰："今日大事已定，与汝娶之，若何？"
>
> 云曰："天下女子不少，但恐名誉不立，何患无妻子乎？"
>
> 玄德曰："子龙真丈夫也！"（五十二回）

樊氏提出三条再嫁条件，赵云也给出三条不娶理由，第一条是为自己考虑，第二条是为樊氏考虑，第三条是为刘备考虑，十分周全。

嘉靖本还提到："赵范之兄，曾在乡中有一面之交"，这样一来，"今娶其妻，惹人唾骂"的理由就更加充分了。

第二条理由在三国时代并不成立，寡妇再嫁是当时的风气，守节的观念在宋代才形成。

第三条理由来自正史的记载，《云别传》：

> 时有人劝云纳之，云曰："范迫降耳，心未可测；天下女不少。"遂不取。

毛本五十二回

"天下女不少"在演义中扩展为"天下女子不少，但恐名誉不立，何患无妻子乎？"这也表明，赵云此时是没有妻小的。

演义中，赵范投降后仍然担任桂阳太守。历史上，赵云取代赵范成为桂阳太守，赵范投降不久后逃走。

取桂阳的故事中，赵云的武艺、智谋、品德、相貌都得到了体现。《三国演义》中，还没有哪段故事有类似的作用。甚至可以说，也没有哪个人物像赵云一样，在这四方面都有过人之处。

赵云智取桂阳后，张飞和关羽又先后攻下武陵和长沙，荆州基本都在刘备的掌握之中，但这并不是孙权愿意看到的。

6. 南徐就亲
保先主

周瑜多次索要荆州不成，趁刘备之妻甘夫人去世之机，建议孙权假意将其妹许配给刘备，欲让刘备南徐就亲，加以软禁，逼其交出荆州。孙权应允，即命吕范前往荆州做媒。

嘉靖本一百零九则

刘备知道此乃周瑜之计，不敢前往，但诸葛亮胸有成竹，毫不担心，对刘备说："吾已定下三条计策，非子龙不可行也。"执行诸葛亮的锦囊妙计需有勇有谋，胆大心细之人。关羽傲慢，张飞暴躁，都不合适，只有赵云可当重任。于是，诸葛亮授予赵云三个锦囊，由赵云保护刘备前往江东。

正史中，孙权的确把妹妹嫁给了刘备，刘备也的确前往京口与孙权会面，《三国志·先主传》载："琦病死，群下推先主为荆州牧，治公安。权稍畏之，进妹固好。先主至京见权，绸缪恩纪。""进妹"一词证明是孙夫人是来到荆州的，而非刘备到江东成亲。正史也没有赵云跟随刘备同去江东的记载，只说赵云曾掌管内事，《云别传》："此时先主孙夫人以权妹骄豪，多将吴吏兵，纵横不法。先主以云严重，必能整齐，特任掌内事。"

抵达南徐，赵云打开第一个锦囊，依计而行，一面让刘备拜见乔国老，一面命军士披红挂彩，大操大办，使城中上下尽知孙刘联姻之事。乔国老将孙权嫁妹之事告知吴国太，吴国太怒斥孙权，安排在甘露寺相看刘备。孙权预先埋伏刀斧手欲杀刘备，但被赵云发觉。吴国太对刘备十分满意，即命刘备与孙夫人择日成婚。

甘露寺相亲时，赵云带剑而入，立于刘备之侧。吴国太询问何人，与刘备有一番对话：

> 国太问曰："此是何人？"
>
> 玄德答曰："常山赵子龙也。"
>
> 国太曰："莫非当阳长坂抱阿斗者乎？"
>
> 玄德曰："然。"
>
> 国太曰："真将军也！"遂赐以酒。（五十四回）

看来，连吴国太也知道单骑救主的壮举，赵云堪称三国时代中老年妇女的偶像。

与孙夫人成亲后，刘备沉迷酒色，乐而忘返。赵云便打开第二个锦囊，诈称曹操为报赤壁之仇，起兵五十万，杀奔荆州。刘备如梦方醒，与孙夫人商议后同回荆州。正史中，周瑜的确曾建议孙权软禁刘备，但孙权并未听从。

回荆州途中，刘备一行遇到徐盛、丁奉、陈武、潘璋前堵后追。赵云又打开第三个锦囊，让刘备请孙夫人出面斥责吴将。四将不敢得罪孙夫人，又畏惧赵云，只得退军禀告周瑜。刘备一行来到江边，由诸葛亮接应上船。

周瑜亲率水军追赶，却被诸葛亮伏兵所败，赔了夫人又折兵。周瑜不甘，再次设计，提出取道荆州，夺取益州换回荆州。本意用假途灭虢之计，趁刘备出城劳军时杀害刘备。

诸葛亮假意答应周瑜，将计就计，派赵云在城楼埋伏。周瑜到时，赵云斥责周瑜无信：

> "孔明军师已知都督假途灭虢之计，故留赵云在此。吾主公有言：孤与刘璋，皆汉室宗亲，安忍背义而取西川？若汝东吴端的取蜀，吾当披发入山，不失信于天下也。"
> （五十五回）

周瑜怒气填胸，箭疮复裂，坠于马下，不久病故于巴丘。正史中，周瑜的确有过取道荆州攻取益州的计划，而且得到了孙权的同意，但周瑜在准备的过程中病逝。

纵观三气周瑜的故事，设计者是诸葛亮，但执行者却是赵云。第一次，周瑜苦战击败曹仁，反被赵云巧夺南郡；第二次，周瑜设美人计软禁刘备，刘备在赵云保护下夫妻双双

毛本五十五回

把家还；第三次，周瑜假途灭虢，又遭赵云当面斥责。诸葛
亮与赵云，一文一武，珠联璧合。

　　周瑜死后，赵云又保护诸葛亮前去柴桑吊丧，江东诸将
欲杀诸葛亮替周瑜报仇，但忌惮赵云不敢下手。吊丧完毕，
诸葛亮与赵云顺利返回荆州，途中巧遇庞统，诸葛亮邀请庞
统共扶刘备。

　　在荆州站稳脚跟后，夺取益州提上了议事日程。

7. 孤舟截江
夺阿斗

嘉靖本一百二十一则

　　赤壁之战的硝烟散尽，益州别驾张松在曹操处受辱，前往荆州，见刘备宽仁爱士，劝说刘备夺取益州，愿为内应，并献上西川地图。刘备在庞统的建议下，与庞统、黄忠、魏延前往益州，留诸葛亮、关羽、张飞、赵云镇守荆州。正史中，刘备入川后，赵云领留营司马，但在演义中，赵云屯兵江陵，镇守公安。

孙权得知刘备入川，用张昭之计，派遣心腹家将周善率五百士卒扮作客商暗往荆州，欲诓孙夫人带阿斗返回江东，以阿斗为人质逼刘备交出荆州。周善见到孙夫人，谎称吴国太病重，思念孙夫人，并欲见孙儿阿斗一面。孙夫人本欲告知诸葛亮，但母亲病重，内心慌乱，在周善的哄骗下，带着七岁的阿斗（正史中五岁），乘吴船前往江东。

赵云闻讯，急忙沿江赶来，呼唤且休开船。周善并未理睬，反倒加速划船。赵云乘一小舟追上，跳上大船。如果说长坂救主展现的是赵云的马上功夫，那么截江夺斗展现的就是赵云的船上功夫：

> 赵云沿江赶到十余里，忽见江滩斜缆一只渔船在那里。赵云弃马执枪，跳上渔船。只两人驾船前来，望着夫人所坐大船追赶。周善教军士放箭，赵云以枪拨之，箭皆纷纷落水。离大船悬隔丈余，吴兵用枪乱刺。赵云弃枪在小船上，掣所佩青釭剑在手，分开枪搠，望吴船涌身一跳，早登大船，吴兵尽皆惊倒。（六十一回）

在船中，赵云与孙夫人有一番对话：

> 赵云入舱中，见夫人抱阿斗于怀中，喝赵云曰："何故无礼！"
>
> 云插剑声喏曰："主母欲何往？何故不令军师知会？"
>
> 夫人曰："我母亲病在危笃，无暇报知。"
>
> 云曰："主母探病，何故带小主人去？"
>
> 夫人曰："阿斗是吾子，留在荆州，无人看觑。"
>
> 云曰："主母差矣。主人一生，只有这点骨血，小将在当阳长坂坡百万军中救出，今日夫人却欲抱将去，是何道理？"

> 夫人怒曰："量汝只是帐下一武夫，安敢管我家事！"
> 云曰："夫人要去便去，只留下小主人。"
> 夫人喝曰："汝半路辄入船中，必有反意！"
> 云曰："若不留下小主人，纵然万死，亦不敢放夫人去。"（六十一回）

　　赵云早已看出东吴欲将阿斗挟作人质，但赵云的讲话非常有策略性。为避免激化矛盾，并没有一上来就直奔主题，而是步步为营，先问孙夫人要去哪里，再问为什么带走阿斗，最后才暗示带走阿斗的动机不良。孙夫人一开始也蒙在鼓里，面对赵云的前两个问题还能正常回答。赵云提及当年长坂救主之事，含蓄地指出阿斗今天同样身处险境，孙夫人这才意识到周善此行的真正目的。孙夫人一时间无言以对，但又不能服软，于是称此乃家事，与赵云无关。赵云则回答："夫人要去便去，只留下小主人。"言外之意，夫人回家是家事，赵云不管，但小主人去东吴却是国事，赵云不得不管。孙夫人理屈词穷，拿出当郡主时刁蛮的劲头，诬陷赵云谋反。赵云胸怀坦荡，毫不畏惧，给了孙夫人一条底线：纵然万死，也不能放走小主人。

　　孙夫人见文的不行，就来武的，派侍婢上前扭抓赵云。赵云借机推倒侍婢，反夺阿斗。孙夫人喝命侍婢抢回阿斗，但赵云一手抱定阿斗，一手拿着青釭剑，无人敢进。

　　危急之中，张飞赶来，跳上吴船，一剑砍死周善，把周善之头扔在孙夫人面前，并质问孙夫人。

　　与张飞相比，截江夺斗中赵云不卑不亢，有礼有节，无论是行为还是语言，都恰如其分，表现出了不同于一般武将的沉着与冷静。

毛本六十一回

　　孙夫人以死相逼，赵云与张飞二人商议，逼死主母非为臣之道，于是带阿斗返还荆州，放孙夫人回江东。

　　正史中，截江夺斗的故事记录在《云别传》中：

> 　　权闻备西征，大遣舟船迎妹，而夫人内欲将后主还吴，云与张飞勒兵截江，乃得后主还。

　　根据这段记载，截江夺斗是由赵云与张飞共同完成的，但在《张飞传》中却对此事只字未提。看来，赵云才是截江夺斗首功之臣。因此，到了《三国演义》中，截江夺斗的主角是赵云，张飞只是配角。

截江夺斗粉碎了东吴的阴谋，但刘备在西川却遇到了很大的阻力。

8. 平定益州拒田舍

在益州，刘备屯兵葭萌关，广施恩惠，深得民心，见时机成熟，与刘璋决裂，径取成都。进军雒城时，庞统走小路，途经落凤坡，被蜀中大将张任乱箭射死。刘备暂缓进兵，修书诸葛亮，请求支援。

诸葛亮接到刘备书信，留关羽镇守荆州，自己与张飞、赵云入川支援，三人兵分两路，诸葛亮与赵云走水路，张飞走陆路。正史中，三人溯江西上，生擒严颜夺取江州后分兵三路：张飞走北路，诸葛亮走中路，赵云走南路。

由于史料缺乏，演义并没有交代赵云这一路的故事，赵云再次出场已在雒城。当时，张飞被张任和吴懿包围，危急之中，赵云赶到，救出张飞：

> 次日，张任引数千人马，摇旗呐喊，出城搦战。张飞上马出迎，更不打话，与张任交锋。战不十余合，张任诈败，绕城而走。张飞尽力追之。吴懿一军截住，张任引军复回，把张飞围在垓心，进退不得。正没奈何，只见一队军从江边杀出。当先一员大将，挺枪跃马，与吴懿交锋；只一合，生擒吴懿，战退敌军，救出张飞。视之，乃赵云也。（六十四回）

在长坂坡，张飞帮了赵云一把；在雒城，赵云救了张飞一命。吴懿可以截住张飞，武艺尚可，但遇到赵云一回合就被生擒。在单挑中，生擒要比斩杀还难，一回合生擒是武将

嘉靖本一百三十则

单挑的最高境界。

　　接着，诸葛亮定计捉张任，命魏延、黄忠、张飞在三处
埋伏，单独唤赵云拆断金雁桥并阻拦张任。曾与张飞战十余
合的张任，面对赵云不敢交锋，夺路而走，落入埋伏被擒。

　　攻破雒城，成都指日可待，诸葛亮担心四周郡县不宁，又派赵云、张飞前去招抚，赵云负责江阳与犍为两郡。《华阳国志》载："赵云自江州分定江阳、犍为。"历史上江阳、犍为是赵云由江州前往成都途经的两郡，演义中将其变为赵云招抚的两郡。

刘璋屡战屡败，无奈之下向汉中张鲁求救，许以割地，张鲁派马超前去解围。马超与张飞在葭萌关挑灯夜战，不分胜负，刘备心生爱将之心。赵云向刘备举荐舌辩之士李恢，李恢与马超有一面之交，成功说降马超。

围攻成都时，赵云来到绵竹。蜀将刘晙、马汉引军前来，赵云请战，上马迎敌：

> 人报蜀将刘晙、马汉引军到。赵云曰："某愿往擒此二人！"言讫，上马引军出。玄德在城上管待马超吃酒。未曾安席，子龙已斩二人之头，献于筵前。马超亦惊，倍加敬重。（六十五回）

赵云未曾安席斩二将速度之快，可以与关羽温酒斩华雄媲美：

> 操教酾热酒一杯，与关公饮了上马。关公曰："酒且斟下，某去便来。"出帐提刀，飞身上马。众诸侯听得关外鼓声大振，喊声大举，如天摧地塌，岳撼山崩，众皆失惊。正欲探听，鸾铃响处，马到中军，云长提华雄之头，掷于地上。其酒尚温。（第五回）

马超见赵云武艺如此高强，大为震惊，对赵云倍加钦佩，提出替刘备劝降刘璋。刘璋怯懦，果然投降。刘备入主成都，自领益州牧，封侯拜将，赵云为镇远将军。正史中，赵云为

毛本六十五回

翊军将军，从未当过镇远将军。

　　益州既定，刘备想把成都田舍分赐诸将，赵云提出反对，嘉靖本写道：

　　"昔者霍去病以匈奴未灭，将士安用为家。何况今日国贼暴虐，不同匈奴，岂可求安也？须待天下都定，然后各还乡里，归耕本土，乃其宜耳。益州人民，累遭兵火，田宅皆空。今归还百姓，令安居复业，方可使出赋役，自然心服，不宜夺之为私爱也。"

这段文字基本抄自《云别传》，到了毛本中删除了前半部分，只剩下：

> "益州人民，屡遭兵火，田宅皆空，今当归还百姓，令安居复业，民心方服，不宜夺之为私赏也。"（六十五回）

这个改动并不成功。嘉靖本中，赵云引用霍去病故事，既可以支持赵云的观点，又可以表现赵云的文化素养。删减后，变成了就事论事，格局一下子小了许多。

刘备听后非常高兴，采纳了赵云的建议。

辗转半生，刘备终于有了一片真正属于自己的地盘。但是，曹操这时也没闲着。

9. 义救黄忠 拒汉水

刘备占据巴蜀不久，曹操也攻取了汉中，两军接壤，摩擦不断。张郃领兵来犯，猛张飞智取瓦隘口，老黄忠计夺米仓山，将其击退。法正提议乘胜追击，进取汉中，刘备采纳，亲率大军出征。

诸葛亮派黄忠为先锋、法正为监军，夺取曹军屯粮之所定军山。黄忠年老，诸葛亮恐有闪失，嘱咐赵云："将一支人马，从小路出奇兵接应黄忠：若忠胜，不必出战；倘忠有失，即去救应。"赵云毫不计较，欣然接受。黄忠用法正反客为主之计，斩杀夏侯渊，巧夺定军山。赵云依令而行，并未出战。

曹操亲率大军奔赴汉中，为夏侯渊报仇。刘备曹操再次面对，青梅已尽，煮酒已冷，英雄重逢，唯有刀兵。

黄忠与赵云前往汉水北山劫夺曹军粮草，二人拈阄，黄忠获胜与副将张著同去，赵云守营接应，二人约定以午时为期。黄忠来到北山，正欲放火烧粮，被曹军包围。

嘉靖本一百四十二则

《云别传》记载：

夏侯渊败，曹公争汉中地，运米北山下，数千万囊。黄忠以为可取，云兵随忠取米。忠过期不还，云将数十骑轻行出围，迎视忠等。值曹公扬兵大出，云为公前锋所击，方战，其大众至，势逼，遂前突其陈，且斗且却。公军败，已复合，云陷敌，还趣围。将张著被创，云复驰马还营迎著。

为了突出赵云的英勇，《三国演义》增加了赵云舞枪的细节描写和曹操称赞赵云的侧面描写。

在营中等到午时，赵云仍不见黄忠返回，即命副将张翼坚守营寨，自引三千人马前去接应。曹将慕容烈、焦炳拦路，赵云将二人刺死，杀散余兵，直至北山之下。见张郃、徐晃围住黄忠，赵云杀入重围，吓退二人，救出黄忠：

> 云大喝一声，挺枪骤马，杀入重围，左冲右突，如入无人之境。那枪浑身上下，若舞梨花；遍体纷纷，如飘瑞雪。张郃、徐晃心惊胆战，不敢迎敌。云救出黄忠，且战且走；所到之处，无人敢阻。（七十一回）

前文我们分析过，张郃可与张飞、黄忠交战不落下风，徐晃武艺更强，可以五十回合战平许褚：

> 操出马视之，见徐晃威风凛凛，暗暗称奇；便令许褚出马与徐晃交锋。刀斧相交，战五十余合，不分胜败。（十四回）

但是，张郃、徐晃见过赵云枪法后竟然不敢与赵云交战。《三国演义》不是武侠小说，很少用文学性的语言描述武将的武艺。仔细算来，全书不过两次，一次是形容吕布辕门射戟"弓开如秋月行天，箭去似流星落地"，另一次就是形容赵云汉水舞枪"枪浑身上下，若舞梨花；遍体纷纷，如飘瑞雪"。

曹操在高处望见，惊问手下此将何人，有人告诉曹操此乃常山赵子龙，曹操感叹："昔日当阳长坂英雄尚在！"并传令赵云所到之处不可轻敌。这一幕，似曾相识。当年在长坂坡，曹操见到赵云说："真虎将也，我当生致之。"十一年过去了，曹操仍然没有忘记长坂英雄。

有些曹兵在长坂坡领教过赵云的厉害，互相传说，见到"常山赵云"的旗号，无人敢挡，尽皆逃窜。赵云又乘势救出黄忠副将张著。

曹操见赵云左冲右突，所向无敌，连救两将，勃然大怒，亲自率军追赶赵云。赵云回到营中，副将张翼见曹军追来，准备关闭寨门，赵云说："休闭寨门！汝岂不知吾昔在当阳长坂时，单枪匹马，觑曹兵八十三万如草芥！今有军有将，又何惧哉！"于是埋伏弓箭手，偃旗息鼓，单枪匹马立于营门之外。

张郃、徐晃追至蜀营，只见赵云，不见蜀军，恐中埋伏，不敢近前。曹操随后赶到，催促将士攻营。诸军听令，杀奔营前。赵云岿然不动，曹兵心怯，翻身返回。赵云趁机指挥蜀军反攻，万箭齐发，加之天色昏暗，不知蜀军多少，曹军狼狈逃走，自相践踏而死，落入汉水而死，不计其数。曹操放弃北山粮草，返回南郑。张郃、徐晃也拔营而走。

第二天，刘备与诸葛亮来到营中询问战况，听说赵云救黄忠、拒汉水之事，刘备大喜，称赞："子龙一身都是胆也！"并封赵云为虎威将军。

这个故事基本源自《云别传》中的记载：

> 公军追至围，此时沔阳长张翼在云围内，翼欲闭门拒守，而云入营，更大开门，偃旗息鼓。公军疑云有伏兵，引去。云雷鼓震天，惟以戎弩于后射公军，公军惊骇，自相蹂践，堕汉水中死者甚多。先主明旦自来至云营围视昨战处，曰："子龙一身都是胆也。"作乐饮宴至暝，军中号云为虎威将军。

仔细对比会发现，在《云别传》中，并没有写明当时是白天还是黑天，而《三国演义》两次强调"天色已暮""天色昏黑"。这样一来，曹操因担心伏兵而退军就更加合理了。

嘉靖本中，对赵云有三首赞诗，其中一首为：

钢枪匹马冠三军，前后无双勇绝伦。
昔日当阳今汉水，子龙端的胆包身。

诗中提到了"钢枪"二字，这是《三国演义》全书对赵云之枪的唯一描述。赵云之枪没有留下名字，非常遗憾。

历史上，赵云曾在汉水之战乘马突围，所用兵器很可能是矛。矛与枪，差别很细微。矛头比枪头更重，可以用于劈砸，以力伤人。枪更加轻盈灵动，适合以巧取胜。《三国演义》对矛与枪不做区分。张飞的兵器是丈八蛇矛，刺杀夏侯兰时，罗贯中写的是"张飞一枪刺夏侯兰于马下"。

元代话本《三国志平话》中，赵云的武器为涯角枪："赵云使一条枪名曰涯角枪，海角天涯无对。"涯角，是说枪之稀有。

元杂剧《刘玄德独赴襄阳会》中，赵云的武器为牙角枪："那曹兵大败输亏走，赵子龙手持着牙角枪。"牙角，是说枪像动物的牙和角一样。

另一部元杂剧《阳平关五马破曹》中，赵云的武器又变成了鸦脚枪："鸦脚长枪黄骠马，则我是真定常山赵子龙。"鸦脚，是说枪的形状。

涯角，牙角，鸦脚，三个名字在演义中都没有留下来。枪如其人，不露锋芒。

回营后，曹操以徐晃、王平为正副先锋，前来挑战，赵云、黄忠再次击败徐晃。徐晃迁怒于王平，王平一气之下投

毛本七十一回

降赵云。曹操大怒，率军来夺汉水营寨，两军隔水相拒。赵
云依计半夜擂鼓呐喊，一连三天。曹操多疑，彻夜不安，退
兵三十里。

　　曹操萌生退兵之意，以鸡肋为军中口令，以喻汉中食之
无肉，弃之可惜。杨修察觉，将曹操之意告知夏侯惇，军中
将士全无战意。曹操大怒，以扰乱军心之罪将杨修杀死。次
日，曹操进兵与刘备决战，被魏延射中人中，弃汉中而走，
返回长安。

夺取汉中后，刘备在文武官员的劝说下进位汉中王，封五虎大将。在嘉靖本中，五虎大将的顺序为关、张、马、黄、赵，与《三国志》中五人传记的顺序相同。但是在毛本中，顺序变成了关、张、赵、马、黄，赵云由第五位上升到第三位，这也反映了随着《三国演义》的流行，赵云的地位也在上升。

经过数年的征战，刘备终于实现了"跨有荆益"的战略构想。按照《隆中对》的计划，下一步就该两路北伐了。

10. 夷陵退敌救先主

刘备自领汉中王，回到成都，细作探得曹操勾结孙权，欲取荆州。刘备采纳诸葛亮的建议，先下手为强，命关羽起兵攻樊城。关羽领命，率军击败曹仁，攻拔襄阳，包围樊城。曹操遣于禁率领七军，以庞德为先锋前去解围。关羽水淹七军，擒于禁，斩庞德，威震华夏。

曹操考虑迁都避其锋芒，司马懿献策联合孙权共治关羽。孙权用陆逊之计，拜吕蒙为大都督，白衣渡江，奇袭荆州，荆州守将糜芳、傅士仁望风投降。关羽听闻荆州已破，败走麦城，被潘璋部将马忠生擒，不降而死。

刘备听到噩耗大哭，誓为关羽报仇。孙权将关羽头颅送与曹操，曹操被关羽头颅吓病，不治身亡。曹丕即位，不久篡汉称帝。刘备也在随后称帝，降诏伐吴，为关羽报仇。包括诸葛亮在内文武百官无人敢劝阻，这时，赵云出班反对：

> 赵云谏曰："国贼乃曹操，非孙权也。今曹丕篡汉，神人共怒。陛下可早图关中，屯兵渭河上流，以讨凶逆，则关东义士，必裹粮策马以迎王师；若舍魏以伐吴，兵势一交，岂能骤解。愿陛下察之。"

嘉靖本一百六十七则

先主曰："孙权害了朕弟；又兼傅士仁、糜芳、潘璋、马忠皆有切齿之仇：啖其肉而灭其族，方雪朕恨！卿何阻耶？"

云曰："汉贼之仇，公也；兄弟之仇，私也。愿以天下为重。"

先主答曰："朕不为弟报仇，虽有万里江山，何足为贵？"（八十一回）

赵云的第一段话来自《云别传》：

孙权袭荆州，先主大怒，欲讨权。云谏曰："国贼是曹操，非孙权也，且先灭魏，则吴自服。操身虽毙，子丕篡盗，当因众心，早图关中，居河、渭上流以讨凶逆，关东义士必裹粮策马以迎王师。不应置魏，先与吴战，兵势一交，不得卒解。"

可能这段话不太好理解，演义中又增加了后一段，赵云从公、私的角度劝阻刘备，希望刘备公私分明，而不是因公废私。刘备并没有听从赵云的劝谏，甚至还对赵云心存芥蒂，东征时并未带上赵云，而是安排赵云在江州为后应，兼管督运粮草。此时，五虎大将中关羽阵亡，张飞遇害，马超镇守汉中，只有寿已七旬的黄忠随军出征。

孙权任命陆逊为大都督，坚守不出。刘备大军沿江连营，自巫峡至猇亭前后连绵七百余里。六月，天气炎热，刘备令诸军移营至林木茂密之处避暑。陆逊看准机会，火烧连营七百里，蜀军死伤惨重。

刘备欲突围逃往白帝城，被吴将朱然截住去路。千钧一发之际，赵云从江州赶来救驾：

先主正慌急之间，此时天色已微明，只见前面喊声震天，朱然军纷纷落涧，滚滚投岩。一彪军杀入，前来救驾，先主大喜，视之，乃常山赵子龙也。时赵云在川中江州，闻吴、蜀交兵，遂引军出。忽见东南一带火光冲天，云心惊，远远探视，不想先主被困，云奋勇冲杀而来。陆逊闻是赵云，急令军退。云正杀之间，忽遇朱然，便与交锋；不一合，一枪刺朱然于马下，杀散吴兵，救出先主，望白帝城而走。

（八十四回）

毛本八十四回

虽然刘备心存芥蒂，但赵云胸怀坦荡。在刘备最危急的时候，赵云再次挺身而出，力挽狂澜。

历史上，赵云的确曾前去救驾，但并没有与吴兵交锋，《云别传》记载："先主失利于秭归，云进兵至永安，吴军已退。"历史上的朱然也不是赵云杀死的，直到249年才病逝。《三国演义》为了表现赵云的英勇，让朱然少活了20多年。

刘备被赵云救出后，逃到白帝城。赵云又杀回重围，救出吴班等人。刘备当初不听群臣苦谏，以致有夷陵大败，无颜再回成都，加之思念关、张二弟，悲愤交加，日久成疾，渐渐沉重。弥留之时，刘备召百官与诸子来到永安宫托付后事。读者肯定对刘备与诸葛亮二人的对话印象深刻，以至于衍生出一段"刘备点破诸葛亮"的公案，争论不休。其实，在《三国演义》中，刘备托孤的对象有两人，一个是诸葛亮，另一个是赵云。

刘备嘱咐完诸葛亮后，与赵云有一段对话，嘉靖本是这么写的：

> 朕与卿于患难之中，相从到今，不想于此地分别。卿可想朕之故交，早晚看觑幼子，勿负朕言。"
> 云泣拜于地曰："臣愿效犬马之劳，以扶社稷！"

毛本中，赵云的回答改成了："臣敢不效犬马之劳！"这个回答的语气有点别扭，不如嘉靖本清晰明了。

赵云救过刘备两次，第一次是在穰山之战，赵云刺杀高览，救出刘备；第二次是在夷陵之战，赵云刺杀朱然，再救刘备。刘备死后，继任者是同样受赵云两次活命之恩的阿斗。

11. 力斩五将
建奇功

刘备去世后，刘禅即位。魏文帝曹丕用司马懿之计，动员五路大军同时攻蜀。诸葛亮安居平五路，赵云镇守阳平关以拒曹真。赵云一夫当关，万夫莫开，曹真无功而返。赵云乘胜追击，引兵径取长安。正在广陵与孙权作战的曹丕闻讯大惊，急忙退兵救援。

赵云刚刚杀出阳平关，接到诸葛亮书信，信上说益州耆帅雍闿结连蛮王孟获，起十万蛮兵，侵掠四郡，宣赵云回军支援。赵云欣然领命，将阳平关兵马交给马超，返回成都。

嘉靖本一百八十三则

诸葛亮以赵云为大将，亲自率军南征。赵云协助诸葛亮七擒孟获，又七次释放。孟获心服口服，承诺再不反叛。

"南方已定，兵甲已足"，诸葛亮上表北伐，刘禅采纳。诸葛亮受诏归府，分拨诸将，唯独未派老将赵云，赵云出班请令：

> 忽帐下一老将，厉声而进曰："我虽年迈，尚有廉颇之勇，马援之雄。此二古人皆不服老，何故不用我耶？"众视之，乃赵云也。
>
> 孔明曰："吾自平南回都，马孟起病故，吾甚惜之，以为折一臂也。今将军年纪已高，倘稍有参差，动摇一世英名，减却蜀中锐气。"
>
> 云厉声曰："吾自随先帝以来，临阵不退，遇敌则先。大丈夫得死于疆场者，幸也，吾何恨焉？愿为前部先锋！"
>
> 孔明再三苦劝不住。
>
> 云曰："如不教我为先锋，就撞死于阶下！"（九十一回）

此时，五虎大将只剩下了赵云，诸葛亮不派赵云，既不是嫌赵云年老，也不是用激将之法，而是真心为赵云着想，怕动摇常胜将军一世英名。赵云毫不在乎这些虚名，自告奋勇，坚持出战。老骥伏枥，志在千里，烈士暮年，壮心不已。

诸葛亮拗不过赵云，任命赵云为先锋，派邓芝同往。魏明帝曹睿以驸马夏侯楙为大都督率军迎战，夏侯楙任命西凉大将韩德为先锋，韩德与其四子率领八万羌兵迎敌。两军在凤鸣山相遇，长子韩瑛率先出战，战不三合，被赵云刺死：

> 韩德出马，四子列于两边。德厉声大骂曰："反国之贼，安敢犯吾境界！"赵云大怒，挺枪纵马，单搦韩德交战。长子韩瑛，跃马来迎。战不三合，被赵云一枪刺死于马下。（九十二回）

韩瑶、韩琼、韩琪三战赵云，四子韩琪中枪落马：

次子韩瑶见之，纵马挥刀来战。赵云施逞旧日虎威，抖擞精神迎战，瑶抵敌不住。三子韩琼，急挺方天戟骤马前来夹攻。云全然不惧，枪法不乱。四子韩琪，见二兄战云不下，也纵马抢两口日月刀而来，围住赵云。云在中央独战三将，少时，韩琪中枪落马，韩阵中偏将急出救去，云拖枪便走。（九十二回）

三子韩琼见马战不敌赵云，取弓放箭，反被赵云射死：

韩琼按戟，急取弓箭射之，连放三箭，皆被云用枪拨落。琼大怒，仍绰方天戟纵马赶来，却被云一箭射中面门，落马而死。（九十二回）

次子韩瑶举刀砍赵云，赵云徒手将其生擒：

韩瑶纵马举宝刀便砍赵云。云弃枪于地，闪过宝刀，生擒韩瑶归阵。（九十二回）

不见英雄迟暮，只见岁月低头。赵云教科书一般，用四种完全不同的方式斩杀韩家四子。

赵云乘胜杀来，韩德见四子皆丧于赵云之手，肝胆皆裂，退入阵中。西凉兵素知赵云英勇，不敢与之交锋。赵云单枪匹马，纵横驰骋，如入无人之境。西凉兵大败而走，韩德险些被赵云擒住，弃甲步行而逃。回营后，邓芝称赞赵云："将军寿已七旬，英勇如昨。今日阵前力斩四将，世所罕有！"赵云说："丞相以吾年迈，不肯见用，吾故聊以自表耳。"

次日，夏侯楙亲自统兵来战赵云，韩德报仇心切，纵马而出，被赵云刺死：

> 韩德曰："杀吾四子之仇，如何不报！"纵马轮开山大斧，直取赵云。云奋怒挺枪来迎；战不三合，枪起处，刺死韩德于马下。（九十二回）

赵云力斩五将，一手酿就了凤鸣关灭门惨案。夏侯楙逃入阵中，对赵云心服口服："吾久闻赵云之名，未尝见面，今日年老，英雄尚在，方信当阳长坂之事。"

毛本九十二则

次日，赵云再次与夏侯楙交锋，程昱之子程武设计用伏兵围困赵云。关兴、张苞及时赶到，赵云与二位小将三路夹攻，大破魏军，夏侯楙逃往南安，闭门不出。

历史上，诸葛亮第一次北伐，兵分两路，诸葛亮率主力走祁山道进攻陇右，赵云率偏师走褒斜道牵制曹真。夏侯楙虽然曾任安西将军，都督关中，但在诸葛亮第一次北伐前被召为尚书，并未率军与赵云交战。至于力斩五将，则更是艺术的虚构。

诸葛亮来到前线，先后智取安定、南安，生擒夏侯楙，又利用夏侯楙收降姜维，巧夺天水。诸葛亮连下三郡，曹魏震动，魏明帝曹睿以曹真为大都督，郭淮为副都督，率兵抵御蜀军。

诸葛亮骂死曹真军师王朗，大破曹真所请羌兵。曹真先锋也被赵云、魏延斩杀，曹真无奈，只得向魏明帝求援。魏明帝曹睿采纳钟繇的建议，重新启用司马懿，诸葛亮这次遇到了对手。

12. 箕谷退兵拒金帛

魏明帝曹睿加封司马懿为平西都督，司马懿举荐张郃为前部先锋，二人领兵二十万，前往祁山。诸葛亮派马谡镇守街亭，马谡违背诸葛亮叮嘱，屯兵山上。司马懿切断汲水，蜀军大乱。司马懿趁机放火烧山，马谡弃街亭而走。

司马懿乘胜追击，率军十五万杀奔诸葛亮所在西城。诸葛亮身边缺兵少将，只得使出空城计。魏军来到城下，见诸葛亮凭栏而坐，焚香操琴。司马懿知诸葛亮平生谨慎，疑有伏兵，下令退军。诸葛亮也趁机退军汉中。

赵云与邓芝正在箕谷埋伏，接到诸葛亮退兵的命令，赵云又一次把危险留给了自己，对邓芝说："魏军知吾兵退，必

嘉靖本一百九十则

然来追。吾先引一军伏于其后，公却引兵打吾旗号，徐徐而
退。吾一步步自有护送也。"邓芝依计而行。

　　不出赵云所料，魏军副都督郭淮果然率军追赶。郭淮吩
咐先锋苏颙："蜀将赵云，英勇无敌。汝可小心提防，彼军若
退，必有计也。"苏颙也惧怕赵云，但在郭淮面前夸下海口：
"都督若肯接应，某当生擒赵云。"当即领兵三千，杀入箕谷。

苏颙追上邓芝的部队，见打着赵云的旗号，不敢进前，急忙退兵。退了几里后，真赵云挺枪跃马杀出，一枪刺死苏颙：

> 不到数里，喊声大震，一彪军撞出：为首大将，挺枪跃马，大喝曰："汝识赵子龙否！"苏颙大惊曰："如何这里又有赵云？"措手不及，被云一枪刺死于马下。余军溃散。（九十五回）

赵云继续护送蜀军前行，又遇到郭淮部将万政，赵云勒马挺枪，立于路口。万政认得赵云，不敢上前。赵云等到黄昏，估计邓芝已经安全撤退，这才拨马缓缓离开。郭淮兵到，万政说赵云英勇如旧，因此不敢近前。郭淮大怒，令万政急赶赵云。万政无奈，只得硬着头皮率兵追赶。赵云突然出现，吓退魏兵，射中万政盔缨：

> 行至一大林，忽听得背后大喝一声曰："赵子龙在此！"惊得魏兵落马者百余人，余者皆越岭而去。万政勉强来敌，被云一箭射中盔缨，惊跌于涧中。云以枪指之曰："吾饶汝性命回去！快教郭淮赶来！"万政脱命而回。（九十五回）

赵云这一箭，与黄忠射关羽的那一箭如出一辙：

> 黄忠在桥上搭箭开弓，弦响箭到，正射在云长盔缨根上。前面军齐声喊起。云长吃了一惊，带箭回寨，方知黄忠有百步穿杨之能，今日只射盔缨，正是报昨日不杀之恩也。云长领兵而退。（五十三回）

黄忠这一箭的名气远大于赵云，因为被黄忠射中的是关羽。但关羽的躲箭能力并不强，在小说中被射中四次，是《三国演义》第一活靶。而且，黄忠射中关羽时"年近六旬"，赵云射中万政时"寿已七旬"。

另外，除射中万政盔缨，赵云还有一次神射。赤壁之战时，诸葛亮借得东风，由赵云借回江夏。丁奉、徐盛二人奉周瑜之命要杀诸葛亮，乘船追赶，赵云箭断船索，将二人吓回：

> 徐盛见前船无篷，只顾赶来。看看至近，赵云拈弓搭箭，立于船尾大叫曰："吾乃常山赵子龙也！奉令特来接军师。你如何来追赶？本待一箭射死你来，显得两家失了和气。教你知我手段！"言讫，箭到处，射断徐盛船上篷索。那篷堕落下水，其船便横。赵云却教自己船上拽起满帆，乘顺风而去，其船如飞，追之不及。岸上丁奉唤徐盛船近岸，言曰："诸葛亮神机妙算，人不可及。更兼赵云有万夫不当之勇，汝知他当阳长坂时否？吾等只索回报便了。"于是二人回见周瑜，言孔明预先约赵云迎接去了。（四十九回）

《三国演义》中还有很多神箭，如吕布辕门射戟、徐晃断柳取袍、太史慈矢贯敌手等等，但这些都是静止靶。赵云射断船索时目标船与他的船都在移动，不仅前后移动还上下颠簸，而且天黑风大，比黄忠射中关羽盔缨难度更高。

万政捡了一条命，回去告知郭淮，郭淮哪敢前来。赵云护送车仗人马，望汉中而去。

历史上，赵云与魏军在箕谷确有一战，《赵云传》载："云、芝兵弱敌强，失利于箕谷，然敛众固守，不至大败。"但并没有小说里写得那么精彩。

另一边，诸葛亮回到汉中，清点人数，只少了赵云，十分担忧，准备派兵接应。这时，有人报告赵云与邓芝率军安

毛本九十五回

全返回，诸葛亮大喜，亲引诸将出迎。只见赵云未折一人一骑，军需辎重也无遗失，众人不解，诸葛亮问："各处兵将败损，惟子龙不折一人一骑，何也？"赵云并未夸功，邓芝回答："某引兵先行，子龙独自断后，斩将立功，敌人惊怕，因此军资什物，不曾遗弃。"诸葛亮称赞："真将军也！"于是拿出五十斤黄金、一万匹绢丝赏赐赵云。赵云拒绝，说："三军无尺寸之功，某等俱各有罪；若反受赏，乃丞相赏罚不明也。且请寄库，候今冬赐与诸军未迟。"诸葛亮感叹："先帝在日，常称子龙之德，今果如此！"对赵云倍加钦佩。

这段情节完全符合历史，《云别传》：

> 亮曰："街亭军退，兵将不复相录，箕谷军退，兵将初不相失，何故？"芝答曰："云身自断后，军资什物，略无所弃，兵将无缘相失。"云有军资余绢，亮使分赐将士，云曰："军事无利，何为有赐？其物请悉入赤岸府库，须十月为冬赐。"亮大善之。

二十年前，赵云拒绝了美色，十四年前，赵云拒绝了田舍，如今，赵云又拒绝了金帛。赵云还是那个赵云，财富不能动其心，生死不能阻其行，能击败他的只有时间。

13. 飞龙归天 谥顺平

一出祁山失败后，蜀军励兵讲武，屯粮积草，伺机再次北伐。东吴这边，陆逊在石亭大破魏军，曹休兵败身死。诸葛亮见时机成熟，准备二出祁山。

诸葛亮在汉中设宴大会诸将，商议北伐之事。忽然一阵大风自东北角而起，把庭前松树折断。众人大惊，诸葛亮袖占一课，主损一大将。饮酒间，赵云长子赵统、次子赵广报丧，说赵云昨夜三更病死。诸葛亮捶胸顿足说："子龙身故，国家损一栋梁，吾去一臂也！"两旁诸将也痛哭流涕。

多少三国豪杰，或死于非命，或英年早逝。赵云能够终老，而且有两个儿子陪伴在病榻之旁，足以含笑九泉。诸葛亮命赵云二子前去成都向后主报丧。刘禅听说赵云病故，放声大哭，说："朕昔年幼，非子龙则死于乱军之中矣！"当即下令追赠赵云为大将军，谥号顺平侯。刘禅厚葬赵云于成都锦屏山之东，建立庙堂，四时享祭，并封赵统为虎贲中郎，赵广为牙门将，令二子为赵云守墓。

嘉靖本一百九十三则

　　正史上，赵云并没有获赠大将军，顺平侯这个谥号也是在赵云死后三十二年才追谥的。赵云葬在成都锦屏山在《三国志》中并无记载，但有遗迹和当地县志可以证明。根据《三国志》记载，赵云长子赵统，嗣爵，官至虎贲中郎；次子赵广，任牙门将，跟随姜维屯田沓中，临阵战死。《三国演义》只说赵统、赵广为赵云守墓，并没有提及他们的结局。

　　嘉靖本中，还附有刘禅的诏书：

> 云昔从先帝，功绩既著。朕以幼冲，涉途艰险，赖恃忠顺，济于危险。夫谥所以叙元勋也，经营天下，遵奉法度。当阳之役，义贯金石。忠以卫上，君念其赏；礼以厚下，臣志其死。死者有知，足以不溺，生者感恩，足以殒身。谨按谥法，柔贤慈惠曰顺，执事有班曰平，故特赐大将军、顺平侯。主者施行。

这段文字融合了《云别传》中后主的诏书和姜维等人对赵云的评价，可能因为太过文言，毛本将其删除。

关于赵云的寿命，《三国演义》并没有交代。如果细算，会发现赵云的年龄存在严重的问题。

赵云初次登场，是在初平二年（191年），这时他是一位"少年将军"：

> 忽见草坡左侧转出个少年将军，飞马挺枪，直取文丑，公孙瓒扒上坡去，看那少年：生得身长八尺，浓眉大眼，阔面重颐，威风凛凛，与文丑大战五六十合，胜负未分。瓒部下救军到，文丑拨回马去了。那少年也不追赶。瓒忙下土坡，问那少年姓名。那少年欠身答曰："某乃常山真定人也，姓赵，名云，字子龙……"（第七回）

建安十六年（211年），赵云截江夺斗，面对孙夫人自称"小将"：

> 云曰："主母差矣。主人一生，只有这点骨血，小将在当阳长坂坡百万军中救出，今日夫人却欲抱将去，是何道理？"（六十一回）

截江夺斗距离初次登场已过去 20 年，赵云口中的小将更像是一种谦辞，类似末将。面对主母孙夫人，赵云自称大将或老将都不太礼貌。

建安二十四年（219 年）秋，刘备封五虎上将，五十八岁的关羽承认赵云"即吾弟也"：

云长怒曰："翼德吾弟也，孟起世代名家，子龙久随吾兄，即吾弟也，位与吾相并，可也。黄忠何等人，敢与吾同列？大丈夫终不与老卒为伍？"（七十三回）

建兴三年（225 年），七擒孟获时，诸葛亮称赵云"中年"：

赵云、魏延见孔明不用，各有愠色。孔明曰："吾非不用汝二人，但恐以中年涉险，为蛮人所算，失其锐气耳。"（八十七回）

但是，仅仅过了两年，到建兴五年（227 年），赵云突然变成"年纪已高"的"老将"：

忽帐下一老将，厉声而进曰："我虽年迈，尚有廉颇之勇，马援之雄。此二古人皆不服老，何故不用我耶？"众视之，乃赵云也。孔明曰："吾自平南回都，马孟起病故，吾甚惜之，以为折一臂也。今将军年纪已高，倘稍有参差，动摇一世英名，减却蜀中锐气。"（九十一回）

又过了一年，到建兴六年（228 年），诸葛亮第一北伐，赵云力斩五将时，明确说赵云"寿已七旬"：

> 后人有诗赞曰:"忆昔常山赵子龙,年登七十建奇功。独诛四将来冲阵,犹似当阳救主雄。"……云与邓芝收军回寨。芝贺曰:"将军寿已七旬,英勇如昨。今日阵前力斩四将,世所罕有!"(九十二回)

我们认定 228 年时赵云 70 岁,反推一下,会发现诸多不合理。

225 年,赵云 67 岁,诸葛亮称其中年;

219 年,赵云 61 岁,关羽 58 岁,关羽称赵云为弟;

208 年,赵云 50 岁,长坂坡单骑救主;

191 年,赵云 33 岁,被称为少年将军。

三国大家沈伯俊先生在《沈伯俊评点三国演义》一书中,将赵云的年龄减了十岁。把原文中的"寿已七旬"改为"寿已六旬","年登七十"改为"年登六十",这样就合理多了。

191 年,赵云 23 岁,初出茅庐,青春年少;

208 年,赵云 40 岁,单骑救主,正值巅峰;

219 年,赵云 51 岁,五虎封将,功成名就;

225 年,赵云 57 岁,七擒孟获,游刃有余;

228 年,赵云 60 岁,力斩五将,老当益壮。

瑕不掩瑜,瑜也不掩瑕,我们必须承认,罗贯中对赵云年龄的描述出现了技术性失误。罗贯中并没有详细计算由赵云出场到长坂救主再到力斩五将的时间跨度,而是根据情节需要来变换赵云的年龄。

《三国演义》中,很多人物都存在类似的问题。比如廖化,184 年参加黄巾起义,263 年仍在带兵打仗;再如丁奉,200 年投奔孙权,264 年仍在前线御敌。即使对于历史上有明确年龄记载的人物,罗贯中为了塑造人物,也会把他们故意写老或写小。比如诸葛亮,一出场就成熟稳重,老谋深算,但实际上他只有 27 岁；再如陆逊，夷陵之战时以白面小生的形象出场，但实际上他已经 42 岁了。

赵云的年龄历史上并无记载，这更给了罗贯中创作的空间。历史求真，文学求美，我们不必过分苛责罗贯中，反而应该感谢他。罗贯中的生花妙笔延长了赵云的青春，在读者心中，赵云永远是那个白马银枪的少年英雄。

赵云有关羽所不具备的谦虚、张飞所不具备的冷静、马超所不具备的忠义、黄忠所不具备的英武，唯有完美二字可以形容。

说赵云完美，作为一员武将，首先因为赵云武艺绝伦。《三国演义》中，赵云从第七回打到九十五回，共单挑 40 场，约占全书单挑次数的十分之一，是所有武将中的单挑王。40 场单挑中，赵云 32 胜 4 平 4 负，15 次一回合秒杀对手。四场平局，分别是少年时平文丑、两平许褚、老年时平姜维，对手都不是等闲之辈。四场败绩，有三场是诈败，分别是博望坡诈败给夏侯惇和六擒孟获时两次诈败给祝融夫人；还有一场是长坂坡怀揣阿斗与张郃打了十余合后"夺路而走"。严格地说，这四场都不是真正的战败，三次诈败是为了诱敌，"夺路而走"是为了阿斗。

赵云还是《三国演义》中的斩杀王，共斩杀 22 人，分别是：麹义、裴元绍、高览、张武、吕旷、淳于导、夏侯恩、晏明、钟缙、钟绅、邢道荣、刘晙、马汉、慕容烈、焦炳、朱然、金环三结、韩瑛、韩琼、韩德、朱赞、苏颙。此外，赵云还生擒 3 人，分别是陈应、吴懿、韩瑶；击伤 3 人，分别是周仓、赵范、韩琼。

最能体现赵云武艺的一战是七十一回汉水救黄忠，曾战平张飞、黄忠的张郃与曾战平许褚的徐晃合力也不敢与赵云单挑。

　　赵云不光马上功夫厉害，箭法也十分了得。四十九回，赵云箭断船索，九十五回，赵云箭中盔缨，是《三国演义》第一神箭。

　　那么，赵云的武艺在《三国演义》中可以排到第几呢？这个话题，很早就有人开始讨论。在《北洋陆军第四师军歌》中，有"三国战将勇，首推赵子龙"的歌词。在张国良的评话《三国》中，还有"三国之中出吕布，吕布哪有马超好，马超不及子龙巧"的说法。但是，影响最大的排名还是"一吕二赵三典韦，四关五马六张飞"这个顺口溜。这个排名是谁提出的，排名的原则是什么，都已不可考，但赵云排名第二基本符合读者的阅读感受。我在《三国武将排名》中通过数据分析和参照物比较，也得出了赵云在《三国演义》武将中仅次于吕布排名第二的结论。

　　说赵云完美，还因为赵云智谋过人。五十二回，智取桂阳，赵范派陈应、鲍隆诈降，赵云将计就计，假扮赵范人马，赚开城门，生擒赵范。七十一回，汉水之战，赵云大开寨门，偃旗息鼓，空营退敌，击败曹操。九十五回，箕谷退兵，赵云李代桃僵，令邓芝打着他的旗号退兵，成功迷惑敌人。赵云不光有智，还有谋。八十一回，刘备东征，赵云极力谏阻，建议刘备北伐曹魏，不应因公废私东征孙权。因为赵云智勇双全，胆大心细，刘备、诸葛亮每次入龙潭闯虎穴，都带上赵云。三十四回刘备襄阳赴会，四十九回诸葛亮借风回夏口，五十四回刘备南徐就亲，五十七回孔明吊丧，皆由赵云保护。

　　说赵云完美，还因为赵云中忠昭日月，曾救主六次。第七回，磐河救公孙瓒，三十一回汝南救刘备，四十一回长坂坡救甘夫人、阿斗，六十一回截江二救阿斗，八十四回马鞍山二救刘备。

　　说赵云完美，还因为赵云义贯金石，六次舍己救人。

毛本九十七回

四十一回长坂坡救糜竺、简雍，六十四回雒城救张飞，
七十一回汉水救黄忠、张著，八十四回夷陵救吴班。

　　说赵云完美，还因为赵云德配天地。赵云不为财色所动，
五十二回桂阳拒绝美女，六十五回益州拒绝田舍，九十六回
汉中拒绝金帛。赵云谦虚低调、善处同僚，常把功劳让给别
人，把危险留给自己，七十一回攻打定军山，诸葛亮派赵云
暗中保护黄忠，赵云欣然接受；九十五回箕谷退兵赵云令邓
芝先走，亲自断后。

将星陨落，飞龙归天，常胜将军终被时间击败，留给人间一段永恒的传奇，正如《三国演义》电视剧片尾曲所唱：

> 暗淡了刀光剑影，远去了鼓角铮鸣，眼前飞扬着一个个鲜活的面容。湮没了黄尘古道，荒芜了烽火边城，岁月啊你带不走那一串串熟悉的姓名。兴亡谁人定啊，盛衰岂无凭啊，一页风云散啊，变幻了时空。聚散皆是缘啊，离合总关情啊，担当生前事啊，何计身后评。长江有意化作泪，长江有情起歌声，历史的天空闪烁几颗星，人间一股英雄气在驰骋纵横。

14.《三国演义》赞诗

此诗见于嘉靖本五十六则，毛本二十八回也有此诗，但删除了后四句。

《七律赞古城聚义》

当时手足似瓜分，信断音稀杳不闻。

今日君臣重聚义，正如龙虎会风云。

玄德关张离散后，古城天遣再相逢。

从来良将随明主，惟有常山赵子龙。

此诗见于嘉靖本八十二则。

《七绝赞赵云马跃陷坑》

当阳救主显英雄，杀透曹兵几万重。

马踊红光离土窟，将军怀内抱真龙。

此诗见于毛本四十一回。

《七绝赞赵云马跃陷坑》

红光罩体困龙飞，征马冲开长坂围。

四十二年真命主，将军因得显神威。

《七绝赞赵云长坂救主》

血染征袍透甲红，当阳谁敢与争锋！

古来冲阵扶危主，只有常山赵子龙。

此诗见于嘉靖本八十二则，
毛本四十一回。

《七绝赞将军之能》

八面威风杀气飘，擎王保驾显功劳。

非干后主多洪福，正是将军武艺高。

此诗见于嘉靖本八十二则，
毛本删除了此诗。

《七绝赞君臣庆会》

风云起处君臣走，惊倒当年曹阿瞒。

马上将军真猛虎，怀中又有蛰龙蟠。

此诗见于嘉靖本八十二则，
毛本删除了此诗。

《长阪词》

当阳草，当阳草，点点斑斑如血扫。

借问当时何事因？子龙一战征旗倒。

曹公军将魂魄飞，杀入重围保家小。

至今此血尚犹存，不见英雄空懊恼。

此诗见于嘉靖本八十二则，
称司马温公所作。司马温
公即司马光，但司马光的
诗集中并无此诗，伪托的
可能性较大。毛本删除了
此诗。

《古风赞赵云长坂救主》

当年玄德走江陵，路次当阳少甲兵。

忽被曹瞒驱铁骑，军民胆落尽逃生。

赵云独仗英雄气，舍命浑如落叶轻。

枪搅垓心蛇动荡，马冲阵势虎飞腾；

怀中抱定西川主，紫雾红光射眼明。

斩将夺旗世罕比，擎天保驾功业成。

我来少憩长阪下，斑斑莎草血犹腥。

子龙子龙在何处？仰天长叹三两声。

全忠全义真堪美，永远标题翰墨青。

此诗见于嘉靖本八十二则，
称林汉泉所作，林汉泉生
平不详。毛本删除了此诗。

《七绝赞赵云截江夺斗》

昔年救主在当阳，今日飞身向大江。

船上吴兵皆胆裂，子龙英勇世无双！

此诗见于毛本六十一回，原诗在嘉靖本一百二十一则，后两句改为"船上吴兵皆胆落，赵云英勇世无双！"

《七律赞赵云截江夺斗》

可爱常山赵子龙，当阳救主显英雄。

昔时怀内藏真命，今日江心立大功。

孙氏威权浑挫灭，张昭谋略已成空。

两番遇险依洪福，四十余年王蜀中。

此诗见于嘉靖本一百二十一则，毛本删除了此诗。

《五律赞赵云一身是胆》

昔日战长阪，威风犹未减。

突阵显英雄，被围施勇敢。

鬼哭与神号，天惊并地惨。

常山赵子龙，一身都是胆！

此诗见于毛本七十一回，原诗在嘉靖本一百四十二则，"被围施勇敢"原为"破围施勇敢"，"天惊并地惨"原为"天愁并地惨"。

《七绝赞赵云一身是胆》

钢枪匹马冠三军，前后无双勇绝伦。

昔日当阳今汉水，子龙端的胆包身。

此诗见于嘉靖本一百四十二则，毛本删除了此诗。

《七绝赞赵云虎威》

长阪坡前血战时，皆言人马似龙飞。

今观汉水无全敌，方表将军有虎威。

此诗见于嘉靖本一百四十二则，毛本删除了此诗。

《七绝赞赵云独诛四将》

忆昔常山赵子龙，年登七十建奇功。

独诛四将来冲阵，犹似当阳救主雄。

此诗见于嘉靖本一百四十二则，毛本九十二回。

《五律赞赵云救主功高》

救主功勋大，兴邦名誉彰。

扁舟飞汉水，匹马向当阳。

义胆深包体，忠心并日光。

留芳青史上，应是与天长。

此诗见于嘉靖本一百九十三则，毛本删除了此诗。

《五律赞赵云两番救主》

常山有虎将，智勇匹关张。

汉水功勋在，当阳姓字彰。

两番扶幼主，一念答先皇。

青史书忠烈，应流百世芳。

此诗见于毛本九十七回。

《七律赞赵云得谥顺平》

匹马单枪敢独行，摧锋破敌任纵横。

皆称飞虎一身胆，不负英雄千古名。

黑发当阳扶幼主，白头箕谷保残兵。

忠心到底无移改，谥法还应得顺平。

此诗见于嘉靖本一百九十三则，毛本删除了此诗。

《七绝赞赵云忠勇双全》

一马能将万骑冲，西除东当剿群凶。

鏖兵恶战全忠者，惟有常山赵子龙！

此诗见于嘉靖本一百九十三则，毛本删除了此诗。

15. 毛宗岗点评

康熙年间，经毛纶、毛宗岗父子修改、点评的毛本《三国演义》刊行，成为后世最为流行的《三国演义》版本。尽管毛本《三国演义》出自毛氏父子之手，但主要工作还是毛宗岗完成的。

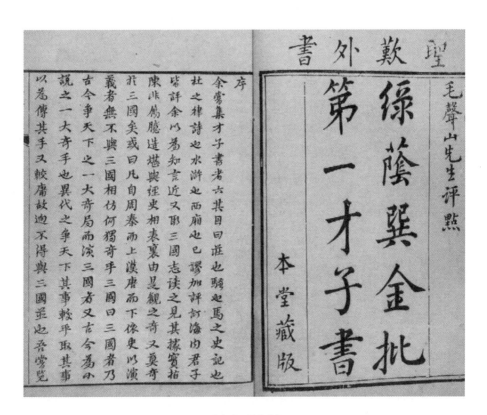

毛本《三国演义》

　　毛宗岗模仿金圣叹，采取改、删、增等方法，在《李卓吾先生批评三国志》的基础上，润色语言、修改情节、整顿回目、削除论赞、改换诗文、系统点评，对《三国演义》进行全方位的修订和点评。毛宗岗充分肯定了《三国演义》的社会功能和艺术价值，阐述了《三国演义》与《三国志》的关系，剖析了《三国演义》的艺术结构，总结了《三国演义》运用的艺术手法。

　　毛宗岗深入分析了《三国演义》塑造的人物形象，他推崇诸葛亮、关羽、曹操，将这三人合称为三绝："历稽载籍，贤相林立，而名高万古者莫如孔明"；"历稽载籍，名将如云，而绝伦超群者莫如云长"；"历稽载籍，奸雄接踵，而智足以揽人才而欺天下者，莫如曹操"。

　　赵云在毛宗岗眼中是"武功将略，迈等越伦"的代表人物，毛宗岗多次赞扬赵云。

　　第七回，赵云登场，见袁绍无忠君救民之心，转投公孙瓒麾下，毛宗岗点评到：

　　子龙立志，高人一等。

　　三十五回，刘备马跃檀溪，赵云寻找刘备，毛宗岗将关、张、赵三人性格做对比，称赞赵云细心稳妥：

　　赵云在襄阳城外，檀溪水边，接连几个转身，不见玄德，可谓急矣。若使翼德处此，必杀蔡瑁；若使云长处此，纵不杀蔡瑁，必要拿住蔡瑁，要在他身上寻还我兄；安肯将蔡瑁轻轻放过，却自寻到新野，又寻到南漳乎？三人忠勇一般，而子龙为人又精细而极安顿，一人有一人性格，各各不同，写来真是好看。

四十一回，张飞误以为赵云反投曹操，声称要将赵云一枪刺死，毛宗岗为赵云打抱不平：

读者至此，为赵云寒心。

四十一回，赵云怀抱阿斗冲突重围，毛宗岗拿吕布与赵云对比：

吕布驮女儿在背，甚是累坠；赵云裹阿斗在怀，颇觉轻便。

五十二回，赵云两番拒纳樊氏，毛宗岗赞叹他人不及：

子龙终不肯从，是子龙之不可及也。

六十一回，赵云截江夺斗，毛宗岗称赞赵云两番救主：

英雄一生出色惊人之事，不可多得，得其一，便可传为美谈。今偏不止一番，却有两番，则子龙之截江夺阿斗是也。

七十一回，赵云空营退曹，毛宗岗称赞赵云智勇双全：

子龙以一身当数十万猝至之众，若闭寨而守则必死，即弃寨而走亦必死，乃不弃寨亦不闭寨，而掩旗息鼓立马在外，以疑兵胜之，非独胆包身，直是智包身耳。若但云胆而已，则大胆姜维，何以屡败于邓艾耶？

八十一回，刘备东征，赵云劝谏，毛宗岗称赞远见卓识：

子龙见识，有大臣、谏臣之风，不当以战将目之。

九十二回，赵云力斩五将，毛宗岗多次感叹不老：

> 子龙不老……子龙真不老……子龙不老……子龙着实不老……子龙着实不老……子龙着实不老。

九十六回，箕谷退兵，赵云断后，不折一人一骑，诸葛亮重赏赵云，毛宗岗点评：

> 败而整旅，更难于胜而班师，赏之不谬。

总体来说，毛宗岗虽然认识到了赵云智勇双全、胆大心细、品德高尚的优点，但并没有做深度的剖析，对赵云的评价只是点到为止，有隔靴搔痒之感。毕竟，毛宗岗生活在一个极度崇拜关羽的时代，武圣人的光环会让所有人都黯然失色。

16. 沈伯俊点评

沈伯俊，四川省学术带头人，三国研究权威专家。

沈伯俊先生长期研究明清文学，主攻明清小说。其三国研究主要著作有：《三国演义词典》《校理本三国演义》毛本《三国演义》整理本、嘉靖壬午本《三国志通俗演义》整理本、《李卓吾先生批评三国志》整理本、《三国漫谈》《三国演义》评点本、《三国演义》新校本、《罗贯中和＜三国演义＞》《三国演义新探》《图说三国》《沈伯俊说三国》《三国演义大辞典》《你不知道的三国》《三国志通俗演义》校注本、《三国演义（名家批注图文本）》等。

2018 年，沈先生出版了《沈伯俊评点＜三国演义＞》，这本书凝结了沈先生四十年的心血，文史会通，校理精详，校正了毛本《三国演义》若干人物、地理、官职、历法等方

沈伯俊

面的"技术性错误"九百余处。

《沈伯俊评点＜三国演义＞》全面继承中国古代小说评点的形式规范，全书总评、回前总评、文中夹评、回末尾评，评点文字达二十余万。其中，沈先生对赵云作了近百次评点，充分挖掘了赵云的光辉之处，对赵云的认识远胜毛宗岗。在沈先生的眼中，赵云勇猛无敌、胆大心细、深明大义、正直谦虚、远见卓识，是广大读者最喜欢的三国武将。

第七回，赵云第一次出场，沈先生在回前总评中写道：

在袁绍与公孙瓒的激烈战斗中，作为《三国演义》重要人物的赵云首次出场，便先声夺人，不同凡响。他不仅武艺高超，而且见识过人，明言"因见（袁）绍无忠君救民之心，故特弃彼而投麾下。"（嘉靖本还有"今天下滔滔，民有倒悬之危。云愿从仁义之主，以安天下"一语）以解民倒悬为人生理想，先投公孙瓒是为此，后归刘备也是为此，这就是赵云大大高出一般的赳赳武夫。

这回中，赵云一出场就与文丑大战五六十回合不分胜负，沈先生夹评：

赵云初次"亮相"，就表现出一个盖世英雄的神勇和气势，给读者留下深刻印象。

这回中，赵云见袁绍无忠军救国之心而投奔公孙瓒，沈先生夹评：

此时赵云以为公孙瓒有"救民之心"，故而救之、投之，非为一己之私。正由于此，方有下文"今观所为，亦袁绍等辈耳"一语。子龙胸襟，的确不凡。

四十一回，赵云单骑救主，沈先生在回前总评中写道：

罗贯中摆脱史料的束缚，通过巧妙的虚构、生发和渲染，写出了一场惊心动魄的长坂坡之战，浓墨重彩地表现了赵云的忠贞品格、英雄气概和高超武艺，使"常山赵子龙"的壮美形象犹如一尊大理石雕像，巍然屹立在千百万读者心中。

这回中，赵云在长坂坡杀退众将，突出重围，沈先生夹评：

这一段描写，紧凑激越，酣畅淋漓，有力地突出了赵云一往无前的勇气和所向披靡的威风。

五十二回，赵云拒娶樊氏，沈先生在回前总评中写道：

赵范欲将寡居三年的嫂子樊氏嫁给赵云，赵云却断然拒绝。对赵云此举，明清读者大都啧啧称赞，以为不愧大丈夫；当代读者则往往为之惋惜，有人甚至指责赵云"缺乏主体意识"，"压抑自身感情"。……在《三国演义》中，赵云与樊氏并未一见钟情，哪里谈得上"压抑自身感情"？既与赵范结为兄弟，则敬重其嫂而不愿娶之，又有何不是？如果赵云一见美女便神魂颠倒，欣然纳之，又岂是真正品德高尚的英雄？岂能如此深受读者喜爱？

这回中，赵范向赵云投降，沈先生夹评：

桂阳兵马不堪一击，太守赵范迅速出降，赵云之勇猛无敌，跃然纸上。

这回中，赵云进入桂阳城安抚百姓，沈先生夹评：

赵云将计就计，智夺桂阳，但捉住赵范而不杀，其有勇有谋、稳重谨慎的性格与关羽、张飞明显不同。

这回回末尾评，沈先生又写道：

在平定桂阳的过程中，赵云勇猛而心细处事果断而有节，表现出独特的性格光辉，给人留下了深刻的印象。

六十一回，赵云截江夺斗，沈先生在回前总评中写道：

> 罗贯中在将孙刘联姻改造为英雄美人共谐鱼水之欢的情节基础上，把孙夫人归吴写成由于受骗，把"截江夺阿斗"写得十分曲折惊险，不仅维护了孙夫人与刘备的夫妻之情，更突出了赵云忠勇正直的品格和奋不顾身的气概。

这回中，孙夫人诬陷赵云造反，赵云大义凛然、英勇无畏，沈先生夹评：

> 孙夫人拿出当年呵斥东吴诸将的威风，又欲以势压人。可惜她面对的是忠勇正直、无所畏惧的赵云，虚声恫吓竟毫无作用。

六十五回中，刘备欲将成都田舍分赐诸将，赵云劝谏，沈先生在回前总评中写道：

> 刘备夺取益州后，欲将成都有名田宅分赐众官，这种以胜利者自居，急于分享战利品的做法，必将大失人心。此时赵云以争取民心为重，挺身而出，竭力劝阻，使刘备改变了主意。赵云之深明大义，忠直敢谏，在刘备集团中堪称最为突出。

这回中，沈先生再次对此事评价：

> 赵云此谏，十分及时，表现了杰出的政治远见，在武将中尤为难得。

七十一回，赵云救出黄忠，摆空营计击退曹兵，沈先生在回前总评中写道：

> 罗贯中在史实的基础上，以热烈灵动的笔墨，通过正面描写与侧面衬托，着力突出了赵云所向无敌、威震敌胆的壮举，表现了他既艺高胆大又谦虚谨慎的性格特色，使其英雄形象又一次大放光彩。

这回中，赵云与黄忠商议，若黄忠过时不还则引军接应，沈先生夹评：

> 赵云虽欲立功，却不争功，甘愿配合黄忠行动，其谦虚大度、善处同僚的作风，令人赞佩。

这回中，赵云先后救出黄忠、张著，沈先生夹评：

> 赵云先救黄忠，再救张著，所向披靡。作品通过曹军的反应，从侧面烘托了赵云的英雄气概。

这回中，赵云空营退敌，沈先生夹评：

> 面对追来的曹军，赵云下令大开寨门，埋伏弓弩手，独自立马于营门之外，使曹军摸不清虚实。这算得上真正的"空城计"。

这回中刘备评价赵云"子龙一身都是胆也！"沈先生夹评：

> 赵云冲锋陷阵，以寡敌众，使曹军闻风丧胆，其高超武艺和惊人胆略，确实无愧于刘备这句衷心的赞美。

八十一回，刘备东征孙权，赵云劝谏，沈先生夹评：

在刘蜀集团诸将中，惟赵云在此重大关头直言进谏，
又一次表现了他的政治见识。

八十四回，赵云马鞍山救刘备，陆逊听说赵云前来急命
退军，沈先生夹评：

这又是作者信手拈来的细节，从侧面衬托了赵云震慑
敌胆的威风。

九十一回，赵云请令为先锋，沈先生夹评：

大军尚未出发，赵云便正当先锋，真是雄心不减，老
当益壮。

九十二回，赵云连斩韩家五虎，沈先生在回前总评中写道：

《三国演义》写年已六旬左右的赵云自告奋勇充当蜀
军先锋，初次出战便力斩五将，大败魏军，纯属虚构，意
在显示赵云威风不减当年，使赵云在其最后一次出征中保
持了"常胜将军"的美名。

这回中，赵云连胜韩德四子，沈先生夹评：

顷刻之间，韩德那"精通武艺"的四个儿子均被杀死
或生擒，赵云确实是宝刀未老，雄心犹存。

这回中，赵云又杀韩德，沈先生夹评：

> 第二次交锋，韩德本人也被赵云所杀。赵云的高强武艺，又一次震慑敌军。

九十五回，赵云断后，护送蜀军安全撤回汉中，沈先生夹评：

> 赵云凭着自己的勇猛和精细，做到了在撤退中毫无损失，值得称赞。

九十六回，赵云箕谷退兵，不折一人一骑，拒绝诸葛亮赏赐，沈先生在回前总评中写道：

> 这位老将的谦虚谨慎、正直诚恳、顾全大局、被写得十分生动感人。这样，赵云形象的亮点就一直保持到了最后。

这回夹评中，沈先生又说：

> 赵云撤军虽然毫无损失，但整个蜀军却是损失惨重，因而赵云绝不感到沾沾自喜，不愿接受赏赐。这种以大局为重的精神，确实令人钦佩。

九十七回，赵云病逝，沈先生在回前总评中有一篇长评：

> 作为历史人物，论才干，论在蜀汉政权中的地位，赵云不仅不及关羽、张飞、马超、黄忠，而且不及魏延。然而，作为《三国演义》中的艺术形象，赵云留给人们的印象不仅大大超过马超、黄忠、魏延，而且似乎比关羽、张飞还好一些。

原因何在？这里有多种因素，最主要的可能有两方面：第一，罗贯中将深刻的现实主义精神与浓郁的浪漫主义情调相结合，笔酣墨饱地塑造了一个光彩照人的赵云形象。首先，他超越史书记载，树立起了赵云勇冠三军的虎将形象；其次，他使用大量笔墨，从多方面表现了赵云的美德，如深明大义、正直谦虚等，并特别突出了他的机警和精细；再次，他精思妙裁，将赵云的亮点直保持到最后。这样，就使罗贯中笔下的赵云成为一个真实性与独创性融为一体的鲜明的艺术形象。第二，更重要的是，现代读者的审美心理发生了巨大的变化：他们对被誉为"古今来名将中第一奇人"的关羽已经没有封建社会小民的敬畏和崇拜；而赵云的英勇善战和一系列美德，则更容易得到他们的理解和欣赏。因此，尽管按照艺术典型的标准，赵云形象还不是充分个性化的，不及关羽形象那样丰富和深刻；但广大读者却不管这些，仍然把赵云列为仅次于诸葛亮的最受喜爱的人物，艺术的法则就是这样奇妙！

这回中，赵云去世，诸葛亮跌足而哭，说："国家损一栋梁，吾去一臂也。"沈先生夹评：

寥寥数语，把诸葛亮痛悼赵云的心情表达得至为深切。尽管作品没有正面描写赵云之死，但这位英雄的去世，标志着开创蜀汉江山的一代豪杰已经凋零殆尽，仍然具有深沉的悲剧力量。

17. 名家评价

赵云是很多专家学者最喜欢的三国人物，他们评价赵云时，用到最多的一个词是：完美。

> 勇绩当阳著，常山屡建功。胆量魁西蜀，威名冠汉中。
> 彼军都似鼠，此将竟如龙。两番全幼主，千载更谁同。
>
> ——《绣像第一才子书》赵云画赞

> 赵云这个浑身是胆的英雄，还是一个很有政治头脑的政治家。
>
> ——丘振声《三国演义纵横谈》

> 赵云在蜀汉的将领中出类拔萃，不在关、张、马、黄之下，就在名将如云的三国群雄中也是一枝独秀特立出众的佼佼者。
>
> ——王基《三国演义新论》

> 在中国人心目中，除诸葛亮之外，最令人喜爱、最难忘的三国人物，恐怕也数赵云了。
>
> ——李殿元，李绍先《三国演义中的悬案》

> 赵云以一身是胆闻名，以常胜将军闻名，以稳重严谨闻名，以无私少欲闻名，以奉公守法闻名，以善始善终闻名，是个罕见的优秀将才。
>
> ——金良年《三国大观》

> 在《红楼梦》里，为众多读者所喜爱的，不是第一号人物，也不是第二号人物、第三号人物，而是史湘云。在《三国演义》里，和这相类似的，则是赵云。
>
> ——刘世德《夜话三国》

在三国中，五虎将的关羽以信，张飞以勇，马超以技，黄忠以义著称，而赵子龙则不但四项皆备，还特别以忠出名。

——严钦《为人处世与三国演义》

赵子龙是三国人物中最为人们熟悉、最受人们喜爱的英雄人物之一。在人们心目中，他是一个年轻英俊、武艺超群、胆略过人又极有肝胆的典型。赵云这个人物是成功的，无论从他的事业来看，还是小说家对他的塑造来看，赵云都是成功的。

——冯子礼，宋智《三国演义启示录》

赵子龙在《三国》里是当之无愧的最出色的"帅才"，智如孔明，勇胜关张。

——王同书，王小叶《三国演义新议》

按照中国传统的道德标准和审美眼光，不管是从德、才、貌、武艺、品格、为人哪个方面来看，赵云都没有审美缺陷，他的确是完美无缺的。赵云也是中国老百姓非常喜爱的英雄人物之一。

——傅隆基《古老大地上的英雄史诗三国演义》

《三国演义》人物中我最喜欢的是赵云，我一直觉得他远远胜过了关羽、张飞。他在长坂坡曹军中七进七出，勇不可当，比之关公斩颜良、诛文丑、过五关斩六将难得多，也精彩得多。同时赵云人品很高，精细而有智谋。

——金庸《探求一个灿烂的世纪——金庸池田大作对话录》

我们在《三国演义》的武将排名中，将赵云列为第二，仅次于吕布。排在吕布之后，那是因为赵云没有与一流高手单挑的经历，而吕布曾独战刘、关、张三英。但如果论冲锋陷阵，以一当万，第一名的位置非赵云莫属。

——鲁小俊，陈文新《三国演义 英雄人生》

三国里武将中最完美的当推赵子龙……赵云这种完美形象的塑造，最主要的得益于他的勇武绝伦，智谋深远。

——刘修铁《孙子兵法与三国精髓》

对赵云这样一个人，只能用完美一词来形容，他各个方面近乎完美无缺。

——石工，默轩《三国英雄 历史与传说》

在《三国演义》亿万读者心目中，最令人喜爱的人物，除了诸葛亮之外，就要算赵云了。

——沈伯俊《沈伯俊说三国》

《三国演义》当中，有两个人物是按照完人来塑造的，文的就是诸葛亮，武的就是赵云。常山赵子龙是《三国演义》数以百计的人物中最得人心者之一，有许多人都说，我最喜欢的人就是赵云。确实，赵云武艺超群，品德高尚，稳重多谋，他是作为一个儒将的艺术典型和完人来塑造的。

——周思源《正说三国人物》

可以说《三国演义》中的赵云几乎是"完人"，一生无败绩，人品无缺陷，性格无弱点，是让读者既敬佩又喜爱的一代良将。

——郭瑞林《三国演义的文化解读》

赵云是三国时期第一流武将，历来被人们推崇，成为众人最爱。赵云有关羽之义、张飞之猛、马超之勇、又智谋超群、见识高远，是位难得的智勇双全的常胜将军。可以说，赵云是《三国演义》中独一无二的完美人物，无论你怎样找，都很难找出赵云有什么缺点。

——卢旭东《三国笔记》

《三国演义》中将星云集，其中既有如吕布、关羽、张飞一类斩上将首级如探囊取物的猛将，又有如周瑜、张辽一类智勇双全的智将。但如果说到文武双全的将领，赵云算得上是其中的佼佼者。

——沈忱《煮酒品三国》

说起赵云这个人物，我想绝大多数读者喜欢他。在五虎上将中，关羽刚烈但骄矜，张飞勇猛但粗暴，黄忠忠勇但老迈，马超勇敢但无谋，唯有赵云智勇双全，是蜀汉最令人放心的将领。

——刘洪文《论道三国》

三国武将如云，光烁灿灿无与伦比者是赵云，他可说是个名副其实的常胜将军，也是个找不到一丝缺点的完人。

——谢德斯《横看三国》

赵子龙比之张飞，多一层沉稳，比之关羽，多一分周全，比之刘备，则多一种政治头脑。终身沙场，屡战不败。……是《三国演义》中不多见的一位完整的人物。

——李国文《李国文说三国演义》

　　我尤其欣赏赵云，现在回想起来，甚至怀疑自己的初恋对象会不会就是赵云，因为每次只要他一出现，心中就会不自觉地小鹿乱撞。

　　　　　　　　——朴槿惠《绝望锻炼了我：朴槿惠自传》

奇哉赵子龙，凛凛一心忠。

先主败荆州，家族又不从。

一生不顾死，再入虎狼丛。

忠孝保弱子，敢当百万雄。

春秋有伍相，汉世有子龙。

到今千载后，谁不仰高风？

——《三国志平话》

三国评书中的赵云

第三章
三国评书中的赵云

1.《三国志平话》中的赵云

《三国志平话》简介

评书，是北方的叫法，江南叫评话、岭南叫讲古，是一种评讲通俗历史的传统曲艺形式，旧时称说话、说书。四大名著中，《三国演义》《西游记》《水浒传》最早都是以评书的形式流传的。

魏晋南北朝大分裂时代结束后，迎来了大唐盛世，百姓生活趋于安定，各种民间艺术开始在市井萌芽，其中就包括评书，唐代称之"说话"。三国因其故事情节精彩，人物形象鲜明，在评书艺术创立之初，就备受艺人青睐。唐代中后期，三国人物形象已经布于人口，童稚皆知。著名诗人李商隐在《娇儿诗》描述了爱子听"说话"之后模仿三国人物的生活趣事："归来学客面，闹败秉爷笏。或谑张飞胡，或笑邓艾吃。"从张飞到邓艾，几乎贯穿了整个三国历史。

宋代，城市商品经济发达，市民阶层迅速崛起，百姓生活丰富多彩，说话艺术在唐代基础上更加繁荣，细化为多个门类。其中，演说历代兴亡的讲史一门尤为发达，勾栏瓦肆中甚至出现了专门"说三分"艺人霍四究，霍四究说三国"不以风雨寒暑，诸棚看人，日日如是"。这时，尊刘抑曹的倾

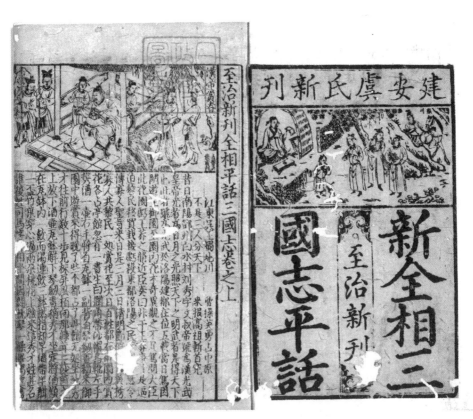

《全相三国志平话》

向也已产生。苏东坡《东坡志林》载："涂巷中小儿薄劣，其家所厌苦，辄与钱，令聚坐听说古话。至说三国事，闻刘玄德败，颦蹙有出涕者；闻曹操败，即喜唱快。"

元代，蒙元统治者取缔科举，读书人丧失了"一举成名天下知"的晋升之路，大量文人流落市井，成为书会才人，靠编撰戏剧或曲艺作品为生。三国故事也由口头到了纸面，出现了承前启后的话本《三国志平话》。

《三国志平话》刊刻于元英宗至治年间（1321—1323年），分上中下三卷，上图下文，约八万字，七十幅图，现藏于日本内阁文库。《三国志平话》叙事简略，文笔粗糙，应是说话艺人的简略提纲。《三国志平话》的内容以司马仲相阴间断狱为引子，起于孙学究得天书、黄巾起义，止于诸葛亮病故五丈原，已初具《三国演义》的主要轮廓。《三国志平话》拥刘反曹的倾向与《三国演义》相比更加强烈，全书共有69个回目，蜀汉占了54个，曹魏只占4个，东吴只占3个，其他势力占了8个。《三国志平话》许多情节不受史实约束，而据民间传说大胆虚构，如刘关张同往太行山落草，孔明杀曹使，庞统说江南四郡反刘备，曹操劝汉献帝让位与曹丕等，显然出自下层市民想象。《三国志平话》艺术成就虽不高，但对《三国演义》的产生有抛砖引玉之功。

郑振铎先生在《三国志演义的演化》一文中总结了《三国志平话》的五个特点："第一，叙事略本史传，以荒诞无稽者居多；第二，人名、地名触处皆缪，往往以同音字与同形字来代替了原名；第三，在文辞上，作者也颇现着左支右绌，狼狈不堪之态；第四，这部《三国志平话》文辞虽甚粗鄙不通，然其结构却是很宏伟的；第五，这部小说写得最有生气、最可爱的人物却是张飞。"

日本天理图书馆还藏有另一种三国故事平话本，扉页上题"新全相三国志故事"，也分上中下三卷，每卷卷首题《至元新刊全相三分事略》。《三分事略》的板式、内容与《三国志平话》相同，与《三国志平话》大概出自同一祖本。

《三国志平话》中的赵云

《三国志平话》上卷主要以刘备的视角讲述群雄逐鹿的故事，并没有写公孙瓒与袁绍的磐河之战，因此赵云在中卷才出场。"赵云见玄德"一回中，刘备在徐州被曹操击败，寄居在青州袁谭处，心情抑郁，带酒做歌：

> 天下大乱兮，黄巾遍地；
> 四海皇皇兮，贼若蚁。
> 曹操无端兮，有意为君；
> 献帝无力兮，全无靠倚。
> 我合有志兮，复兴刘氏。
> 袁谭无仁兮，叹息不已！

此时，赵云出场，应和刘备：

> 我有长剑，则空挥叹息。
> 朝内不正，则贼若蛟虬。
> 壮士潜隐，则风雷未遂。
> 欲兴干戈，则朝廷有倚。
> 英雄相遇，则扶持刘邦。
> 斩除曹贼，与君一体！

刘备认得赵云，向赵云诉说衷肠，赵云建议刘备投奔袁绍，于是两人前往冀州。在《三国志》中，刘备徐州兵败，的确是先投奔袁谭，再转投袁绍的。但赵云与刘备相见却不是在袁谭处，而是袁绍处。《三国志平话》将这个时间提前了，情节更加连贯。而在《三国演义》中，刘备脱离袁绍后，才与赵云相见。

赵云向袁绍引荐刘备，袁绍大喜，召刘备相见。刘备劝说袁绍攻打曹操，袁绍采纳，以颜良、文丑为大将，发兵十万，进攻曹操。

身处曹营的关羽斩颜良、诛文丑，大破袁军。袁绍大怒，欲杀刘备。赵云为刘备求情，提出与刘备前去招降关羽，并以"家属百口"作为人质，袁绍这才同意，放刘备前去。离开袁绍营寨，刘备竟然不顾赵云，逃往荆州。赵云认为刘备

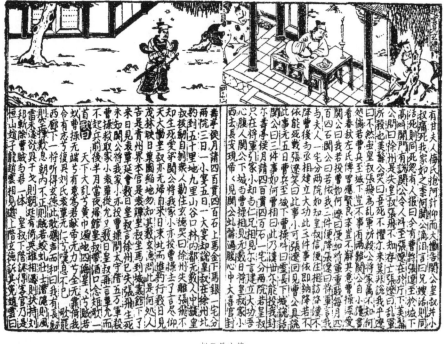

赵云见玄德

"异日必贵"，也不顾家人死活，与刘备一同前往荆州投奔刘表。

以现代视角看，《三国志平话》中的刘备与赵云都是无情无义之人，但这种"妻子如衣服"的价值观在同时代的平话作品中随处可见。同样是写三国故事的《新编全相说唱足本花关索出身传》中，刘关张桃园三结义准备干一番大事，但关羽、张飞都有妻小，刘备担心二人有所挂念，不能死心塌地。关羽、张飞为表明心迹，互相杀了对方的家眷。

之所以有这种扭曲的价值观，是因为平话的受众主体是下层游民，他们背井离乡来到城市务工，通常是光棍一人，身边只有一群和他们一样的穷兄弟。他们听到三国好汉视女人如衣服，视兄弟如手足，会获得精神上的满足感，幻想自己也会像刘备那样成就一番事业。当时的说书人也是下层人，为了养家糊口，不得不想方设法迎合听众的价值观，至于是不是符合历史，他们并不在乎。甚至，他们中的大多数人都不具备阅读正史的能力。

前往荆州的途中，赵云与刘备在古城偶遇张飞。两人交战，赵云六十回合不敌张飞。

> 　　两阵相对。张飞曰："甚人搦战？"赵云出马持枪。张飞大怒，使丈八钢矛，却取赵云。二马相交，两条枪来往如蟒，硬战三十合。张飞怒曰："曾见使枪的这汉真个强！"又战三十合，赵云气力不加，败回马本阵里来。张飞怒曰："正好厮杀，嗑早败！"纵马持枪，赶赵云至阵前。

赵云打不过张飞实属正常，《三国志平话》中的张飞要比历史或演义中厉害得多，是全书数一数二的人物。虎牢关一战，张飞同样用六十回合击败吕布，杀得吕布"绯旗掩面"：

> 次日，吕布下关，叫曰："大眼汉出马！"张飞大怒，出马，手持丈八神矛，睁双圆眼，直取吕布。二马相交，三十合，不分胜败。张飞平生好厮杀，撞着对手，又战三十合，杀吕布絣旗掩面。张飞如神，吕布心怯，拔马上关，坚闭不出。

《三国志平话》中对赵云的定位是"除张飞第一条枪"，"使一条枪名曰涯角枪，海角天涯无对"。

张飞击败赵云，刘备出现，与张飞相认。不久，关羽也来到古城，兄弟重聚，一同投奔荆州刘表。刘表任命刘备为新野太守，抵御曹操。

在荆州，刘备三顾茅庐请出诸葛亮。诸葛亮设计，在新野击败夏侯惇。曹操大怒，亲率百万大军攻打荆州。刘备放弃新野，携民渡江，于是有了"赵云抱太子"的故事。

刘备在长坂坡被曹操击败，与家小失散，有人诬告赵云反投曹操。正史中，刘备大怒，用手戟掷向造谣者。平话中，为了维护刘备的仁君形象，改为砍断马鬃警告：

> 人告皇叔："赵云反也。"玄德曰："如何见得？"皇叔不顾便行。有人再言。皇叔一剑断其马鬃："只此马鬃为例！"众人不语。皇叔曰："我投袁绍，关公斩颜良、诛文丑，冀王使赵云赶我，欲行诛斩，赵云不肯，与刘备相逐三载无过，岂有反意！"

这个灵感可能来自孙权决计抗曹时的做法，《三国志·周瑜传》载："权拔刀斫前奏案曰：'诸将吏敢复有言当迎操者，与此案同！'"《三国演义》中，刘备更加温柔，只用言语警告了诬告者糜芳。

历史上，赵云把甘夫人和阿斗都救了出来。但在平话中，甘夫人中箭，撞墙而死：

> 后说赵云，单马入曹军中。赵云曰："战场可远百余里，根寻皇叔家族。"盘桓数遭，猛见甘夫人右手抱其胁，左手抱阿斗。赵云下马，甘妃见赵云，泪不住行下，言："家族，曹公乱军所杀也。"言："赵云，你来得恰好！"右胁着箭，手起肠出也。"皇叔年老，尚无立锥之地。我今已死矣！你把阿斗当与皇叔。"夫人言毕，南至墙下，辞了赵云、阿斗，于墙下身死。赵云推倒墙，盖其尸。

《赵云传》中，"云身抱弱子，即后主也，保护甘夫人，即后主母也，皆得免难。"白纸黑字地写着甘夫人被赵云救了出来。《三国志平话》把甘夫人写死是为了突出长坂坡一战的惨烈，使情节更加紧张刺激。但是，这么做明显违背了史实，难登大雅之堂。《三国演义》就聪明的多，把甘夫人换成了历史上卒年不详的糜夫人。

值得一提的是，虽然《三国演义》将夫人撞墙死改为投井死，但赵云推墙盖尸的细节在《三国演义》中得到了延续。

正史中也并没有明确说赵云与曹军发生战斗，但在平话中，赵云射杀了曹将关靖，甚至出现了马落陷坑的情节：

> 却说曹操附高处望见，言："必是刘备手中官员！"使众官捉赵云。为首者关靖拦住，赵云挥刀交马，直冲阵而过，前至桥上，陷了马蹄，君臣头偎地上。背后关靖赶至近，赵云用硬弓，一箭射死关靖。赵云扶起太子，上马，又抱太子南走。至当阳长坂上数里，迎见张飞。

虽然长坂坡有了战斗，但故事并不精彩，这是因为《三国志平话》重点表现的武将是关羽、张飞，并未在赵云身上投入太多笔墨。正史中曹军并没有关靖这个人，《三国演义》作者将其删除，但赵云马落陷坑的情节在《三国演义》中得到了延续。

刘备摔孩子的桥段正史中并没有记载，但在平话中已经出现：

> 赵云南行，见皇叔礼毕，言："甘妃、糜氏皆为曹公所杀；乱军中救太子而脱。"赵云抱太子见皇叔。皇叔接太子，掷于地上。众官皆惊，告皇叔。玄德曰："为辱子，几乎折了吾之良将赵云！"皇叔言毕，众称其善。皇叔南行。

《三国演义》基本照搬了这个设定，改动不大。

《三国志平话》中，对赵云长坂救主有一首赞诗：

> 奇哉赵子龙，凛凛一心忠。
> 先主败荆州，家族又不从。
> 一生不顾死，再入虎狼丛。
> 忠孝保弱子，敢当百万雄。
> 春秋有伍相，汉世有子龙。
> 到今千载后，谁不仰高风？

作者把赵云与伍子胥并称，用来赞美赵云之忠。伍子胥在民间的形象是"为臣志节，恒怀匪懈之心。夙夜兢兢，事君终无二意。"

长坂坡之后，就是赤壁之战的情节，赵云偶有出场，但表现不多。赤壁之战结束，沿江四郡（历史上的荆南四郡）

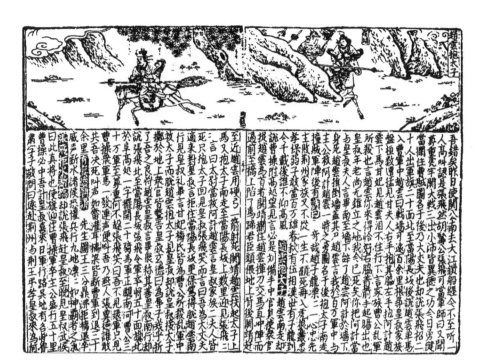

赵云抱太子

反叛。诸葛亮命赵云带三千人马前往长沙郡收降赵范，赵范投降，提出以寡嫂许配赵云，赵云大骂赵范。赵范欲杀赵云，反被赵云射死：

> 来日天晓，赵云上路。赵范袒臂牵羊，远迎赵云入衙，言四郡反皆庞统所说。筵会至晚，赵范带酒留数十个妇人，内中一妇人身着绛衣，体貌娇容，使捧酒对赵云言："此乃家嫂也，当与子龙为妻。"赵云叫："尔乃匹夫之辈！军师严令，岂以酒色为念！"言罢出衙。赵范带酒言："不仁者赵云！"引三千军围了馆驿，有意杀赵云，被子龙一箭射死。至来日天晓，对众官、百姓说，杀了赵范并家族，安抚了百姓；却还荆州见皇叔，说与军师，言赵云收了长沙郡。

正史中赵范为桂阳太守，到了平话中却变成了长沙太守，这个技术性失误再次证明平话作者并未读过《三国志》。赵云一箭射死赵范，也违背了史实。这个改动可能是平话作者红颜祸水观的体现，赵范利用美色勾引他人，作者给他判了死刑。

占据荆州后，张松前来献图，刘备入川谋蜀。孙夫人趁机挟阿斗归吴，张飞斥责孙夫人，孙夫人羞愧，投江而死。为了突出张飞，截江夺斗的故事没有提到赵云。

庞统攻打雒城中箭身亡战死，诸葛亮、张飞、赵云入川支援。赵云攻打紫乌城，作者杜撰出一个铁臂将军张益，将赵云击败，张飞与之交战也无法取胜，后诸葛亮派伊籍将其说降。

刘璋投降后，刘备占据益州，恩封五虎将军：关公封寿亭侯，张飞封西长侯，马超封定远侯，黄忠封定乱侯，赵云封立国侯。关张马黄赵的顺序与《三国志》一样，但侯爵的名字是作者杜撰的。

占据益州后，曹操兵进阳平关，攻打刘备。赵云义救黄忠的故事在平话中没有提及，空营退敌的故事也被移植到了诸葛亮身上：

> 曹公引军至关，望见百姓尚作营生。又见军人街市作戏。曹公曰："咱门急之。"张辽告曰："此诸葛计也。你见紫乌城百姓带酒与军人作乐，名曰偃旗息鼓。倘入城中，不能出东北而走。"后有军赶，有名将魏延杀曹军大败。左有刘封，右有赵云，赶到来日天晓，张飞拦住杀一阵，至阳平关，军师复夺了。又引黄忠杀一阵。

曹操战败后退兵，与孙权联合袭取荆州，关羽归天。刘备大怒，东征孙权，被吴军击败，病逝于白帝城。刘禅即位后，诸葛亮先后七擒孟获、六出祁山，但赵云都没有出场。

出人意料的是，诸葛亮病逝五丈原的时候，赵云仍然健在：

> 又数日，叫杨仪、姜维、赵云众太尉近前。军师哭而告曰："吾死，可将骨殖归川。"众人皆泣下。

平话作者并没有交代赵云结局，这也是赵云最后一次出现在书中。

总体上看，《三国志平话》写出了赵云的忠和勇，但对赵云的智和德几乎一字未提。《三国志平话》重点塑造的是刘备、关羽、张飞、诸葛亮四人，赵云的很多故事被省略或移植到他人身上了，以赵云为主角的故事只有"赵云见玄德"和"赵云抱太子"，这也是仅有的两个有赵云名字的回目。《三国志平话》中的赵云，远不如《三国志》或《三国演义》中那样光辉。

2. 袁阔成评书《三国演义》中的赵云

袁阔成与评书《三国演义》

从唐代开始，历代说书艺人不断对三国故事加工改造，使之完美贴合听众的审美观和价值观。经过一千余年的发展，三国故事趋于完美，基本定型。

听书在古代是高成本的娱乐方式，需要花费大量的时间和金钱，普通百姓无法承受。书商看到了这个商机，邀请文人将三国故事编纂成书，在民间贩卖。于是，元末明初之际，罗贯中所著《三国演义》应运而生，成为我国第一部长篇小说。为什么是三国，而不是水浒或西游？原因很简单，三国是最受欢迎的一部书，听众多，读者自然多，书商才有得赚。

袁阔成

　　《三国演义》中，故事更符合历史，人物更加典型，这恰恰弥补了民间艺人的不足。因此，《三国演义》反过来又推动了评书艺术的进一步发展，以致在明清之际达到巅峰，出现了柳敬亭这样的宗师级人物。清人刘愚生在《世载堂杂忆》中提到：

> 　　闻柳敬亭说书，其传神奇异处，如说当阳长坂坡一回，说至张飞大吼一声骇退曹军时，柳敬亭则右手挟矛，直指座客，大张巨口，良久不闭。座客问其故，柳曰："张飞一吼，曹操全军人马，辟易奔退，如我出声学张飞一吼，诸君都要跌下座来。"

"古有柳敬亭，今有袁阔成"。20 世纪，评书艺术随着广播电视走入了寻常百姓家，让这项古老的艺术焕发了新活力，其中艺术成就最高的、影响最大的当属袁阔成在中央人民广播电台播讲的《三国演义》。毫不夸张地说，袁先生的评书《三国演义》是汉语头口文学的巅峰之作。

袁阔成原名袁麟，1929 出生于天津的一个评书世家，伯父袁杰亭、袁杰英和父亲袁杰武都是评书艺人，号称"袁氏三杰"。袁阔成自幼随父习艺，13 岁拜评书大家金杰力为师，取艺名袁阔成。14 岁登台，又经评书大师陈士和指点。18 岁在沈阳以短打书《十二金钱镖》《施公案》一举成名，之后长期在唐山、天津、哈尔滨、营口、北京等地献艺。

1949 年后，袁阔成先后播讲了《小二黑结婚》《吕梁英雄传》《红岩》《烈火金刚》《林海雪原》等一系列革命新书，一改评书只说历史故事的传统，让听众耳目一新。

袁阔成与王震将军畅聊三国

1956 年，袁阔成来到辽宁营口，参与创办营口市说唱团，成为一名正式在编的新中国评书演员。袁先生大胆创新，撤掉书桌，把评书由"半身艺术"变成了说表并重的"全身艺术"。

1979 年，中央广播电台准备将古典名著《三国演义》改编成评书，他们调听了全国地方台有关《三国演义》的评书录音，最终决定由袁阔成承担这个重任。

《三国演义》不同于一般纯虚构小说，文史并重，七实三虚。为说好这部书，袁阔成在熟读《三国演义》的基础上，又认真研究了《三国志》《三国史话》《三国故事》《三国纵横谈》《三国志平话》等书，甚至还参加了几次全国性的三国演义研讨会，汲取专家学者的研究成果。

读万卷书，行万里路。为了增加所讲三国故事的真实性，体现三国历史的厚重感。袁先生在潜心钻研的同时，还自掏腰包，花费了半年多的时间，先后到成都、白帝城、宜昌、汉中、宝鸡、陈仓、五丈原等三国故地走访，搜集民间传说，核对古今地名，考察古战场地形地貌。

由于《三国演义》的故事妇孺皆知，为了说出新意，袁先生在尊重历史事实和人物性格的基础上，充分挖掘和表现人物内心活动。袁先生说：

过去说评书只是注重用情节抓人，因而工夫花在制造悬念上。其实《三国演义》的情节大家都熟悉，如果还是照过去那样做，就不会有新的突破。于是我就把着眼点放在刻画人物上，注意挖掘人物的内心世界。

语言方面，为了使评书《三国演义》既有历史的味道，又能让普通读者听懂，袁阔成采用了文白相间的语言，袁先生说：

在 20 世纪八十年代的听众面前，如何让评书《三国演义》表演得既有古典风格，又让听众乐于接受？经过摸索，我找到两个办法，一是采用文白相间的语言，以现代有文采的语言为主，同时保留原著中比较精彩的语言，力争做到既通俗易懂，又俗不伤雅，有传统书的风格。力图通过评人、评事、评情、评理，直接和听众交流，缩短和听众的距离。

用了五年半的时间，袁先生终于把 72 万多字、一百二十回的长篇历史小说《三国演义》重编创作成 150 多万字、365 集的评书《三国演义》（简称袁三国），1984 年在中央人民广播电台开始连播。

袁三国播出后，立即红遍全国。引人入胜的描述、清晰悦耳的嗓音，流利动情的注释，哲理精辟的讲评，足以使人欲罢不能。从五岁顽童到八旬老叟，无不被袁阔成的声音所征服。有人戏称："凡有收音机，皆听袁三国"。当时的媒体这样报道："收音机里一传出袁阔成的声音，修鞋匠停了手中的生意，路人驻步不前，建筑工人请旁人代录下来，农村大嫂先哄孩子入睡。"

在国外，袁三国同样受到热捧，很多外国人把袁三国当成学习汉语了解中国文化的教材。美国普林斯顿大学、日本早稻田大学的汉学家等先后来到中国拜访袁阔成。很多台湾同胞听到《三国演义》后，思乡之情油然而生，纷纷来信，称赞袁阔成为当代评书巨匠。

不仅是普通百姓，就连文学大师冰心女士也对袁三国赞不绝口，她说：

> 没想到袁阔成的说书《三国演义》又"演义"了一番，还演得真好！人物性格都没走样，而且十分生动有趣，因此我从"话说天下大势合久必分，分久必合"一直听到"三分归一统"，连我从前觉得没有什么趣味的"入西川二士争功"，也显得波澜壮阔。我觉得能成为一位"好"的说书者，也真不容易！

国家领导人中也有袁阔成的粉丝，特别是时任国家副主席的王震将军，对袁三国更是到了痴迷的程度，百听不厌。王震将军多次邀请袁阔成到家中畅聊三国，并结合自己的战争经验给予袁阔成一些建议。袁三国全部播讲完后，王震将军特意翻录了两套评书《三国演义》磁带，一套自己留下，一套送给了邓小平。

王震将军对《三国演义》中的赵云十分喜爱。袁阔成后来回忆：

> 王老特别欣赏赵子龙这个人物，我和王老聊《三国演义》的时候经常说到赵子龙。王老说赵子龙是一名真正的儒将，中华民族许多优秀的品德都体现在他的身上：奉公守法、知进知退、任劳任怨，从来没闹过情绪。

一次谈话中，王震将军又夸赞赵云，袁阔成说："你说了这么半天，我明白了，敢情赵子龙就是一千八百多年前的雷锋，整个一个赵雷锋。"在场的人一下子全乐了。

晚年，袁阔成在接受中央电视台采访时，记者问他最喜欢的三国人物是谁，袁先生不假思索地说："我最喜欢赵云赵子龙……那赵云，无可挑剔。"因为对赵云情有独钟，袁先生对塑造这个人物倾注了很多心血，深度挖掘了赵云武艺、智谋、品德等方面的过人之处，使评书《三国演义》赵云形象比正史和演义更加光彩夺目。

卧牛山投明主

评书《三国演义》中，并没有磐河之战的情节，赵云首次出场是 13 集"借赵云"的故事中，但袁先生并未对赵云加以介绍，赵云甚至连台词都没有。直到 48 集卧牛山重逢刘备，赵云才正式登场。

原著中，周仓被赵云刺伤，对关羽诉苦："与那将交战，被他连胜数次，身中三枪。"袁三国中，细节更加丰富，周仓说：

> "占山的这个人相当厉害，我跟他这么一说理，他不但不理我，还把我打成这样。如果他要杀了我，恐怕十个周仓也早已死于他的手下。看来要不他不想弄死我，他拿我开玩笑哇，打一回我输一回打一回输一回，现在我浑身都是伤。"（48 集）

刘备与关羽随周仓来到卧牛山前，赵云纵马下山：

> 只见由山坡上跑来了一匹骏马，马上端坐一员大将，银盔银甲，手持亮银枪，胯下骑的是粉顶白龙驹。（49 集）

原著中赵云的枪和马都没有名字，袁先生弥补了这个遗憾。刘备认出赵云，袁先生对赵云有个介绍：

> 此将是谁？敢情是常山赵云赵子龙。怎么叫常山赵云呢？他家住常山真定。就是现在的河北石家庄东北。赵

> 云是公孙瓒手下的一员大将。那么他怎么和刘备这么熟
> 呢……他从公孙瓒那儿借来了赵云……这位刘皇叔从那时
> 起就爱上这员大将了，走的时候是难舍难离洒泪而别呀。
> （49集）

　　这是袁三国第一次正式介绍赵云，同时也为听众回顾了赵
云与刘备的往事。接着，赵云诉说对刘备的仰慕之情，正式归顺。

穰山胜许褚

　　原著中，穰山之战赵云与许褚三十回合不分胜负。袁三
国中，赵云三十余回合枪挑许褚盔缨：

> 　　许褚往前这么一催马，赵云拧枪就上来了，两将在阵
> 前就打上了。好厉害的赵子龙啊，跟许褚战了三十几个回
> 合他盘马一枪，"腾"的一下子，把许褚的盔缨给挑掉了。
> 许褚吓了一哆嗦，他往下一带马。刘备乘此机会把令旗这
> 么一摆大喊一声"杀"，云长、张飞就杀过来，这场混战，
> 把曹操给杀得大败。（57集）

　　接着，赵云又以一敌二，战胜李典、于禁。

博望坡诈败

　　投奔刘表后，刘备三顾茅庐请出诸葛亮，博望坡军师初
用兵，诸葛亮安排赵云诈败。原著中，只说诸葛亮派人去樊
城取回赵云，并没有派令的具体过程。袁三国中，不但把这
个过程写了出来，还对赵云的心理活动有所描述：

当把令传给赵云的时候，把子龙给难住了。怎么回事儿呢？孔明告诉他："你迎战夏侯惇，可有个条件，"什么条件呢？"是只许败，不许胜。"你瞧瞧，子龙自出世以来，他没打过败仗啊，那是有名儿的常胜将军。今儿一听，"什么？光败不胜？啊……"他想分辩几句，子龙为人非常老成，他是有令则行啊，只得说声"得令"。同时军师告诉他了，给他五百民军，正规军还不给他。子龙可真有点儿为难呐，他拿着令箭一下堂，是双眉紧锁呀。（77集）

赵云虽然有些不解，但仍然依令而行，并无怨言。张飞对诸葛亮不满，来找赵云，两人有一番有趣的对话：

张飞在那儿站着呢，军师传的令，他都听见了。他朝赵云一招手，"嗨，子龙，过来过来。"

"三将军。"

"他让你迎战夏侯惇，只许败不许胜啊？"

"啊。"

"这叫什么打仗的？"

"哎？"子龙转念一想，"三将军，这大概是诱敌之计吧？"

"哼，诱敌？你把敌诱哪儿去？诱进新野县来？咱们这地方都给他得了。我看，咱这军师，是有意找你的难看。等着，我上去问问他。"

"且慢，三将军，军师传令，哪儿能有什么戏言。他能够跟我开玩笑嘛？这不可能啊。咱们是，按令而行吧。"

"唉呀，好哇，子龙，你可真老实。"（77集）

这段对话即表现了赵云的厚道，又表现了张飞的直爽，在不违背原著的前提下，对人物性格的拿捏十分准确。

赵云带老弱残兵出征，夏侯惇瞧见后哈哈大笑。但转眼看主将赵云，倒吸了一口凉气，感叹："这员大将怎么这么漂亮？"袁阔成先生用了一段韵文说出了赵云的穿戴：

> 看赵云：狮子盔，张口吞天；亮银甲，耀眼生寒；护心镜，冰盘如月；素罗袍，虎体遮严；襻甲绦，拧成九股；鱼褙尾，龙滚浪翻；胯下马好似出水蛟龙，掌中枪神鬼胆寒。（77集）

袁先生讲得字正腔圆，铿锵有力，把赵云的威风通过声音传递到观众耳中。

博望坡一战，诸葛亮用火攻击败夏侯惇，张飞心服口服，又与赵云有一番对话：

> 张飞一看赵云由对面儿来了，他赶忙过去了："四弟，这仗打得怎么样？"
>
> 赵云微然一笑："三将军，庆幸的是我这五百民军，一个儿伤亡都没有。他们训练有素，不论是起是伏是进是退，是有条不紊，咱们军师真是训练有素哇。"
>
> "嘿嘿，你看看，子龙啊，你当时带兵一走我不是跟你说了嘛，你就放心去吧，绝对没错儿，准保得打胜仗，而且不能有伤亡，对不对？"
>
> 子龙差点儿乐了："你都咋跟我说这个来着，我自从接过令箭去你就一肚子气，我记得你冲我直摆手，那意思这些民军不能往外带，带到两军阵前是有辱大将之风……"
>
> 张飞听到这儿笑了："啊哈哈哈……那时候啊，没想到能打这么个大胜仗！四弟，快忙去吧。"（77集）

博望坡之战以赵云张飞对话开始，又以二人对话结束，如相声一般，赵云捧哏，张飞逗哏，谈笑间樯橹灰飞烟灭。

单骑救主

讲赵云单骑救主时，袁先生参考了京剧和民间传说，丰富了原著的情节，使故事更加流畅合理。

赵云闯入长坂坡，首先遇到的是曹操背剑官夏侯恩，袁先生增加了一段对青釭剑的描述：

> 这剑剑长七尺。那么老长啊？古代的尺寸呐，七寸算一尺。这剑是白鲨鱼皮鞘，银吞口银兽链儿银饰件儿，雪霜白的灯笼穗儿三尺多长，随风直摆。这口剑可太不一般了，子龙见好宝剑见多了，还没看见过，像这把剑这么惊人，这绝对不是一把普通的宝剑。（83集）

赵云一枪刺死夏侯恩，夺取青釭剑，袁先生说："如果不是今天寻找夫人与阿斗，这种急切心情的话，他真得好好儿端详端详这把剑。"先渲染宝剑珍贵，再说赵云无心细看，一个小细节写出赵云急迫的心情和谨慎的性格。

见到糜夫人后，赵云劝糜夫人上马，糜夫人恐两误，投井而死，原著中是这么写的：

> 赵云三回五次请夫人上马，夫人只不肯上马。四边喊声又起。云厉声曰："夫人不听吾言，追军若至，为之奈何？"糜夫人乃弃阿斗于地，翻身投入枯井中而死。（41回）

这段情节有一个问题，从糜夫人弃阿斗到投井的过程中，并未交代赵云的行动。这会给读者一个错觉：赵云眼睁睁看着糜夫人投井，并未出手相救。袁先生做了一个巧妙地处理：

> 夫人这么一着急，她轻轻地把阿斗放到地上，"将军，你看那是何人？"她用手这么一指。"啊？"子龙稍这么一回头这工夫儿，糜夫人往前紧爬几步。嘭！一头就栽到那枯井里去了。子龙回过头来一看，"唉呀！夫人！"腾腾腾！他往后退了两步，险险坐到地上。（83集）

接下来，赵云遭遇张郃，原著中，赵云与张郃战了十余合，夺路而走。评书中，袁先生为表现赵云的细心，增加了赵云摸阿斗的细节：

> 子龙论本领，是半点儿也不惧张郃呀，可是现在他无心恋战，他恨不得一步就冲出重围去，好把幼主交与主公啊。所以子龙打几下儿呀，就摸一摸怀里的阿斗，打两下儿，他就摸一摸阿斗。张郃觉得奇怪："这人怎么回事儿？武功这么好枪法这么纯熟，怎么一边儿打着一边儿摸他那护心镜啊？"张郃这才注意到，他看子龙前边儿这护心宝镜啊，鼓出一块来。心说这位揣着什么呢？子龙一看不好，张郃怎么一个劲儿蹩摸他这护心宝镜啊。"哎呀！可千万万千不能碰了我的幼主阿斗啊，我别跟他打啦。"子龙一拨马，就败下去了。（83集）

曹操见到赵云，心生爱将之意。受京剧的影响，袁先生安排进曹营一言不发的徐庶出场。徐庶提出为曹操劝降赵云，曹操于是下令生擒赵云，不允许放冷箭。赵云趁机突围，但落入曹兵挖好的陷马坑中。原著中，阿斗化作一道红光，助赵云战马跃出坑中。袁先生没有采用这种不合常理的情节，改为阿斗哭声吓惊战马：

> 这时候阿斗啊，在怀里边儿哭了，"哇！"的这么一声，有的曹军听见还吓了一跳呢，心说：唉？这陷马坑里头怎么有小孩儿哭的声音呐？阿斗这一哭哇，子龙出了一身冷汗呐，是不是把孩子磕着了碰着了还是伤了哪儿了。急得他"啪"狠狠地就在马的后三叉骨上抽了这么一枪。甭抽这一枪这马也要往上蹦，怎么回事儿呢？阿斗的哭声把这战马给惊了。再加这么一枪杆子这马"嘶溜溜溜——噗！"是腾空而起呀，一下子由打这陷马坑里边儿跳出来了，把曹兵吓得是纷纷后退。（84集）

赵云突出重围，又遇到马延、张颧、焦触、张南四将。评书中，这四将的武器都是槊，分别是：金顶槊、银顶槊、紫铜槊、开山槊。交战中，马延、焦触、张南的槊都被赵云夺去，照应了原著中夺槊三条的说法。

见到刘备后，赵云把阿斗交给刘备，刘备摔孩子，袁先生坐实了收买人心的说法：

> 他把阿斗接过来看了看，又瞅了一瞅子龙，把这员大将累成这样。"就为了这个黄牙孺子啊，险一险损伤我一员上将。娃儿啊，阿斗，我要你何用？"说着往下一猫腰，嘭！把阿斗给扔地下了。这就是历史上传说久远的那个刘备摔孩子幺买人心呐。干嘛他猫着腰往地上扔啊？不能站着扔啊，站着扔"啪叽"一下摔死了。（85集）

智取桂阳

袁先生对赵云智取桂阳的故事并未做大的改动，只增加了两个小细节。

诸葛亮派将攻打桂阳，赵云先应，张飞抢令，诸葛亮无奈，只得让二人抓阄。袁先生通过张飞的心理活动反衬赵云的厚道：

> 张飞也觉着啊，怪不大合适的。本来是人家子龙抢到前边儿了，自己呢，非要夺这个功，非要争着去。现在让军师怪为难的，自己也觉得呀对不住子龙。嗨——张飞又一想啊，子龙四弟呀，那是个厚道人，他不能怪我，不能跟我生真气。事已至此了，我就把脸儿往下这么一抹，非争着去不可。（122集）

张飞抓阄输给赵云，又耍赖，坚持要取桂阳。赵云并未与张飞一般见识：

> 这时候赵云呐，呵！一声没言语，悄悄地往回一撤身儿，归班站立，这理字自有公断，我不搭理你了，我看主公和军师怎么定。我跟你吵也没什么意思。张飞也觉着怪泄气的。怎么的？这一人儿夺一个人儿抢，俩人能争上劲儿来，光一个人儿在这呵儿，咋咋呼呼的也没人儿理，这多没劲呐这个！（122集）

赵云与张飞都是虎将，但性格迥然不同，一庄一谐，令人捧腹。

另一个细节是对樊氏相貌的描述，原著中只说樊氏"身穿缟素，有倾国倾城之色"，袁先生则用了一大段文字：

> 哎哟，这妇人怎么长得这么好看呐，是容貌俊秀，体态端庄啊，真是倾国倾城之貌。身穿缟素，淡施脂粉，头

> 上没有珠翠首饰，是盘髻玉簪呐，只是把那头发挽了这么一个纂儿，别着一根玉簪子。唉呦！格外的那么美。特别是这身缟素。缟素是什么料子啊？不是料子，是孝服。这位戴孝女子，往这儿这么一站呐，那真像一朵刚刚开放的玉兰花儿似的，那么优雅清香芬芳美丽。（123集）

樊氏夫人如此之美，赵云却不为所动，形成强烈的反差。

南徐保驾

赵云保护刘备南徐就亲，刘备自惭形秽，觉得配不上孙尚香，赵云耐心开导刘备，两个有一段幽默的对话：

> "……四弟，你想一想，人家孙尚香能够许嫁与我嘛。一是我年龄这么大，二呢，孙尚香这个姑娘我听说非常骄横啊，非天下奇男子大丈夫而不许，非人中之龙不嫁。我哪样够哇？"
>
> 赵云微微一笑："主公我看您全够。就拿您这名声说吧，您是名扬四海呀，您就是人中之龙啊。"
>
> "我怎么人中之龙了？"
>
> "您看，您是当今皇叔哇，贵为皇叔，不人中之龙嘛。"
>
> "哦——沾着龙字儿就行。"
>
> "那当然了。"
>
> "四弟，你叫赵子龙，那你替我迎这亲得了呗。"
>
> 子龙一听这哪儿跟哪儿啊这是，"主公您这不是跟我开玩笑嘛。"（127集）

为了缓解刘备的紧张情绪，赵云也开了刘备一个玩笑：

"……我都什么岁数了，这根本就跟人家孙尚香郡主不般配。"

"哎，主公，您甭担这个心。您呐，您好好收拾收拾。常言说得好，人是衣帽马是鞍呐，我记着从荆州出发来的时候让您换换衣裳您就是不换。在荆州什么样儿到这儿还什么样儿，那哪儿行啊，远逛衣裳近逛人呐。明儿您把衣服一换，就不这样儿啦。冷眼您一看也就四十来岁。我再给您找个理发师……您要是收拾收拾啊，也就三十多岁吧，随后您精神再一好啊，也就是二十多岁。"

"行了，行了……"刘备一听啊，"子龙，你赶快睡觉去吧，你再说一会儿快把我说没了。"（127 集）

赵云依锦囊计拜访乔国老，乔国老见到赵云吃了一惊，感叹："这员将怎么长得这么好看呢？怎么这么精神呢？好一派大将的风度！"然后，袁先生对风度二字做了一番解释：

这风度可了不得，它既不能装啊，也不在穿戴。说把这架子端得圆着点儿，热面汤不放下总端着非把手烫了不可。没那风度，穿得跟缎棍似的也不好使。人家赵云，甭摆架子，也甭端，他就是很自然。可是这自然的美呀是真正的美，比那雕琢的美装饰的美都美。（128 集）

说到"可是这自然的美呀是真正的美"时，袁先生故意加重了"真正"二字，强调了赵云与生俱来的大将风度。接着，袁先生用韵文描述了赵云的穿戴和相貌：

看赵云：头上戴着亮银狮子盔张口吞天，雪片鱼鳞甲是虎体遮严，护心宝镜如天边满月，素罗袍绣海水波翻，肋下带青釭宝剑，素白缎色中衣，脚下一双素白色五彩虎头战靴。

……

看赵云是：眉如宝剑，目如朗星，鼻如玉柱，耳如元宝，口如丹朱。这张脸是红中粉，粉中白，白中润，润中俊。（128集）

与原著相比，赵云在相貌堂堂的基础上还多了一分俊美。

截江夺斗

截江夺斗的故事中，赵云跳上大船、与孙夫人对质的情节袁先生基本是按照原著来讲的。夺斗后，袁先生增加了一段赵云的心理描写：

可把赵云将军给为难坏了。他站立船头怀抱阿斗手持宝剑，瞪眼看着这船往江东这边儿划。他一点儿办法没有。这不像当年的长坂坡呀，怀揣阿斗一场血战。现在对面是谁啊，是夫人孙尚香。赵云怎么也不能说砍倒夫人，杀死船上这些侍女，然后自己驾船回荆州啊。跳水一走不行嘛？也不行啊，这怀里还抱着阿斗呐。你说赵云能不着急嘛？（155集）

张飞上船砍死周善后，原著中，张飞对赵云说：“若逼死夫人，非为臣下之道。只护着阿斗过船去罢。”袁三国中，变成了赵云暗示张飞：

张飞吓了一跳，他看了看赵云，赵云看看张飞，从

那个眼神之中可以看得出来，三将军，您可得慎重呐，虽
然说眼前站的这位孙夫人是嫂子，可是也有君臣之分呐。
（155集）

张飞鲁莽，赵云精细，这种改编更符合二人的性格。

汉水救黄忠

评书《三国演义》前后录制了五年半，在这么长的时间
中，袁阔成先生对三国的理解也在不断加深。前期，袁先生
还有些拘泥于原著，但到了中后期，袁先生对情节和人物的
处理就显得游刃有余了。拿赵云来说，长坂坡的故事虽然不
同于原著，但更多是受了京剧的影响，智取桂阳、截江夺斗
的故事也与原著大同小异。但到了汉水之战，袁先生的技艺
日臻成熟，在尊重原著同时，又有大量创新。

赵云与黄忠前去劫粮，黄忠过期不归，赵云前去接应。
原著中，形容赵云的枪法"浑身上下，若舞梨花；遍体纷纷，
如飘瑞雪"。袁先生在此基础上锦上添花：

只看赵云手中这条亮银枪这么一抢，这枪都使绝了。
怎么？那人舞枪，枪裹着人，真好似扳倒一座冰山，又像
栽下了一片枪林。那真是：一点眉攒二撩阴，三盘肘四分心，
五进步，六点头，七枪锁面，八枪蟒翻身。这条枪在赵云
手里使得是梨花飞舞，瑞雪飘飘，好似银龙搅海，长空闪电。
（184集）

这段文字韵律感十足，巧妙运用比喻和排比，让读者
有身临其境之感。赵云救出黄忠，左冲右突，所到之处，

无人敢挡。袁先生用了一个新颖的比喻：

> 打个比方，就像这现代化那鱼雷快艇行驶在海面上一样，赵云一到哪儿，这一下子，就一条白线儿，劈波斩浪，那水就纷纷往两旁翻滚。难得人家赵云将军，打得那么潇洒那么自如，在敌军万马军中围困着他好似身处无人之境。（184集）

曹操看到后大惊，问众将来者何人？有人告诉曹操此人是赵云。原著中，曹操感叹："昔日长坂英雄尚在！"袁三国中，曹操的反应既夸张又搞笑：

> "啊？"曹操一听顺着椅子一出溜。
>
> "怎么了怎么了？"两边儿赶快把魏王给扶住了，"您怎么回事儿？"
>
> 曹操一摆手，"不要紧不要紧，山风太凉，我这左腿有点儿发麻呀。"
>
> 旁边儿的这几个文武差点儿乐了，心说：大王哪儿是腿发麻啊，大概是腿肚子转筋，让人家赵云给吓的吧？我们魏王有点儿作了病了。
>
> 一点儿没说错，当年长坂坡的那形势今日又摆在了曹操的面前。曹操一听，碰上谁不好啊？怎么我刚到这儿就碰上赵云了？"哎呀呀！赵云赵子龙仍不减当年。"说到这他把大指挑起来，让左右看看。
>
> 两边儿文武纷纷点头："不错，确实不减当年。"说着把大指全挑起来。
>
> 曹操气得把袍袖这么一甩："嘿嘿唉！你们在夸奖何人？"

> 谁也没敢言语，心说：谁先挑的大拇哥呀？那不是您嘛。
>
> 对呀！曹操才明白过味儿来，咱们这儿夸谁呢？人家把咱们杀得这相儿，咱们还夸人家？不行！"待老夫亲自前往捉拿赵子龙。呃……切记，你等千万莫要轻敌呀。"
>
> 大伙儿都憋不住了。怎么回事儿？我说咱魏王这是嘱咐谁呢？是嘱咐咱们呢是嘱咐他自己呢？（184 集）

汉水之战经袁先生改编变得张弛有度，既紧张激烈，又充满趣味。

夷陵救驾

到了评书《三国演义》的后半部，只要赵云出场，袁先生都会着重描写，赵云的戏份因此大大增加。除了袁先生对赵云的喜爱，另一重要原因是因为三国后期英雄人物凋零殆尽，需要赵云这样有听众基础的人物撑场面。比如，刘备兵败夷陵赵云救驾的故事，原著几句话带过，但是在袁三国中成了 242 集的主角。

陆逊火烧连营七百里，刘备兵败夷陵，被朱然截住去路，危急时刻，吴军自乱，袁先生用了一个比喻形象生动地形容了吴军的狼狈：

> 刘备举目往对面这么一看，只见江东那些军马是人仰马翻，看得清清楚楚的，那个吴兵就像是那水波浪儿似的往四外直翻，还有好多纷纷落涧，就像往锅里扔饺子似的，噼嗤啪嚓地就往那山涧里掉。（242 集）

刘备不知道怎么回事，朱然也很纳闷：

> "啊？这怎么了？难道说我手下的军校都喝醉了？不可能啊。只是身边带点儿干粮根本没带酒葫芦。那怎么全掉山涧里去了？"（242集）

观众听到这里，肯定也想知道吴兵究竟怎么了。袁先生仍不直接写赵云，而通过朱然的惊慌反衬赵云：

> 朱然"啪"调转马头这么一看，他也差点儿掉山涧里去。怎么回事儿啊？借着灯笼火把他看得很清楚。在这万马军中有一杆大纛旗是迎风飘摆，素白缎色的红飞火焰儿，上绣天蓝色的几个大字：常山赵。"啊？"朱然呐就觉得这脑瓜子咯嘣地一下子，浑身唰地的一下一盆凉水泼到头上似的一样由打头顶直到脚跟全凉了。就一看大纛旗就把朱然吓这样？这就叫人的名儿，树的影儿。（242集）

接下来，袁先生用了大段篇幅叙述赵云从何而来：

> 为什么赵云现在才出来？他怎么一直没参战？嗨，刘备御驾亲征起大兵七十五万，兵发江东的时候，不是当时传旨让赵云总后合嘛。就让他压后阵。另外叫他督压粮草。赵云呢，就扎兵在江州。这个江州就是现在的重庆。赵云给忙得个不亦乐乎。你想想刘备去这么长时间，取不下东吴来，他这七十多万人马得吃，人吃马喂得往上运。那时候那运输得多困难，从水路不方便，得多少条船。由旱路走？那不像现在，公路一修多少多少万公里，那时候那山区小路羊肠小道，有的连马都过不去，所以往上运粮很困难。就算是赵云，换别人刘备前方早就断了炊。那赵云真

是一员忠心耿耿智勇双全的虎将。……赵云那真是搁哪儿
是哪儿，放到哪儿都放光，搁到哪儿都叮当响。运粮一点
儿埋怨没有，就给筹划粮草，也甭管花多少心血费多大的
力气吧。（242集）

朱然见到赵云，不知所措，被赵云一枪刺死。袁先生对
朱然的心理还有一段描述：

今天这仗都打出笑话儿来。怎么打出笑话儿？朱然
就瞪着眼瞅着赵云这枪往自己这心窝里扎。什么原因呢？
他那儿合计：这枪可是赵云的枪，我能往外拨嘛？我能拨
得动嘛？别说我，当年曹操手下那些虎将哪个是赵云的对
手啊？不客气点儿说，现在蜀魏吴三国的猛将，哪个能战
得过赵云呢？就凭我朱然？你说我今儿个要让他把我挑
了……哪儿有工夫儿合计这个呀？那赵云在马上一欠身，
俩脚一用力踩住双蹬大叫一声，一枪就把朱然给挑下马去
了。（242集）

刘备一把拉住赵云的手，悲喜交加：

可见了亲人了，二弟关羽死了，三弟张飞也完了，就
是四弟子龙。子龙是自己患难之友啊，在自己最不行的那
时候，没地盘儿，没人马，被人看不起的时候，赵云就保
着刘备。同时呢，还是每次都是在刘备最危急最困苦的时
刻，都是这位四弟子龙前来搭救……今天，刘备确实是很
难过。常言说得好，人在难处想宾朋啊，分什么样儿的宾朋，
赵云赵子龙这样的忠臣良将不可多得。（242集）

生擒祝融夫人

在原著中，赵云全程参与了七擒孟获，但并没有什么突出的表现。袁三国中，设计了赵云生擒祝融夫人的情节。

一见到赵云，祝融夫人便心生爱慕之意：

> 看蠹旗下有一员将银盔银甲，胯下粉顶白龙驹，手提亮银枪。只是这位上了几岁年纪，颌下须髯飘洒。催马到了阵前，拧枪立马往这儿一站。祝融夫人一瞧，呦！傻了有点儿，怎么了？"这位将军怎么这么威风啊？唉呀，现在看来是上几岁年纪，这位将军年轻的时候啊该是多么的气派呀。"这位祝融夫人是越看越爱看，上下一个劲儿地打量赵云，把子龙看得直发毛。（271集）

赵云报过名号后，祝融夫人才知道这是赵云，感叹：

> 我说这位将军这么英俊，这么威风，敢情是刘备刘玄德手下五虎上将之一，赵云啊。唉呀——这名字太响亮了，也可以说自己在家做姑娘的那时候就听说了，中原有一位赵云赵子龙，听说此位辅佐刘备从没打过败仗。（271集）

两人交战时，赵云躲过祝融夫人的飞刀，使出"龙探抓"生擒祝融夫人。

力斩五将

诸葛亮第一次北伐，赵云请令，袁先生对老年赵云有个外貌的描写：

> 看这位老将，发似三冬雪须如九秋霜，鹤发童颜。别

看眉毛头发胡子全白了，可是看那张脸还是那么红扑扑粉嘟嘟的。唉呀！这老将军真精神呐！谁呀？赵云赵子龙。（280集）

对阵韩家五虎时，又通过对手写赵云，韩琪见赵云老当益壮大吃一惊：

怎么回事儿？我在没到这儿之前我就听说了，说赵云呐，都七八十岁了。我琢磨着这员将在马上还不得拄个拐棍儿啊。嗨，在马上拄拐棍儿倒不一定，反正也得是佝偻着腰，呃，老得不得了了。怎么这么精神呢？他那胡子不是假的呀？不是粘上的？不能。是原来那样儿的。唉呦！跟小伙子一样一样的。（281集）

在与韩德四子交战时，袁先生重点刻画了赵云的大将风度：

韩瑛一想我问问吧："唉，对面老将，通个名姓，哼，你家韩将军戟下不死无名辈。"就你没名没姓的我还不拿这方天戟挑你呢。

赵云这么一听，这员小将的口气不小啊。"呃，娃娃。"娃娃呀？可不是娃娃嘛，你才多点儿年纪。"你是什么人。"

"我乃韩瑛是也。"

"哦，听说过。西凉大将韩德的长子。你问我呀，我乃赵云赵子龙。"怎么没嚷嚷？用不着嚷嚷啊。他一小孩子我跟他喊什么呀，我要把他吓着呢？（281集）

确定是赵云，韩瑛拧方天戟就刺，把他所有的本领全使出来了，准备跟子龙大战百回合，但是：

> 　　哪儿能打得了一百回合呀。这位韩瑛韩大少啊，在赵云的马前只走了三个回合，子龙还真不忍得把他挑死，但是这是两军作战呐，没办法呀，谁让你自来送死呢。赵云两臂一攒力，"噗"枪把这韩瑛给挑于马下。（281集）

　　见大哥被杀，韩家三兄弟一起上阵，哥儿仨打赵云一个，赵云从容不迫：

> 　　哥儿仨铆足了全身的力气各自使出浑身的解数，把所有学的那本领全用出来了。打了没有十几个回合，这哥儿几个偷眼一看人家赵云呐，是气不涌出面不更色，枪法一点儿没乱。迎敌这三员将，嗨，好像不是在打仗，真是老叟戏顽童，在这儿游戏呢。（281集）

　　不多时，韩瑶被赵云一枪刺死。韩琼见马上打不过赵云，摘弓搭箭，连着赵云三箭。赵云不慌不忙，使了个"拨云见日"，将三支箭打飞，反摘弓射韩琼：

> 　　子龙微微一笑，哦，要比比箭法呀。好哇，那我也让你知道知道你家四将军的箭法如何。想到这儿，一抬手就把弓摘下来，人家还不挂枪，枪还在手里头这么擎着，还要开这弓放这箭。（281集）

　　赵云一箭正中韩琼咽喉，韩琼当场毙命。韩德四子就剩下韩琪了，韩琪找赵云拼命，要给他三位哥哥报仇。赵云赤手空拳生擒韩琪：

> 突然间子龙一抬手，把手里的枪扔了。这下把这韩琪吓一跳……"看叉！"哗楞——他一拧这五股托天叉，就奔赵云刺来。子龙在马上轻轻这么一扭身，唰啦一下儿，把那叉的叉头给让过去了，两臂一伸整打到这个韩琪的手上。"唉哟！"韩琪就觉得这左胳膊这么一发麻右手一颤，差点儿把这叉给撒了手。就在这同时，子龙一探身，嘭的一下子，就由打马上把这韩琪就给抓起来。……啪！往地上这么一摔，捆绑手过来就把韩琪给绑上了。（281集）

第二天，赵云又用一招"蛟龙入海"刺死韩德，韩家五虎都死在赵云之手。

箕谷退兵

原著中，箕谷退兵的篇幅并不长，但在袁三国中几乎占了一集的时间。袁先生并没有增加额外的情节，只是通过苏顒、万政、郭淮的恐惧来反衬赵云。

蜀军都撤退后，赵云命邓芝打着自己的旗号先撤，自己断后。邓芝刚走，魏军副都督郭淮派先锋官苏顒追赶。临行前，郭淮提醒苏顒提防赵云，苏顒虽惧怕赵云，在郭淮面前夸下海口：

> 苏顒笑了，他心想，赵云这时候肯定跟着诸葛亮已经回了汉中啦。那样的大将啊，他一时一刻也离不了，哪儿能在这儿啊。我得呀，吹两句大的让他听听。"您放心吧，我要见着赵云，准把他生擒活拿，回来交令。"（294集）

苏顒带着五千精兵追赶蜀军，正遇到打着赵云旗号的邓

芝。苏颙一看到赵云的旗号就傻了,追吧,又怕赵云,不追吧,对郭淮又无法交代。他灵机一动,想了个主意:

> 干脆,我由西边儿那山头儿那儿绕过去,我走个岔道儿。也就是说,给您赵云将军闪闪路,咱们两便吧,对!"来,由这厢追赶。"手下军校没明白。怎么?放着这大道不追怎么转着弯儿追呀?哪儿有画圈儿追敌军的?嗨,兵听将令草听风,追就追吧。他们就奔这边儿绕下来了。(294集)

不巧的是,苏颙刚刚绕过山环,就遇到了横枪立马的赵云。苏颙还没明白怎么回事,就被赵云一枪挑于马下,魏军也连滚带爬逃命而去。郭淮又派副先锋万政追赶,万政虽不情愿,但只得答应。赵云见到万政,不愿与他纠缠,故意射中万政头盔,吓得万政跌下马来。赵云上前,询问万政,万政惊慌失措,敌我不分:

> 赵云告诉万政:"魏将听了,我饶你一条性命。我来问你,后面大队人马由什么人率领?"
> "啊,启禀将军,是我家副都督郭淮。"
> "赶快回去,告诉郭淮,让他来迎战。"
> "啊,遵令。"嗨……万政一想全乱了。怎么?我怎么跑赵云这儿遵令来了。这都哪儿跟哪儿啊?(295集)

万政感谢赵云不杀之恩,回去禀告郭淮,之前大言不惭的郭淮,真遇到赵云立马成了缩头乌龟:

> 郭淮把手里令旗这么一摆,"休得前进。"他把人马扎

到那儿了，别追啦，太瘆人啦。一个郭淮？仨也不行啊。
"哼！"自己得给自己找个台阶儿，"待到天明之后，再追
拿那赵云也不迟。"万政冲他点了点头哇，真没敢乐。心说
我们这都督太高了。听说前边儿有赵云，不要紧，在这儿
等着他，现在不是天刚黑嘛，等一宿再追他。再追呀？人
赵云早就到了汉中了。咱这儿等着吧！（295集）

　　赵云回到汉中，未折一人一骑，诸葛亮率文武出城迎接，
见赵云的军马整肃，袁先生有一大段描述：

　　你看：那长枪手、短刀手、弓箭手，一排排、一列列、
一行行，旗帜鲜明，盔明甲亮，一个个精神百倍，耀武扬威。
还全都尚武精神，跟刀裁的一样那队形，倍儿齐，介哪儿
边儿看哪儿边儿是一条线儿。
　　再看：正当中一匹马，马上端坐的就是赵云。浑身上
下连个土星儿都没有。盔呀、甲呀、战袍呀，还是那么干
干净净、利利索索的。邓芝就在赵云的旁边儿是并马而立，
挺胸齐坐在鞍桥之上。
　　……
　　再往后看：那车辆，一辆挨着一辆，帐篷是帐篷，粮
草是粮草，全都在车上打得捆得整整齐齐。不单自己东西
没丢，还得来不少曹魏军的战利品。（295集）

赵云谢幕

　　原著中，第二次北伐前夕，诸葛亮大宴群臣，商议出师，
忽然来了一阵大风，把庭前的松树吹折。众人大惊，诸葛亮
袖占一课，课上说此风主损一大将，诸将不信。但酒宴间，

赵云之子赵统、赵广前来报丧。这段内容涉及封建迷信，袁先生删除了占课的情节，重点交代赵云因病没能前来，大家都很挂念：

> 众将都来了，唯独缺一员大将。谁呀？就是那位赵云赵子龙。子龙怎么没来呢？老将军赵云闹病。……老将军冒染风寒，他的身体好一好坏一坏，诸葛亮是十分挂记，众将也特别地惦念。诸葛丞相不止一次派人前去探问。今天，武将聚集，唯独没有赵云，大家这个心情都不大愉快。众人也看得出来，丞相诸葛亮也同样。虽然赵云将军没来，还是把杯筷匙箸一切等项都摆在那儿了。在丞相诸葛亮的上垂首单设一席，这是赵云将军的。大家一看这席酒，心里更觉得不是滋味儿。（300 回）

这个改动非常合情合理，既表现了赵云在蜀汉的重要性，又为赵云病逝做了铺垫。正准备开席，有中军禀报赵云之子赵统、赵广前来求见，诸葛亮和众文武大惊，袁先生这里有一段细节描写：

> "啊？"诸葛亮听到这儿这个手这么一哆嗦，那酒杯里面儿的酒几乎洒了有半杯。就这一声报，这大帐里边儿当时"咔嚓"地这么一下子，怎么了？一点儿动静都没有了。好多人那个酒杯已经沾唇了，就像当时有一股子什么法术似的，一下子这酒杯就停到了口边，这酒就没往嘴里喝。你再仔细看，不仅诸葛亮丞相那杯酒洒了有一半儿，好多人那手都在发抖。（300 回）

赵云二子披麻戴孝进入大帐，禀告父亲赵云病逝，众文武大哭，诸葛亮感叹："国家损一栋梁，吾去一臂也！"吩咐赵统、赵广前去成都禀告后主刘禅。

原著中，赵统、赵广到成都直接见到后主，后主大哭，厚葬赵云，这段故事就结束了。但在袁三国中，增加了很多细节。赵统和赵广到成都并没有顺利见到刘禅，当时刘禅正在饮酒听歌，后主宠信的宦官黄皓听说有人报丧，觉得会扫了刘禅的兴，没有让赵云二子见刘禅。此时，费祎正好赶到，见此情景大怒，直接闯进宫中，把赵云病逝的消息告诉刘禅。

经过袁先生的铺垫，听众肯定觉得没心没肺的刘禅不会在乎赵云。但是，出人意料的是，刘禅听到赵云病逝号啕大哭，袁先生讲道：

刘禅听说老将军赵云死了，当时他是放声大哭啊。他哭得这伤心喏，是顿足捶胸。由放声哭到号啕大哭，简直都要到了撒泼打滚地哭了。哭得他两边的一些侍臣还有些宫娥彩女全都吓傻了。陛下这是怎么啦？有的人自从进宫来就见这刘禅，一天到晚就是那么笑呵呵的。甭说这位陛下哭，连发愁时候都没有，总是那么高高兴兴乐乐呵呵的……他没哭过啊，今儿这是怎么了这是？哭得这伤心呢，谁劝也劝不住哦。唉呦，难怪有些人有点儿发呆，大家在想，先主刘备死了，你说他作为长子这刘禅该不该伤心呢？看他出成都接灵的时候也挺伤心，包括守灵在内，还没见他哭得这么伤悲。（300回）

黄皓来劝刘禅，刘禅一把推开黄皓，说没有老将军赵云就没有他的今天，赵云是他两次活命的恩人。袁先生评价刘禅：

> 刘禅这是真哭。怎么呢？赵云两次救过他的命。今天
> 说赵云赵子龙将军死了，刘禅还真有点儿动了心了。你别
> 看他糊里糊涂、马马虎虎，但是他还没忘了这恩人赵云。
> （300 回）

这也是整部评书中袁先生唯一一次正面评价刘禅。原著中，刘禅下诏追赠赵云为大将军，谥封顺平侯，并建立庙堂，四时享祭。袁先生在保留这些情节的基础上，又增加了刘禅前往汉中为赵云送葬的设定：

> 当刘禅听说赵云死去这个消息，他怎么不放声大哭。
> 他一边儿哭着一边儿说，他说什么呀？说："老将军赵云不
> 单单是救过朕我两次命，赵云老将自从辅佐先帝以来功勋
> 卓著，尊奉守法。际遇危险，单枪匹马纵横敌阵，一身是
> 胆，千古英雄。他当阳救过主，称得起是忠心报国青史留名。
> 朕要亲自为子龙老将军送葬。"（300 回）

无论在演义还是评书中，刘禅都是一个庸主。袁先生反用这个形象，让一个糊里糊涂、马马虎虎的人都感念赵云，更显出赵云的可贵。

对赵云的评价

所谓评书，不光说书，还有点评。一个好的评书演员，不应该只是评书故事的复述者，更应该是一位专家学者，能够准确客观地评价所讲人物，批判丑恶，弘扬正气。在评书《三国演义》中，袁先生多次评价赵云。

智取桂阳，赵云拒娶樊氏，袁先生评价：

> 子龙几句话说得是激昂慷慨，正气凌人啊。在场文武无不竖指称赞，我家子龙将军，真是一位智勇双全盖世英雄也。（123集）

赵云多次保护刘备或诸葛亮去龙潭入虎穴，比如刘备南徐就亲、诸葛亮柴桑吊丧，袁先生评价到：

> 怎么有事儿一出门儿就带赵云呢？这样的人物谁都爱带。人家有勇有谋，胆大心细，长得也漂亮，把那事儿想得也周到，而且不论干什么事儿都有理有节，不卑不亢，所以招人喜欢。可对赵云来说，是哪档子差事也不轻松。那次南徐就亲保的是主公刘备，这次柴桑吊孝保的是军师诸葛亮。这要出点儿毛病那还了得。（139集）

刘备占领益州，欲将成都田舍赐给诸将，赵云劝谏，袁先生借刘备之口评价：

> 这员将太可爱了，跟着我出生入死这么多年，不论遇上什么样的风险打什么样的恶仗，眉头都没皱过。在曹操百万军兵之中救了阿斗，跟着我南徐就亲担了多大的风险啊？而且人家从来没和任何人争过功，金钱美女面前没动过心啊。真是一位任劳任怨、忠心耿耿、文武双全难得的大将。（169集）

刘备为关羽报仇，东征孙权，赵云阻谏，袁先生借众文武评价：

> 赵云将军这番话真是金石之言掷地有声，说得两边儿的

> 文武是点头称赞，赵云将军这话说得太好啦。大家钦佩，钦佩赵云，有好多人不由自主地在袍袖之中挑起了大指。难得这位上将军啊，文武全才是有勇有谋。不用说原来跟随刘备进川的这些老臣，就是说原有西川的这些位光听赵云这名字没见过这个人的，都很称赞赵云，但不知道此人到底有多大的本领，多大的才学，今儿个听这一说全都佩服得是五体投地。（224集）

赵云病逝后，袁先生整整用了一集（300集）回顾赵云一生。整部评书，有这个待遇的，除了赵云只有演义三绝：关羽（216集）、曹操（220集）、诸葛亮（342集）。

袁先生首先评价："赵云称得起是一位智勇双全的大将，不但有勇，而且有谋。赵云他这一生是令行禁止，一身是胆，不为财色所动。"并回顾赵云的一生来论证。

袁先生用长坂救主等故事论证赵云一身是胆，用力斩五将等故事体现赵云的勇，用劝谏伐吴等故事体现赵云的谋，用江东就亲、截江夺斗体现赵云智勇双全。

体现令行禁止，袁先生回顾了赵云在汉中辅助黄忠、在江州督运粮草、在箕谷断后退兵，并评价说：

> 赵云这个人呐，别看身为五虎将，上将啊，但是他从没有挑拣过，让他干什么他干什么。让他作先锋官，就当先锋官，让他作副将，就作副将，押粮运草就押粮运草。什么事儿我也不给你耽误。做开路先锋，逢山开路遇水叠桥；让督挡后阵，就最后剩一个军卒不撤走，我赵云也不撤。（300集）

袁先生用拒娶樊氏、拒领田舍、拒受金帛体现赵云不为财色所动，评价赵云品德十分高尚：

> 他不管跟谁，你就是上将军，他也是这么客气，对下边儿的士卒，也是那么和蔼。赵云跟谁从不抢功，没跟谁争过一次功。说这个给多了，我这儿给少了，怎么表彰他了没提我，一次这事儿也没有。不管是哪位将校，谁立了功，赵云都跟着高兴。你要是不如我，我也绝不小瞧你。这人的品德是非常之高尚。（300集）

评书《三国演义》播出后，出于个人的喜爱和观众的要求，袁先生又撷取《三国演义》中有关赵云的故事，在中央人民广播电台播讲了一部以赵云为主角的评书《长坂雄风》。这部书中，改动最大情节是赵云最终接纳了樊氏夫人，引起了不小的争议。后来，袁先生又根据录音将《长坂雄风》改编成四十回评书小说《赵子龙》，书名由王震将军题写。

3.张国良评话《三国》中的赵云

三国作为一部大书，出现了很多专门说三国的说书艺人，风格流派也各有不同。按地域划分，形成了以北京、天津、辽宁为代表的北派三国和以苏州、扬州、杭州为代表的南派三国。北派三国说书人个人再创作的因素相对较少，情节安排上显得拘束、严谨，更倾向于"学者化"；南派三国说书人个人再创作的因素比较多，情节安排上显得天马行空、不受约束，更倾向于"平民化"。

在南派三国中，苏州评话艺人张国良的艺术成就最高。传统评话只讲前三国，重点讲博望、新野、赤壁三把火。张国良其父张玉书在前人的基础上，穷毕生精力，苦心创作了苏州评话所特有的一百回西川书，又创作了东川书、荆州书、彝陵之战、七擒孟获、六出祁山、秋风五丈原等后三国故事，将评话三国拓展到三百六十回，可说整整一年。

张国良

张国良自幼随父张玉书习说评话《三国》，十三岁即登台演出。他的表演擅长说表，思路清晰，语言生动，善于组织关子，安排开打，起脚色，评点与衬托等艺术处理也能运用得当，青出于蓝而胜于蓝。1983 年起，张国良开始整理编写评话《三国》演出本，原计划写完二十卷，分《前三国》与《后三国》。《前三国》八卷，自"关羽降曹"始，至"卧龙吊丧"止；后《三国》十二卷，从"张松献图"起，到"五丈原孔明归天"终。但后来因为身体况状只出版了《千里走单骑》《三顾茅庐》《孔明初用兵》《长坂坡》《群英会》《草船借箭》《火烧赤壁》《三气周瑜》《张松献图》《孔明进川》《义释严颜》《袭取成都》《兵伐东川》《水淹七军》十四卷，约二百万字。

张国良先生非常喜欢赵云这个人物，用了大量笔墨刻画赵云。

赵云出场

《千里走单骑》十七回，赵云第一次出场，受元杂剧中赵云"幼年贩马走西戎"的影响，张国良先生也把赵云的身份设定为一个马贩。

赵云路过卧牛山，有喽啰报告裴元绍，说来了一个"小小的马贩，身材矮小，像面白书生。"裴元绍心生歹意，欲夺赵云之马，下山一看：

> 见山下果真有着五六十名马夫，带着三百多匹马，为首的一个马贩，确是像一个大孩子一般，浑身武生打扮，手中抱一条一丈二尺长的鼠白烂银枪，见他胯下一匹马，

> 浑身毛片雪白，在马头之上有着像碗口大小一撮毛片，血喷大红的颜色，此马名谓"鹤顶龙驹"马。

《三国志》中赵云"身长八尺，姿颜雄伟"，《三国演义》中赵云"身长八尺""极其雄壮"。但在张三国中，赵云变成了白袍小将，这可能是因为书中将赵云设定为巧将，巧将要小巧玲珑一些。

所谓鹤顶白龙驹，是因为此马"浑身毛片雪白，在马头之上有着像碗口大小一撮毛片，血喷大红的颜色"。鼠白烂银枪"前七后三，合抱两尺"，"手中抱一条杆长丈二尺，锋开五指阔，红缕随风飘，钻子葫芦式，鼠白烂银枪，枪上无三合。"

张先生接着对赵云作了一番介绍，并说明了他贩马的真正目的：

> 岂知这个马贩不是别人，便是《三国》中第一条名枪，此人河北常山人氏，姓赵名云，字子龙。赵云本是公孙瓒手下的一名战将，如今公孙瓒过世以后，赵子龙名义上出来贩马，实际上他是要找寻刘备。因为早在刘备徐州助陶谦的时候，为了曹操攻打徐州，刘备与公孙瓒乃是老友，所以向他借过赵云，在前《三国》中就有这样一段书，其书目就叫《借赵云》。

张三国是从关羽千里走单骑的故事讲起的，前文并没有"借赵云"的故事，所以在这里做了个补充。

对于赵云是"三国第一条名枪"的说法，后文书也多次提及，《长坂坡》十二回：

今日挑枪王，日后吓退枪祖宗，确有此佳谈。总之，三国中用枪的人，赵云首屈一指。

《袭取成都》第六回：

一代枪祖宗在金雁桥被赵云吓退，从此成为佳话，长坂坡枪挑枪王，金雁桥吓退枪祖宗，成了名副其实的第一名枪。

《兵伐东川》第八回：

但马超勇而无谋，不及赵云有智，故而天下第一名枪赵云当之无愧。

在所有张三国的武将中，赵云也是数一数二的人物，《长坂坡》第五回：

并非说书的故意把他说得好，子龙确实是三国中数一数二的名将，非但战法精通，武艺超群，而且聪明灵巧。

《三国演义》中，第一武将非吕布莫属，但在张三国中，吕布不如赵云甚至不如马超，《取成都》第八回：

三国之中出吕布，吕布哪有马超好，马超不及子龙巧。

那么赵云到底是数一还是数二呢？客观地说，赵云应该是第二武将，第一武将是独战十虎的黄须儿曹彰，《兵伐东川》十六回：

旗门下的孔明知道事态严重，恐严颜有失，迅速挥舞羽扇，传令所有虎将一起上前助阵。顷刻间，向宠、张飞、赵云、马超、黄忠和阳群、张苞、王平、马岱一起拥了上去，将曹彰团团围住在核心。连严颜在内，十虎将一个也不少，名谓"十虎大战黄须儿"。

不过，在与曹彰的单挑中，赵云点到为止，曹彰心中暗服，赞叹赵云的法之妙可称为天下绝无仅有的，是他有生以来还未曾遇到过，也没看见过的。

长坂救主

《三国演义》原著中，长坂坡的故事只有半回，但在张三国中却是整整一本大书，共 15 回：

评话《长坂坡》

第一回：诸葛亮江夏借兵 张翼德代理军师

第二回：保子民刘泌殉难 战曹将玄德遇险

第三回：张翼德两次救驾 赵子龙初冲当阳

第四回：施计谋枪挑高览 舍生死相救主母

第五回：张飞镇守长坂桥 赵云二冲当阳道

第六回：放暗箭自伤二命 车轮战夺槊三条

第七回：一银枪猛刺曹操 九节鞭怒打徐晃

第八回：荐幼子王德自刎 托小主糜氏赴井

第九回：擦肩夺取青釭剑 劈面枪挑赛猿精

第十回：宛城侯讨令出战 赵子龙面临大敌

第十一回：吞枪吐挑胡车儿 探枪巧破百鸟枪

第十二回：蛇盘枪立挑张绣 赵子龙威震汉阳

第十三回：砍大旗怨恨国贼 陷马坑将军脱险

第十四回：赵子龙救主回营 张翼德拒水断桥

第十五回：刘备被困汉江边 关羽独挡汉津口

在原著的基础上，张先生增加了很多细节。比如，第四回，张先生用一大段文字描绘赵云的穿戴：

头戴一顶前护额，后披肩，双凤翅，叉银尖，抵刀枪，挡锤鞭，名工打就的冲天白银盔——盔缨鲜艳。

身披一件金丝绕，银丝绣，十八扎，九吞头，甲拦裙，吊金钩，巧匠制成的锁子白银甲——威风抖擞。

腰中拴一根金镶边，白玉嵌，挺刮牢固的狮蛮带，紧身鞯。

肋间束一条千丝织，万丝绞，柔软坚韧的勒甲绦。

胸前佩一块放光华，耀眼睛，小巧玲珑的护心镜。

外面罩一件蜀缎锦，如月皎，合体配身的白战袍。

左边悬一口斩蚊龙，戳猛虎，削飞箭，劈车铜，切金玉，断毫发，三尺纯钢龙泉剑；再缠一很金绞节，银绞节，节节如飞链，打虎将，击勇夫，九节镔铁紫金鞭。

右边挂一张胜潘党，赛养叔，七尺铁胎宝雕弓，其弓声洪赛如钟。

飞羽袋中插三支可穿杨，能射雁，百发百中狼牙箭。

足蹬一双铜包头，铁包跟，翻得山，越得岭，虎头云跟靴，踹在金镫。

跨下一匹行千里，走八百，追阵风，赶日月，鹤顶白龙驹，雄壮体魄。

手中抱一条杆长丈二尺，锋开五指阔，红缕随风飘，钻子葫芦式，鼠白烂银枪，枪上无三合。

这正是：威风凛凛敌胆惊，杀气腾腾神鬼怯。出枪曹将马溜缰，驰骋疆场战技绝。

——好—个常山无敌英雄将！

张先生用贯口的形式，把赵云的盔、甲、带、�、绦、镜、袍、剑、鞭、弓、箭、靴、马、枪，一口气说出来，很考验演员的功底。想必，当年张国良先生表演这段贯口时会获得满堂的喝彩。

对于《三国演义》中的一些情节，张先生也做了富有想象力的改编。夺取夏侯恩青釭剑一幕，原著交代，曹操的两口宝剑一名倚天，一名青釭。而在张三国中，一名巨阙，一名青釭。青釭剑"吹毫断发，剖金切玉，削铁如泥，剑光到，头落地，杀人不见血"。青釭剑长三尺六寸半，比一般的剑长六寸半，普通的剑匣装不下。刘备为感谢赵云救主之功，特意打造了一个剑匣。剑是曹操的，匣是刘备的，两位英雄联手打造，真是稀世之宝。

原著中，赵云落入陷马坑，"忽然一道红光，从土坑中滚起，那匹马凭空一跃，跳出坑外"，"张郃见了，大惊而退。"张三国用青釭剑巧妙地解释了红光是怎么来的：

> 赵云从陷马坑中跳出来的时候，幸好手里舞着青釭宝剑，在已经偏了西的阳光中闪出了看上去是那样一道金光。曹兵曹将以为是"天子气"，因此大家都士气不振，意志涣散。

糜夫人投井的情节，前文我们分析过，原著中没有交代赵云的反应，给人赵云见死不救的错觉。袁阔成先生在评书中，改为糜夫人谎称曹兵出现支开赵云。而在张三国中，是周围百姓喊曹兵来了，赵云前去抵挡，糜夫人趁机投井。

《三国演义》中，长坂坡一战"赵云怀抱后主，直透重围，砍倒大旗两面，夺槊三条；前后枪刺剑砍，杀死曹营名将五十余员。"张三国中，精确到了五十四员。其中，有名有姓的40多人。

序号	姓名	结果
1	河北"四庭柱"之高览	被赵云用枪刺死
2	曹营之"羊"杨明	被赵云用枪刺死
3	曹营之"猪"朱慈	被赵云用枪刺死
4	曹营之"牛"牛贤	被赵云用枪刺死
5	头营守将高平	被赵云用枪刺死
6	头营守将高槐	被高平用锤误杀
7	二营守将晏明	被赵云用枪挑死
8	二营守将晏腾	被赵云用枪钻打死
9	河北"四庭柱"之张郃	被赵云击退
10	八虎将之一曹洪	被赵云用枪刺伤
11	三营守将"赛养叔"曹成	被曹顺用箭误杀
12	三营守将"盖潘党"曹顺	被曹成用箭误杀
13	四营守将河北"正梁"韩琼	被赵云击退
14	"转天龙"王雄	被赵云用枪挑死
15	"入地蛟"王飞	被赵云用枪钻打死
16	淳于三兄弟之淳于琼	被赵云用枪钻打死
17	淳于三兄弟之淳于安	被赵云用枪刺死
18	淳于三兄弟之淳于普	被赵云用枪刺死
19	"无敌将"徐晃	被赵云用鞭打伤
20	"金枪将"文聘	与赵云有旧，赵云伪败
21	背剑官夏侯恩	被赵云用青釭剑杀死
22	赛猿精	被赵云刺中逃走
23	公孙王	赵云枪挑石牌楼将其压死
24-33	辕门十将	被赵云用枪挑死
34	张绣马前步将胡车儿	被赵云用枪挑死
35	"北地枪王"张绣	被赵云用七探龙盘枪刺死
36	"虎痴"许褚	被赵云用枪钻打伤
37	二虎将张辽	被许褚的血喷到
38	八虎将之一曹洪	被赵云吓退
39	守旗将焦触	四将合战赵云
40	守旗将张南	四将合战赵云
41	守旗将马延	四将合战赵云
42	守旗将张顗	四将合战赵云
43	上庸守将钟缙	被赵云用青釭剑杀死
44	望陵守将钟绅	被赵云用枪刺死

张三国有很多原创情节，这虽然丰富了故事的内容，但也造成了有些情节与原著明显相悖。比如高览，原著中，他早在汝南就被赵云杀死了，而在张三国中他在长坂坡却又出现了。

在这54人中，包括徐晃、许褚这样的名将，但实力最强却是张绣。原著中，张绣并没有任何单挑的经历，但在张国良先生口中他却是"北地枪王"，一招百鸟朝凤枪天下无敌，曾在宛城刺杀典韦。在另一位评话大师汪雄飞的《血战长坂坡》中，赵云与张绣都是山西定峰山镇阳寺洪慈长老的徒弟，大师兄是西川大都督张任，张绣是二师兄，赵云是关门弟子。

赵云用自创的蛇盘七探枪破了张绣百鸟朝凤枪，将张绣刺死。蛇盘七探枪中的七条蛇分别是土灰蛇、腾蛇、白蟒、蟮蛇、蝎蝎、两头毒蛇、斑斓。使用时，还有一个口诀：

> 草中窸窣有声喧，探出土灰蛇一盘。
> 腾蛇展翅刺左占，白蟒翻身扑面蹿。
> 蟮蛇有胆腰间刺，蝎蝎舞爪石缝钻。
> 两头毒蛇双吐舌，斑斓赤练目光炫。
> 此枪名谓蛇盘七探，凭尔英雄——性命捐！

张先生说，蛇盘七探枪赵云一生只用过一次半。长坂坡破张绣用了一次，还有半次是在赵云夷陵救驾时，用了"一条蛇"枪挑番将沙漠王。这个说法其实并不准确，赵云在西川吓退张任时，也用了蛇盘七探枪。

蛇盘七探枪是赵云观察蛇捉鸟时悟出来的，蛇一共蹿了七次，所以叫蛇盘七探枪。赵云还有一路枪法叫鹰猴枪，是通过观察鹰捉猴时悟出来的，在博望坡的时候用这招刺死了韩浩。

长坂坡一战，赵云不仅展现了刀枪之技，还展现了舌辩之才，面对曹操，赵云列举其十大罪状：

罪状一：挟天子以令诸侯；

罪状二：带剑上殿，立而不跪；宫门驻重兵，圣天子身被牢笼；

罪状三：杀国舅，绞皇后；

罪状四：许昌围猎；

罪状五：三拷吉平；

罪状六：杀吕伯奢全家；

罪状七：白门楼斩陈宫，恩将仇报；

罪状八：打徐州，发掘坟墓；

罪状九：杀孔融，害忠良；

罪状十：战宛城，奸淫寡妇；

曹操听完，羞愧万分，赵云利用这个机会，险些刺死曹操。

在民间，一直有赵云是刘关张"后续四弟"说法，张国良先生给出了这种说法的来由：赵云突出重围，将阿斗交给刘备，刘备摔孩子，说："为了你这狗头小儿，竟连累我家四弟子龙，要你何用！"从此，赵云正式成为刘备四弟。

南徐保驾

读《三国演义》时，我们觉得诸葛亮特别爱用赵云，但书中并未明说。张国良先生在赵云保护刘备南徐就亲的故事中明确了这点，《三气周瑜》一书第六回：

这次赵云陪同刘备过江成亲，到明年周瑜气绝而亡，又跟着孔明去柴桑吊丧，他简直像个"吃穿老兄弟"，婚丧诸事都有他的份。《三国》中的赵云确实是个精明能干的人。所以，数十年中孔明最重用他。

袁阔成先生的评书《三国演义》中，乔国老见到赵云，对赵云的相貌有大段描写。非常巧，张国良先生在评话《三国》中，吴国太见到赵云，也对赵云相貌进行了一番描述：

国太眯着慈目对下面一看，只见这只面孔更比刘备俊俏几分：剑眉虎目，正鼻阔口，两耳福福，有棱有角，真个是细皮白肉，冰肌雪肤。银盔白袍，粉底战靴；英姿勃发，一表人才。个儿不高，却小巧玲珑，逗人喜欢。

吴国太甚至想再生一个女儿嫁给赵云：

吴国太见此标致的面庞嗔中含喜，更是看出了神，暗暗怨恨自己，只怪自己的肚皮不争气，一世只生了一个姑娘。要是再有一个千金，那就死而无憾了：一个嫁皇叔，一个配白脸小将。

看到这里，我都觉得吴国太要改主意，将孙尚香嫁给赵云。

截江夺斗

截江夺斗的故事发生在《张松献图》一书中，这时候赵云已有了胡须：

> 马上坐着一员大将，银盔银甲。生一个"同"字脸，两条剑眉，一对虎目，鼻正口方，两耳有棱有角，腮下三绺清须。

书中还交代，此时的赵云已经 52 岁，《张松献图》第四回：

> 赵云今年五十二岁，与刘备同年。长坂坡时已四十九岁了，只因当时曹操从山上望下来看不清楚，以为赵云是员白袍小将。实际上他是人小年纪并不轻。到打东川和"连营救驾"的时候，他已胡子花白了。到出祁山时，胡须雪白，完全是个老将了。

这个说法来自《三国演义》。原著中，228 年，诸葛亮第一次北伐时赵云已经"年登七十"，所以 208 年长坂救主时赵云 50 岁，这是《三国演义》的一个 BUG，但张先生沿用了。张先生可能也意识到了，单骑救主时赵云的形象是个白袍小将，所以在《长坂坡》一书中回避了赵云的年龄。

书中认为，截江夺斗的难度要大于长坂坡，长坂坡只体现出了赵云之"勇"，但截江夺斗却有三大功劳。十三回，诸葛亮说：

> "子龙巡哨城外，得悉小主被骗，能随机应变，单骑追赶吴舟，此乃谓大将之智，第一大功也；冒矢登舟，浑身是胆，不惜一死，此乃大将之勇，二大功也；进得中舱，夺取小主，有上下之别，君臣之分，此乃大将之礼，三大功。"

入川战邓铜

入川后，刘备反攻刘璋，庞统战死，刘备向荆州求救。诸葛亮兵分两路，前去支援。《三国演义》中，只写了张飞这路的故事，并没有交代诸葛亮赵云这路。为了丰富情节，张国良先生的父亲张玉书创作了这一路的故事，并衍生出一部大书：《孔明进川》。诸葛亮和赵云是这部书的主角。

第六回，赵云遇到近天岭守将邓铜。邓铜吹嘘自己十八般兵器样样精通，六战俱全。赵云反问何为六战，邓铜不知。赵云说："六战者即步战、马战、水战、陆战、车战、舌战，非以数计之。若说六战俱全，赵云倒是实而有之。"邓铜不信，赵云细数六战：

> 当时盘河救公孙，徒步单剑敌颜良。乃是步战。
>
> 赵云戎马一生，驰骋疆场，以马战为长。
>
> 昔年截江夺斗，破孙权之计，此乃水战。
>
> 当年徐元直先生在新野相助皇叔时，赵云奉命出战，破去曹仁摆下的'八门颠倒金锁阵'，乃是陆战。
>
> 赵云在公孙瓒麾下为将时，曾助皇叔夺曹操的兵车，大战于徐州城下，乃是车战。
>
> 血战长坂，赵云当面数责曹操十大罪状，骂得他哑口无言。乃是舌战。

"徒步单剑敌颜良"和"夺曹操的兵车"都是前文没有提到的，也不见于《三国演义》，应该是张先生为了凑数自创的。

邓铜又提出赵云换兵器，以体现十八般兵器样样精通。于是，赵云借阳群之刀，使出二十四路春秋刀法中的八路，击败邓桐。这八路刀，有名字有典故，分别为：

出马刀：考叔挟车子都忌。　起手刀：效学开弓养由基。

扫马刀：卞庄擒虎腾空起。　翻手刀：管仲射钩惊小白。

合盘刀：孙武执法斩二妃。　单手刀：断臂要离刺庆忌。

斗胸刀：专诸巧刺鱼肠剑。　圈马刀：老人结草报恩义。

二十四路春秋刀并非赵云自创，而是赤壁之战后向关羽所学。张先生说，赵云把关羽二十四路春秋刀中的每一刀都练得精益求精，除了人不是关羽，其他方面都与关羽完全相同。到了孔明七擒孟获之后，赵云便封枪不用，每战必刀。如刀劈韩家五虎将，天水关大战姜维等，直至归天。

《三国演义》有"赵子龙力斩五将"一节，京剧中将这个"斩"字理解成了"刀斩"，所以《力斩五将》一出戏中赵云用刀。张三国中赵云封枪用刀的说法应该来源于此。

张先生还把三国与水浒联系到了一起：

据说要是没有赵云，关家刀法很可能要失传的。道理何在呢？关云长兵败麦城，身遭不幸时，关兴和关索这两位公子还未得到关家刀法的亲传，虽然也都会使刀，却是平凡之极。他们的刀法就是从赵云手中学到的，所以能够一直传授下去，得以有《水浒》中大刀关胜的关家刀法。而赵云在这里面还起到了一个承上启下的作用！

迎娶马云禄

受民国周大荒小说《反三国演义》的影响，张三国中，赵云也娶了马超的妹妹为妻，名字也基本相同，《反三国演义》中马超的妹妹叫马云騄，张三国中叫马云禄。

马超归顺刘备后，一次闲谈中，张飞得知马超还有个妹妹，酷爱武艺，枪法优秀，但二十八岁仍然待字闺中。张飞热心，为赵云提亲，马超大喜，征求马云禄意见：

> 马超心里已许，还得问一声妹妹，入内室，便将张飞之言详尽告知。马小姐听得是嫁与赵云，早已心许，便允道："听凭哥哥做主！"

张飞又回去说与赵云，此时赵云已经五十五岁，仍然是孤单一人，听到女方是马超的妹妹，欣然接受。三日之后，赵云与马云禄成亲。书中还解释了赵云晚婚的原因：

> 自古以来，有出息的武将有许多都是很晚才考虑自己的婚姻大事，练就一身超群绝伦的武功，少不了要花上十年八载，有了本领还得寻找一个有道之主，又要用十余年打江山，夺社稷。等到功成名就时，已是白须铺满胸膛，到那时再要考虑自己的终身大事已觉为时太晚，索性抱了个独身，这是不足为奇的。

张三国缺乏后三国的故事，我们不知道赵云夫妻二人婚后的生活如何。汪雄飞《刘备雪弟恨》一书中，刘备夷陵兵败，有赵云的妻子马夫人随赵云一起救驾的情节。

汉水之战

《三国演义》中，救黄忠时赵云吓得徐晃、张郃不敢迎敌。张三国中，张郃换成了许褚，而且许褚的象鼻九环紫金刀还被赵云用青釭剑削下三个环。这是赵云与许褚第三次交锋。第一次是在长坂坡，赵云用枪钻击中许褚后背，打得许褚吐血；第二次是在赤壁，赵云用枪尖挑落许褚头盔。

《三国演义》七十二回，曹操命许褚引一千精兵护送粮草，许褚贪杯大醉，被张飞一枪刺中肩膀。张先生对这段情节做了很大的改动，变成了赵云第四次与许褚交锋，并将许褚刺死。《兵伐东川》十二回：

> 赵云早就发觉今天的痴虎将大不如以往，虽然上了点年纪，可武艺已大大地衰退了，开始见他神思恍惚，又见他刀法错乱，心想，想不到许褚还有这么一个绝招！便起鼠自烂银枪五指开阔的尖锋以迅雷不及掩耳之势刺进了他的咽喉。可怜一代名将捐躯沙场，尸体摇晃着跌落尘埃。

张三国空营退敌的故事也与原著不同，增加了司马懿和张飞的戏份。赵云摆出空营计，曹操将信将疑，征求手下谋士意见，这时，司马懿说：

> "赵云仓皇而逃，恐我军长驱而入，定军山难以坚守，故而设下空营一座，特为疑兵。吾料汉军人困马乏，无能抵御数万雄师，用此一计养精蓄锐，以逸待劳，此乃赵云之智也。千岁可令大队前冲，此营可破矣，请千岁详察。"

曹操一向讨厌司马懿，虽然认为他说得对，但觉得听他的话有失身份。正在曹操犹豫不决时，有人报告米仓山着火，曹操急忙退军，被赵云击败。后文交代，这把火是张飞放的。

王平拜师

张三国中，王平王子均是刘备马队队长王德的儿子。长坂坡一战，王德身负重伤，临死前将自己的儿子王平托付给赵云。

刘备与曹操争夺汉中时，王平作为曹操部将负责守卫营寨，赵云攻打曹营时见到王平，《兵伐东川》十一回：

> 赵云见魏营放下了吊桥，铺平了趟板，出来的一员战将也是银盔白甲，白马银枪，身材也不甚高大。皮肤白皙，眉目清秀，觉得此人不论是在打扮上，还是气质上，与自己年轻时十分酷似，倒是一员风流战将。

赵云心生爱将之意，想收其为徒，但与王平对话后，发现王平根本不知道父亲王德的下落。赵云大怒，骂王平不忠不孝不义，不战而走。王平不知赵云为何如此骂他，当夜独自前往蜀营询问。赵云提出三个要求：第一归顺刘备，第二献营孔明，第三拜师自己。王平一一答应，赵云这才说出王德被杀之事，王平恍然大悟，羞愧欲死。赵云拦下王平，收他为徒。在赵云的调教下王平武艺精进，日后成为刘备帐下五虎副将之一。

收养赵熊

《三国志》《三国演义》都明确说赵云有两个儿子：赵统和赵广。在张三国现存的十四部书里，赵统和赵广都没有出现，但作者给赵云安排了一个养子：赵熊。

赵熊是桂阳太守赵范之子。张三国并没有智取桂阳、拒娶樊氏的故事，赵范变成了赵云的同宗兄弟，在桂阳太守的职位上兢兢业业，对刘备也忠心耿耿。吕蒙袭取江陵时，赵范正来江陵送粮，与吴军交战，被潘璋生擒。吕蒙劝赵范投降，但赵范铁骨铮铮，宁死不降，趁吕蒙不备，一头撞柱而死。

赵范死后，留有一个三岁的儿子赵熊，吕蒙听说赵范与赵云是同宗兄弟，怕得罪赵云，就派人把这孩子送给赵云，日后成为一员勇将：

> 赵云像亲生儿子一样收养了这个小孩，并让他与自己的儿子一起用功勤读，不许习武。长子赵熊，便是赵范之子，等到赵云去世后，赵熊就练成了一身武艺，文武双全，随姜维九伐中原时，一马一枪，威名远扬。战阳平时，相遇江东大将吕匡，便是吕蒙的小儿子，赵熊将他活捉后，念在吕蒙与己曾有这般恩义，就放走了吕匡。

《三国演义》原著中，赵云只是第三号甚至第四号武将。而在评话《三国》中，赵云是张国良先生着墨最多的武将，远超张飞，甚至强于关羽。唯一遗憾的是，张先生只写到《水淹七军》，后三国的部分没有传世，我们看不到赵云力斩五将、箕谷退兵的故事。

抖擞精神显威风，
长枪短剑立大功。
今日当阳救幼主，
谁不闻名赵子龙。

——京剧《长坂坡》

第四章

三国戏剧中的赵云

第四章
三国戏剧中的赵云

1. 元杂剧中的赵云

三国因其故事情节精彩，人物形象鲜明，在戏剧艺术创立之初，就被艺人搬上了舞台。据颜师古《大业拾遗录》记载，早在隋炀帝时期，就出现了《曹瞒浴谯水击水蛟》《刘备乘马渡檀溪》《吴大帝临钓台望葛玄》等三国题材水上傀儡戏。

宋代，商品经济发展，民间艺术繁荣，产生了三国皮影戏，高承《事物纪原》载："宋朝仁宗时，市人有能谈三国事者，或采其说，加缘饰作影人，始为魏、蜀、吴三分战争之像。"尊刘抑曹的倾向也在戏剧中出现，张耒在《明道杂志》载："京师有富家子，少孤，长时，群无赖百方诱导之。而此子甚好看弄影戏，每弄至斩关羽，辄为之泣下，嘱弄者且缓之。"由真人扮演的三国戏，也随着宋杂剧的产生登上戏曲舞台。《宋史·范纯礼传》记载，宋徽宗时，有村民看完三国戏过于兴奋，因模仿刘备带皇冠而入狱。

元代，读书人无法通过科举晋升，很多文人流落到戏班子靠编写剧本为生，戏剧艺术迎来了高峰期，三国戏大量出现。从杂剧之父关汉卿到不知名的普通剧作者纷纷争写三国戏，甚至出现了不同剧作者同写一个三国故事的现象。据统计，可查元代三国戏有六十多种，占已知元杂剧数量的十分之一。

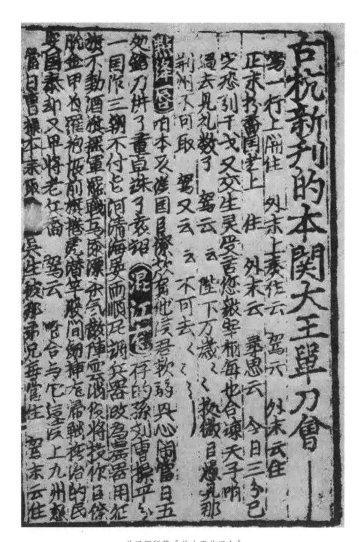

关汉卿所著《关大王单刀会》

在这六十多种三国戏中,《赵子龙大闹塔泥镇》一出以赵云为主角,可惜仅存剧目,剧本已佚。湖南湘西土家族苗族自治州龙山县有一个塔泥乡,三国时属于荆州武陵郡,建安十四年(209年),刘备以孙夫人骄横,命时任桂阳太守的赵云回武陵郡公安县掌管内事,《赵子龙大闹塔泥镇》应该就是在这期间发生的故事。

在《刘玄德独赴襄阳会》《诸葛亮博望烧屯》《刘玄德醉走黄鹤楼》《两军师隔江斗智》《走凤雏庞掠四郡》《曹操夜走陈仓路》《阳平关五马破曹》《寿亭侯怒斩关平》中赵云也有出场。

《刘玄德独赴襄阳会》

作者高文秀,改编自《三国志平话》中卷《先主跳檀溪》一节。写刘备独身襄阳赴会,蒯越、蔡瑁等人埋伏人马欲杀之。刘备马跃檀溪,巧遇司马徽、庞德公。庞德公举荐徐庶辅佐刘备,徐庶出山,助刘备击败曹仁。

第二折中,刘备派赵云登门拜访徐庶,赵云能言善辩,说动徐庶出山。登场时,赵云自述:

> 自小曾将武艺攻,幼年贩马走西戎。四海英雄闻吾怕,则我是真定常山赵子龙。

《三国志》中有赵云"为先主主骑"的记载,《刘玄德独赴襄阳会》的作者想当然的认为主骑即管马,并由此衍生出赵云"幼年贩马"的设定。这也影响到了《三国演义》。演义中,赵云途经卧牛山,裴元绍欲夺赵云之马,被赵云刺死。

第三折,曹仁攻打刘备,徐庶派赵云出战,赵云有一段台词:

> 得令。某出的这帅府门来，统领一千军，与曹仁相持厮杀，走一遭去。牙角长枪争世界，皮楞金铜立江山。百万军中施英勇，杀退曹兵透胆寒。

《三国志平话》中，赵云的枪是涯角枪，取"海角天涯无对"之意。本剧中，赵云的枪叫牙角枪，牙与角都是动物攻击之器，也说得通，《淮南子·兵略训》曰："凡有血气之虫，含牙带角，前爪后距。"陈寿评价赵云，用了爪牙二字："黄忠、赵云强挚壮猛，并作爪牙，其灌、滕之徒欤？"牙角也许源于牙爪。

《诸葛亮博望烧屯》

作者不详，改编自《三国志平话》中卷《孔明下山》一节。写刘备三顾茅庐，请诸葛亮出山辅佐。曹操遣夏侯惇来攻，诸葛亮调兵遣将，火烧博望，大败曹军。

第一折，刘关张正在卧龙岗三请诸葛亮，甘夫人生产，刘备喜得贵子，赵云前去报喜。登场时，赵云说：

> 腕上钢鞭能打将，匣中宝剑掣秋霜。幼年贩马为商贾，真定常山是故乡。某姓赵名云。字子龙。某文通三略，武解六韬，见在玄德公手下为将。

本剧中也说赵云"幼年贩马"，可见这个设定在当时具有普遍性。

诸葛亮本不愿出山，因赵云报喜，刘备"喜气而生，旺气而长"，诸葛亮见状后答应出山。气得张飞说："这村夫无礼，俺哥哥的面皮，倒不如赵云那？"

诸葛亮出山后，夏侯惇率兵来攻，诸葛亮派赵云诈败诱敌。赵云得令，说：

> 则今日统领军马，与夏侯惇交战，走一遭去。征旗如血染，战马似蛟龙。劣缺擒搜汉，英雄胆气生。若逢征战处，务要见输赢。我掌吾师计，必定献头功。

赵云依计而行，将夏侯惇诱入博望城，用火攻将其击败。

《两军师隔江斗智》

作者不详，改编自《三国志平话》中卷《孔明班师入荆州》《吴夫人欲杀玄德》《吴夫人回面》诸节。写周瑜设美人计图害刘备，被诸葛亮识破，赔了夫人又折兵，气得箭疮迸裂。

第二折，诸葛亮点将，赵云出场，自述：

> 威震华夷立大功，当阳犹自说英雄。百万军中携后主，则我是真定常山赵子龙。某姓赵名云，字子龙，乃真定常山人也。本公孙瓒部将，后于青州遇着刘玄德，投其麾下。曾在当阳长坂，与曹操大战三日三夜，百万军中抱得后主回还。曹操称我子龙一身都是胆，信不虚也。

赵云在青州遇着刘备的说法与《三国志平话》一致，而在《三国志》和《三国演义》中，赵云都是在冀州投奔刘备的。

赵云重点夸耀自己单骑救主的壮举，从"百万军中携后主""与曹操大战三日三夜"来看，杂剧中长坂坡的故事就已经十分丰富、精彩了。但很遗憾，写长坂坡的杂剧并没有流传下来。"一身是胆"在正史上是刘备称赞赵云空营退敌，而非曹操称赞赵云长坂救主。

《三国演义》中，保护刘备过江就亲的是赵云，但此剧中为刘封，赵云的戏份并不多。

《刘玄德醉走黄鹤楼》

作者朱凯，改编自《三国志平话》中卷《玄德黄鹤楼私遁》一节。写赤壁之战后，周瑜请刘备过江赴会，将刘备困于黄鹤楼。诸葛亮施计，使刘备安然脱险。

第一折，刘备接到周瑜请帖，与赵云、刘封商议，赵云以"正末"身份登场。赵云不同意刘备赴会，但刘封自负，怂恿刘备前去，两人有一番争执：

> 刘封云：老赵，你闲言剩语的，父亲休听他。你赴宴走一遭，料着不妨。
>
> 刘末云：子龙将军，刘封也说的是。那周瑜他敬意请我，若不去呵，则道我怕他哩。
>
> 正末云：元帅，道的个筵无好筵，会无好会，不可去也。
>
> 刘封云：老赵，你越老得糊涂了，凭着我十八般武艺，无有不拈，无有不会。他若有歹心呵，我杀得周瑜片甲不回。
>
> 正末云：嘿声。刘封，你说差了也。
>
> 刘封云：我怎么说得差了也？
>
> 正末唱：哎！你个一勇性的刘封不忖最，你做不得些好勾当。
>
> 刘封云：想周瑜请俺父亲饮酒，你左拦右挡，必有侥倖。
>
> 正末唱：恼得我气扑扑忿怒夯胸膛，咱正是低着头往虎窟龙潭创，却正是合着眼去那地网天罗里撞。
>
> 刘末云：子龙将军，那周瑜安排筵宴，请我饮酒，岂有歹意？
>
> 正末唱：你道他饮玉瓯，在画堂。

> 刘封云：父亲说的是。他若有歹意呵，凭着父亲坐下的卢马，把檀溪河也跳过去了，料着不妨事。
>
> 正末唱：凭着这的卢战马十分壮，怎跳过那四十里汉阳江？

此剧中，赵云是一位深谋远虑的老将，全无白袍小将的影子，刘封多次称其"老赵"。

《走凤雏庞掠四郡》

作者不详，改编自《三国志平话》下卷《庞统谒玄德》《张飞刺蒋雄》《孔明引众见玄德》诸节。写庞统不被刘备重用，被沿江四郡聘为军师，反攻刘备。诸葛亮分遣关羽收捕长沙太守韩玄，张飞收捕零陵太守刘铎，赵云收捕桂阳太守赵范，只有刘封攻武陵太守金全被黄忠击败。诸葛亮命张飞、赵云与黄忠交战，亲与关羽接应。最终，诸葛亮劝降庞统，黄忠被关羽击败，同归刘备，四郡皆平。

平话中赵范为长沙太守，此剧中修正为桂阳太守。但赵云收降赵范一笔带过，内容不如《三国志》和《三国志平话》丰富，而且并未提及赵范嫁嫂之事。

《曹操夜走陈仓路》

作者不详，大体改编自《三国志平话》下卷《诸葛亮使计退曹操》一节，但增饰颇多。写刘备占据益州，曹操率兵攻打阳平关，无法取胜，夜走陈仓路退兵，途中遭遇蜀军埋伏，狼狈逃走。

《曹操夜走陈仓路》中没有赵云义救黄忠、空营退敌的情节，赵云是个配角，只负责埋伏在阳平关。第一折，赵云登场，自述：

> 曾向军前敢战敌，英雄胆量有谁及？一心忠孝扶明主，
> 万年简册姓名题。某，姓赵名云字子龙，乃常山真定人也。

剧中两次提到五虎将，第一折《哪吒令》：

> 关云长更美，黄汉升谁比？赵子龙志气，有胆量有见
> 识。若论起马孟起，更和这翼德，俺保山河日月昌，保炎
> 刘稳胜磐石。

第三折《滚绣球》：

> 有一个赵子龙胆气雄，马孟起敢战赌，有一个黄汉升
> 你须知他名誉，张翼德晓勇谁知？当阳桥显虎躯，石亭驿
> 那气举。关云长紧紧的辅助。这五员将收取西蜀，都是些
> 安邦定国忠良将，扶立炎刘大丈夫。

从赵云的自述和五虎将的介绍来看，胆量是赵云的
标签。

《阳平关五马破曹》

作者不详，大体改编自《三国志平话》下卷《黄忠斩夏
侯渊》《张飞捉于昶》《诸葛使计退曹操》等节，但变化颇多。
写黄忠夺取定军山，赵云攻克阳平关，曹操欲率军复夺，但
无法取胜，连夜退兵，又中五马（马超、马良、马忠、马谡、
马岱）埋伏，侥幸逃脱。

第一折，诸葛亮派将，赵云登场，自述：

> 幼年贩马走西戎，南征北讨显英雄。鸦脚长枪黄骠马，则我是真定常山赵子龙。

"幼年贩马"的说法再次出现。赵云的枪又有了"鸦脚长枪"的名字，鸦脚可以理解为枪的形状。《三国志平话》说涯角，《刘玄德独赴襄阳会》说牙角，《阳平关五马破曹》说鸦脚，莫衷一是。

击败曹操后，刘备封赏诸将。赵云因"权谋掌计"之功被封为"宁远侯骠骑将军"，与正史相悖，也不同于《三国志平话》中的立国侯。

《寿亭侯怒斩关平》

作者不详，写五虎将之子关平、张苞、赵冲、马忠、黄越平寇，关平骑马踏死平民王荣之子。王荣告到关羽处，关羽欲斩关平，赵云等人求情，关羽不允。张飞前来，与赵云等欲各斩其子，关羽这才饶了关平。此剧本事于史无据，亦不见于《三国志平话》，当由民间传说串联而成。

正史上，赵云长子名统，次子名广，并无赵冲。

整体来看，元杂剧中的赵云已经具备智勇双全、一身是胆的特征了，但对其高贵品德的挖掘还远远不够。

2. 京剧中的赵云

元代三国戏的繁荣，丰富了《三国演义》的故事素材，确立了《三国演义》尊刘贬曹的核心思想，直接催生了《三国演义》在元末明初之际出现。《三国演义》刊行之后，又反过来推动了戏曲艺术的发展，成为戏剧改编与创作的重要题材。

清代中叶，列强入侵，国将不国，而剧场里流行的仍然

同光十三绝

是演绎才子佳人的昆曲，颇有"商女不知亡国恨，隔江犹唱后庭花"之景。被誉为京剧之父的三庆班班主程长庚（1811—1879年）对此十分不满，他以"上报国家，下安黎庶"为己任，邀请不第秀才卢胜奎（1822—1889年）改编《三国演义》，创作出三十六本连台大戏，宣扬忠君爱国的思想。剧中人物扮相阳刚，唱腔雄壮，一经演出，随即轰动京城，形成京城"满城争看《三国志》"的文化景观。

北京其他班社也纷纷效仿，开始编排三国戏。以致在京剧形成的初期，三国戏成为各大班社招揽观众的法宝。杨懋建在《梦华琐簿》中记载："和春的把子，每日亭午，必演三国。"甚至可以说，京剧在一定程度上是靠《三国演义》起家的。

京剧中的三国戏究竟有多少？实在难以计算。"唐八百，宋三千，数不清的三列国。"一次，谭鑫培和王鸿寿促膝长谈，谭鑫培说："我演戏可以一年不翻头。"王鸿寿则说："我若演三国戏或列国戏可以三年不翻头。"闲谈取笑，难免夸大其词，但也说明三国戏、列国戏实在浩如烟海，数不胜数。以陶君起在《京剧剧目初探》中不完全的统计来说，经常上演的三国戏就有一百四十多出。《三国演义》的大多数内容都被改编成了京剧。

赵云在很多三国戏中都是主角或重要角色，逐渐形成了

京剧中的赵云

三国戏中的一个小分支：赵云戏。综合考查《戏考》《京剧丛刊》《京剧汇编》《传统剧目汇编》《京剧剧目初探》《京剧剧目辞典》等资料，京剧中赵云登场的剧目近四十种。其中，赵云为主要角色有：《磐河战》《借赵云》《收赵云》《长坂坡》《黄鹤楼》《取桂阳》《甘露寺》《美人计》《截江夺斗》《子龙护忠》《收王平》《凤鸣关》《天水关》《失空斩》等。

从行当上看，《磐河战》《借赵云》等戏中的赵云由武小生应工，《长坂坡》《黄鹤楼》《取桂阳》等戏中的赵云由武生应工，《子龙护忠》《凤鸣关》等戏中的赵云由武老生应工。一个角色涵盖了武小生，武生，武老生三个行当，在京剧舞台上极为罕见。

从扮相看，赵云为俊扮，脸上稍稍打底扑粉，眼圈和眉

老生形象的赵云

毛抹胭脂，印堂红加粗。赵云一般身着白蟒白靠，蓝段镶边，头戴夫子盔，穿着厚底靴，使素缨铲头枪。白色象征赵云光明磊落，英俊帅气。在《取成都》一戏中，为与马超区分，赵云也曾穿红靠。

赵云集仁义礼智信于一身，是一位完美的儒将，不仅受到市井百姓欢迎，就连皇家内部对赵云也十分推崇。清宫先后三次演出连台本三国大戏《鼎峙春秋》，涉及赵云戏共有四十出。光绪皇帝就曾扮演过赵云，《昇平署之闻见》载："穆宗皇帝（光绪），效莱衣之舞，以娱太后，曾在漱芳斋台上彩串《黄鹤楼》，饰赵云。"

演赵云，不但要求武功好，还要有气魄，功架要优美、稳重、端庄。除此之外，还要求演员表演细腻并有一定唱念的功夫。在京剧界，以饰演赵云著称的演员有以下几位：

徐小香（1821—? 年），名忻（一作馨），号蝶仙，江苏苏州人。原为昆曲小生，后兼演京剧，为同光十三绝之一。徐小香善演周瑜，亦善饰赵云，尤工《借赵云》。清人高继琦《蝶阶外史》载："伶小香，字蝶仙，隶梨园三庆部。演《借云》一折，豪情侠气，擅名京师。"

杨月楼（1844—1890 年），谱名久先，从艺后改名久昌，字月楼，安徽怀宁人。工老生，兼武生。演戏文武兼长，文擅《打金枝》，武擅《长坂坡》，也为同光十三绝之一，有"活赵云"之美誉。徐坷《清稗类钞》谓其所饰赵云"身在重围，七进七出，备诸牌调架势，而始终不汗不喘，一丝不走，恢恢乎游刃有余。"

杨小楼（1878—1938 年），杨月楼之子，名三元。京剧"杨派"艺术创始人，与梅兰芳、余叔岩并称"三贤"。杨小楼秉承家学，善演赵云，有"活赵云"之美称。时人形容，观看杨小楼之赵云"目眩神摇，如睹顺平侯飒爽英姿，当日与魏将十荡十决，挥戈酣战时情状。"著名戏剧理论家阿甲曾说："京剧表演艺术，新中国成立后，各行当、各流派，大都有不同程度的发展，唯独武生行，尚未达到杨小楼水平。"

张桂轩（1873—1963 年），祖籍山东济南，生于河北静海。清光绪十九年（1893 年）赴日本演出，是京剧出国第一人，与李春来、盖叫天、张德俊被誉为武生"江南四杰"。张桂轩善饰老年赵云，亦有"活赵云"之称。八十四岁高龄犹能演出《凤鸣关》，嗓音清亮，开打利落。

王金璐（1919—2016 年），北京人，原名王庆禄，曾用艺名王金禄。王金璐在继承杨（小楼）派"武戏文唱"的基础上，结合自身条件，在不断的舞台实践中逐渐形成了"寓文于武、文武兼容"的艺术风格，将程式动作的"美"与人物的"神"达到了有机统一。王金璐擅于把握人物情感，他

厉慧良

饰演赵云时，不但扮相英俊，动作干净，还能通过赵云的眼神和表情表现出赵云的内心世界。

厉慧良（1923—1995年），祖籍北京，生于江苏南通海门，出身梨园家庭。在继承前辈艺术家基础上，厉慧良发展和丰富了武生表演技巧中的高难度内涵，把戏剧情节和人物形象有机结合，增强了人物形象的感染力。厉慧良演了数十年的《长坂坡》，武宗杨小楼，文宗余叔岩，形成了自己独特的风格。厉慧良严于律己，到60岁的时候还可以做出"倒扎虎""鹞子翻身""大枪钓鱼"等高难度的动作。

《磐河战》

《磐河战》改编自《三国演义》第七回，赵云为主角，由武小生应工。《磐河战》演公孙瓒与袁绍会战于磐河，赵云原在袁绍处为将，不被重用，被袁绍赶走，公孙瓒兵败，赵云在危急时刻击败文丑，救出公孙瓒。

《三国演义》原著中，赵云一出场就救了公孙瓒。京剧中，赵云原属袁绍，排在颜良、文丑、麴义之后，是袁绍的第四号武将。与公孙瓒大战在即，袁绍先后派出麴义、颜良、文丑出战，以赵云年幼不派。赵云不满，问袁绍：

> 主帅呀，俺赵云幼学孙吴，颇晓兵法，自投帐下，并无寸功。今日抵挡公孙瓒，满营将官，俱有差遣；独把赵云一字不提，是何理也？

袁绍回答：

> 不是咋！那公孙瓒乃将中魁首。将军年幼，你若出兵，
> 焉是他的对手？岂不失了军中锐气？

赵云不服，唱到：

> 战国时伍子胥年纪幼小，保平王赴临潼独显英豪。俺
> 本是擎天柱忠心可表，要学那盟辅将万载名标。

《磐河战》年画

袁绍听罢，答应给赵云五百短刀手，但赵云不要，提出单枪匹马生擒公孙瓒。袁绍大怒，将赵云叉出帐外。

赵云离开袁绍时，大叫"苍天哪，苍天！"唱到：

> 老天无故困英雄，浅水怎能养蛟龙？有朝一日春雷动，大鹏展翅上苍穹。

不久，袁绍与公孙瓒交战，公孙瓒战败，被颜良、文丑、麴义追杀。危急时刻，赵云出场，刺杀麴义，击退颜良、文丑，救下公孙瓒。

原著中赵云之所以离开袁绍，是因为"见绍无忠君救民之心"。剧中赵云离开袁绍是因为不被重用，狭隘了许多。而且，赵云提出单枪匹马生擒公孙瓒也有自大之嫌。总体上看，京剧的改编并不成功。

《借赵云》

《借赵云》，又名《一将难求》，改编自《三国演义》十一回，赵云为主角，由武小生应工。《借赵云》演曹操为父报仇，围攻徐州。徐州牧陶谦向刘备求救，刘备从公孙瓒处借得赵云，张飞瞧不起赵云。两军交战，张飞被典韦击败，赵云救下张飞，击败典韦，张飞心服口服。

《三国演义》原著中，刘备向公孙瓒主要借的是兵，但京剧中，主要借的是赵云。借赵云的目的也很明确，就是为了对付曹将典韦，剧中刘备对公孙瓒说：

> 陶谦向弟借兵相助，怎奈备兵微将少，皆非典韦对手。

当时，关羽、张飞都在刘备帐下，但刘备认为"皆非典

《借赵云》中的赵云（德珺如饰）

韦对手"，可见在剧作者心中，赵云的武艺强于典韦，而典韦的武艺又强于关羽、张飞。民间有一个关于三国武将排名的顺口溜，说的是"一吕二赵三典韦，四关五马六张飞"，《借赵云》中武将武艺高低，与这个顺口溜吻合。

刘备见到赵云后，两人启程前往徐州。为了丰富内容，增加了赵云与刘备纵论天下英雄的故事。刘备先后提出几个人选，如：袁绍、袁术、刘表等人，都被赵云一一否定，台词基本抄袭煮酒论英雄的故事。最后，刘备说：

> 想赵将军，英雄盖世，智勇双全，日后天下，定是赵将军的了。

赵云也说：

> 刘使君乃是中山靖王之后，汉室宗亲，盖世英雄，又有关、张辅助，日后天下，定是使君的了。

这段台词非常不合理，刘备断不可能说出"日后天下，定是赵将军的了"之语。

来到徐州，张飞见赵云年轻，心中不服，数次轻慢赵云，对刘备说：

> 嗳！我看赵云，马上无有拳头大，马下不过磕膝高。若是交锋败阵，岂不辱我桃园弟兄的锐气！

京剧中的赵云并非像原著那样"身长八尺""极其雄壮"，而是一位白袍小将。

不久，典韦前来讨战，张飞又对赵云说：

> 赵云哪！那典韦乃是曹营勇将，你岂是他人对手！你呀，你坐下吧！

张飞自己前去迎战，但被典韦击败。赵云不忍坐视，出马将典韦击败。张飞心服口服，对刘备说：

> 大哥，你看那赵云，杀得典韦只有招架之功，并无还手之力，犹如雨打残花一般，那赵云真是好将，好将啊！

《借赵云》中的赵云智勇双全，心胸宽广，虽然故事多有虚构，但人物性格还是符合《三国演义》的。

《长坂坡》

《长坂坡》，又名《单骑救主》，改编自《三国演义》四十一回，赵云为主角，由武生应工。《长坂坡》演曹操南下荆州，刘备携民渡江，在长坂坡被曹军击败，家眷失散。

《长坂坡》中的赵云（杨小楼饰）

赵云舍生忘死，单枪匹马闯入曹营，在百万军中救出幼主
阿斗。

《长坂坡》由京剧创始人卢胜奎所编，是京剧最早的
三十六本连台轴子戏之一，也是最著名的赵云戏，甚至是最
著名的武生戏。可以说，《长坂坡》是武生的试金石，一个
武生的水平如何，看他的《长坂坡》就可以知道。如果哪个
武生不会演《长坂坡》，会被同行瞧不起。自卢胜奎以来，
无数武生名家都扮演过剧中的赵云，表演风格渐渐分为南北
两派，北派文多武少，南派武多文少。杨小楼与厉慧良两位
先生，对《长坂坡》的贡献最大。

杨小楼先生之前，其他演员演赵云皆在紧锣密鼓的"急急风"曲调中登场，但杨小楼先生却改用"扭丝"曲调上场，以示赵云从容不迫，不同于一般的武将。

出场后，过去赵云都是站在舞台中央，刘备站在旁边。但杨小楼先生觉得这不符合赵云低调谦逊的性格，改为赵云站在舞台旁边，刘备站在中间。

开打时，赵云力敌曹八将，杨小楼先生一杆银枪舞起来，不管是刺、挑、兜、盖，都是步步稳、式式准、招招狠。说他稳，是因其吸收了八卦掌的步法，跨腿倒脚不紊，进身退步有致，颇有似缓实疾的功力。说他准，是因其吸收了通臂拳的功夫，臂膀伸张从容，腕肘运用自如，落点部位准确，说他狠，是因其起打火爆，出手骠悍，似乎对手稍缓，即有致命危险，令观者感官刺激强烈，惊心动魄，使其达到艺术享受的目的。

为寻找糜夫人与阿斗，赵云准备独闯曹营，张飞阻拦，赵云哈哈大笑，唱到："自古英雄有血性，岂能怕死与贪生，倘若此去无踪影，枉在天地走一程。"唱罢，赵云还会做一个高难度的"大枪钓鱼"，即右手把枪扔到空中，枪在空中翻一圈掉下来，再用左手在背后接住。

夏侯恩在京剧中是丑角，出场时有一大段念白：

俺，背剑大将军，夏侯恩。正在后帐观看兵书，探马报道：阵前来了个常山的赵子龙。倚仗他年轻力壮、血气方刚，模样又好、武艺高强，杀得曹兵望风而逃。是我一闻此言，直气得我浑身……哼哼，发颤哪，腿肚子朝前。为此将所会的兵刃，俱都戴在了身旁。此番去到两军阵前，我要锤打简雍啊，剑砍刘备，枪挑张飞，活捉赵云。不要错过了机会，来啊，与本将军一起前去……送死！

杀死夏侯恩夺取青釭剑，赵云继续寻找，在断墙处听到女人的哭声，发现了糜夫人，赵云唱到：

> 耳听堞墙有妇人声。催马向前去探问，哎呀！果然抱定小主人！

一次，厉慧良先生在云南演出时，云南省京剧院的金素秋和吴枫夫妇认为当时糜夫人在乱军之中，怕被发现，不应该出声，这里的台词有些不合理。厉慧良先生接受了这个意见，将唱词改为：

> 耳听堞墙有婴儿声。催马向前去探问，哎呀！果然抱定小主人！

接下来，糜夫人舍身，投井而死，赵云推倒土墙掩盖尸体。土墙和井都是用一把椅子当道具。糜夫人受伤不能行走，坐在土墙下避难，就是靠着椅背而坐。糜夫人把阿斗交给赵云，转身投井，演员从椅子上跳下。而这时赵云要一把将糜夫人穿的帔抓下，以示赵云只差一步就可以救下糜夫人。最后，赵云离去时将土墙推到，表现方式是推到椅子。一把椅子，多次运用，体现了京剧写意之美。

为了表现赵云没有救得主母的懊悔，演员会做一个高难度的动作"倒扎虎"，即腾空后翻，然后前冲着匍匐于地。不光是动作难，做动作的时机也很重要。最早演出时，糜夫人把阿斗交给赵云，对赵云谎称曹兵来到，赵云转身，并没有发现曹兵，一回头正看到糜夫人跳井，忙把孩子放在地上，然后抓帔，上椅子，走倒扎虎。这样演，倒扎虎是表现出来了，但给观众的感觉是，赵云如果不放下阿斗，就可以救下

《长坂坡》中赵云的站位

糜夫人了。于是，就出现了另一种演法：赵云回头看到糜夫人跳井，直接抓帔，然后上椅子，走倒扎虎。这样一来，动作连贯了，但是却出现了新问题，赵云抱着阿斗倒扎虎，岂不是压着了孩子？厉慧良先生演《长坂坡》时，对传统演法做了创新，改成：糜夫人将阿斗交给赵云，赵云不接，糜夫人再交，赵云仍不接，糜夫人无奈，将阿斗放在地上，赵云刚要去抱，还没来得及抱，糜夫人就谎称曹兵来到，赵云转身，没有发现曹兵，回头见糜夫人跳井，赵云抓帔，上椅子，走倒扎虎，再抱起阿斗。这样，高难动作得以保留，情节也合理多了。对细节的精雕细琢，体现了京剧艺术的严谨。

京剧中，为体现赵云武艺，一人独战张郃、徐晃、许褚、张辽等八员曹将。旧时，演员演到这场戏时还会换一身红靠登场，以示赵云浴血奋战。曹操见赵云勇猛，心生爱将之意。原著中，曹操直接下令不许放冷箭，要活捉赵云。京剧中，巧妙地把进曹营一言不发的徐庶用上了，安排徐庶暗中保护赵云，与曹操展开一段对话：

曹操：哦！阵前白袍小将，就是常山的赵云。好将！好将！好将啊！哈哈……

徐庶：啊，丞相，连夸数声"好将"，莫非有爱将之意么？

曹操：呃，只是他不归顺老夫，也是枉然！

徐庶：徐庶有计献上。

曹操：哦！先生有何妙计？

徐庶：丞相传下将令：赵云所到之处，不许暗放冷箭，只可生擒活捉献功。只要活赵云，不要死子龙。违令者斩！

曹操：哎呀呀！先生自进我营，未献一计。今献此妙计，真乃是好先生！哈哈！曹洪听令！

曹洪：在！

曹操：传令下去：赵云所到之处，不准暗放冷箭，只许生擒活捉献功。只要活赵云，不要死子龙。违令者斩！

　　曹操听从徐庶之计，下令活捉赵云，情节相比原著更加合理，在民间影响力颇大。相声《八扇屏》中，有一段脍炙人口的贯口"莽撞人"，就采用了这个说法：

　　在想当初，后汉三国有一位莽撞人。自从桃园结义以来，大爷姓刘名备字玄德，家住大树楼桑。二弟姓关名羽字云长，家住山西蒲州解良县。三弟姓张名飞字翼德，家住涿州范阳郡。后续四弟，姓赵名云字子龙，家住真定府常山县，百战百胜，后封为常胜将军。只皆因长坂坡前，一场鏖战，赵云单人独马，闯进曹营，砍倒大纛两杆，夺槊三条。马落陷坑，堪堪废命。曹孟德山头之上见一穿白小将，白盔、白甲、白旗靠、坐骑白龙马手使亮银枪，实乃一员勇将。心想，我若收服此将，何愁大事不成！心中就有爱将之意，暗中有徐庶保护赵云，徐庶进得曹营一语未发，今日一见赵将军马落陷坑，堪堪废命，口尊："丞相，莫非有爱将之意？"曹操言道："正是。"徐庶言道："何不收留此将？"曹操急忙传令："令出山摇动，三军听分明，我要活赵云，不要死子龙。倘有一兵一将伤损赵将军之性命，八十三万人马五十一员战将，与他一人抵命。"众将闻听不敢前进，只有后退。那赵云一仗怀揣幼主，二仗常胜将军之特勇，杀了个七进七出，这才闯出重围。

《八扇屏》中的赵云是"一穿白小将、白盔、白甲、白旗靠、坐骑白龙马手使亮银枪"，这个形象不见于演义，而是源于京剧。旗靠准确的说法是靠旗，指传统戏剧中扎靠的武将背后插的四面三角形绣旗。靠旗源于古代将官之令旗，

赵云捧叉

赵云接孩子

用于美化、夸张、加大，成为临战武将的装饰物。"令出山摇动，三军听分明，我要活赵云，不要死子龙"的台词，更是从京剧中照搬而来的。

众将听闻曹操将令，不敢放箭，挖陷马坑欲擒赵云。原著中，赵云连人带马落入坑中，阿斗化作一道红光，保护赵云跃出坑中，京剧原来也是这么处理。赵云脱险后，还有一句念白：

> 妙吓，圣天子有百灵相助，大将有八面威风！呔！曹军听者，谁敢前来，谁敢前来！

后来改为：张郃见赵云马落陷坑，用枪来刺赵云，赵云

武生应工赵云

借机抓住张郃的枪，一跃而出。这么一改，既避免了封建迷信，还表现了赵云的机智，唱词也变成：

> 妙吓，小阿斗一睡未醒，大将军八面威风！呔！曹军听者，谁敢前来，谁敢前来！

为了表现赵云马落陷坑，杨小楼先生演《长坂坡》时设计了一个高难动作，搬起朝天凳（竖劈叉）飞身一字马（横劈叉）摔叉而下，落地还要保持劈叉姿势。当年演出时，当道具人员把桌子、椅子放在台中，观众的掌声欢呼声就会此起彼伏，期待杨老板展示功法绝活。

赵云突出重围后，旧有刘备摔孩子的情节。演出时，刘备扔孩子，赵云要将孩子接住，而不是扔在地上，这样，既可以塑造赵云忠心，又可以表现赵云身手敏捷。

《长坂坡》连唱带打，要求演员文武双全，内行可以看出门道，外行也可以看出热闹，受到不同层次观众的喜爱。在清廷内部，光绪三十四年间共演出三国戏 109 场，其中《长坂坡》占了 13 场。在市井之中，三国戏作为三庆班的压轴戏，每年腊月间连续演出全剧三十六本后，一定会再演一遍《长坂坡》，然后再封箱过年。

《取桂阳》

《取桂阳》，又名《拳打赵范》，改编自《三国演义》五十二回，赵云为主角，由武生应工。《取桂阳》演赵云奉令攻桂阳，桂阳太守赵范投降。赵范与赵云结为兄弟，继欲以寡嫂樊氏改嫁赵云，赵云拳打赵范而去。赵范怒遣陈应、鲍隆诈降，被赵云识破，反赚开城门迎入诸葛亮、刘备。刘备复拜赵范为太守，并劝赵云纳樊氏，赵云仍然拒绝。

京剧中为了叙述故事方便，增加了原著中没有的赵范之妻钱氏。正是在与钱氏的谈话中，樊氏说出了她再嫁的三点要求：

> 樊氏：再嫁虽可，只是要依我三件事！
>
> 钱氏：请问哪三件事呢？
>
> 樊氏：第一要文武全才，名闻天下！
>
> 钱氏：啊，这样人也有。第二件呢？
>
> 樊氏：第二要相貌堂堂，威仪出众！
>
> 钱氏：这也有。请问第三件？
>
> 樊氏：第三件吗？那人也要姓赵。
>
> 钱氏：也要姓赵？
>
> 樊氏：三件事俱全，方可应允。

钱氏将樊氏的要求告诉赵范，赵范大笑，说：

> 哈哈，这样说来一万年也嫁不成了，天下哪有这样的
> 人呐？

正在此时，赵云前来攻打桂阳。赵范手下的二将陈应、鲍隆被赵云击败，赵范投降。酒席间，赵范提出与赵云结拜，赵云答应。原著中，并没有写出赵云出生年月，但是京剧中虚构了一个：甲子年四月十五日。甲子是干支纪年的第一位，也是剧作者随手一写，与赵范的妻子姓钱一样。

赵范命钱氏叫出樊氏与赵云相见，并提出许配给赵云，赵云听罢，拳打赵范，拂袖而去。等得到桂阳后，赵云再次拒绝。原著中，这段故事到这里就结束了，但京剧中加了一段赵范、钱氏、樊氏三人的对话：

> 樊氏：堪叹命途多偃蹇，一片心机火化烟。
> 钱氏：一桩好事风云变，难怪嫂嫂泪不干。
> 赵范：许嫁不成羞人面，全仁全义婚难全。
> 樊氏：漫漫岁月叹无边。
> 钱氏：仍喜妯娌聚堂前。
> 赵范：看破世情如梦幻，从今但求子孙贤！

与原著相比，京剧《取桂阳》突出了樊氏，塑造了一个命运多舛的寡妇形象，让观众在敬佩赵云是真丈夫的同时又对樊氏产生了一丝同情。

《甘露寺》

《甘露寺》，又名《龙凤呈祥》，改编自《三国演义》

《甘露寺》中的赵云（赵宏元饰）

五十四回和五十五回，赵云为重要角色，由武生应工。《甘露寺》演赵云保护刘备过江就亲，按诸葛亮锦囊妙计，拜谒乔国老。乔国老说动吴国太，安排于甘露寺相亲。孙权设伏兵欲杀刘备，但被赵云发觉。乔国老从中撮合，吴国太同意把孙尚香嫁给刘备。成婚后，刘备乐而忘返，赵云又按锦囊妙计谎称曹操攻打荆州，刘备幡然醒悟，携孙夫人返回荆州，龙凤呈祥。

　　这出戏的高潮部分是乔玄的大段唱功，这也是马派创始人马连良先生的代表作。其中的唱段"劝千岁杀字休出口"脍炙人口：

　　劝千岁杀字休出口，老臣与主说从头：刘备本是靖王的后，汉帝玄孙一脉留。他有个二弟，汉寿亭侯，青龙偃月神鬼皆愁。白马坡前诛文丑，在古城曾斩过老蔡阳的头。他三弟翼德威风有，丈八蛇矛惯取咽喉。鞭打督邮他气冲牛斗，虎牢关前战温侯。当阳桥前一声吼，喝断了桥梁水倒流。他四弟子龙常山将，盖世英雄冠九州。长坂坡救阿斗，杀得曹兵个个愁。这一班武将哪个有？还有诸葛用计谋。你杀刘备不要紧，他弟兄闻知是怎肯罢休！若是兴兵来争斗，曹操坐把渔利收。扭转回身奏太后，将计就计结鸾俦。

　　在甘露寺，乔玄周旋于孙权、刘备、吴国太三人之间，向吴国太夸耀刘备帐下文武，孙权怒不敢言。说到赵云时，二人就赵云到底三进三出还是七进七出产生了争执：

　　乔玄：此人姓赵名云字子龙，乃真定常山人氏。这位将军在长坂坡前与曹兵交战，杀入曹营，是七进七出！

　　孙权：嗳！三进三出！

　　乔玄：不、不、不，七进七出！

　　孙权：哽！三进三出！

　　乔玄：七出七进，是七进七出啊！

　　孙权：也不怕拌坏了你那老嘴！

　　乔玄：哼，本来是七进七出啊！

　　如果按照《三国演义》，赵云应该是两进两出。

《黄鹤楼》

《黄鹤楼》，又名《过江赴宴》，赵云为重要角色，由武生应工。此事载于《三国志平话》，元杂剧也有此剧，但《三国演义》并无这段故事。《黄鹤楼》演周瑜索要荆州，邀刘备过江，刘备与赵云同往，言谈间，周瑜索要荆州，赵云针锋相对，索要东风，问得周瑜哑口无言。赵云又按诸葛亮之计，利用周瑜令箭巧妙脱身。

这出戏最精彩的部分是赵云与周瑜的唇枪舌剑。刘备与赵云过江，在黄鹤楼赴宴，席间周瑜索要荆州：

> 三番两次朦哄人。赤壁鏖兵俺临阵，你国何曾当雄兵？早还荆州免仇恨，不然玉石俱皆焚！

刘备理屈词穷之际，赵云挺身而出，反驳周瑜：

> 周郎休要言语蠢，怎敢欺压我主君？曹操百万江南进，你国君臣害头痛。我国军师阴阳准，南屏山上借风云。再要提起荆州郡，休要怒恼赵将军！

周瑜又威胁刘备，若不归还荆州就不放他离开黄鹤楼，赵云针锋相对，反向周瑜索要东风，周瑜哑口无言，两人有如下对话：

> 赵云：周郎小儿敢夺乾坤！
>
> 周瑜：住了！我楼下兵多将你困。
>
> 赵云：猛虎岂怕犬一群！
>
> 周瑜：将你君臣踏芥粉，
>
> 赵云：子龙将军胆包身！

> 周瑜：刘备，今日不还荆州郡，谅你插翅难飞腾！
>
> 赵云：周郎，你要荆州俺应允。
>
> 周瑜：拿来！
>
> 赵云：拿什么来？
>
> 周瑜：还俺的荆州来！
>
> 赵云：拿来！
>
> 周瑜：拿什么来？
>
> 赵云：拿我国的东风来！
>
> 周瑜：这个……

赵云虽然不是这出戏的主角，但他有勇有谋，能言善辩，是全剧最出彩的角色。

赵云在剧中还有一句唱词："你东吴还有几美人？"由此可知，京剧《黄鹤楼》的故事发生在刘备甘露寺相亲之后。真实的历史中，黄鹤楼始建于 223 年，此时周瑜已经去世了十多年，无缘在此设鸿门宴。

《截江夺斗》

《截江夺斗》，又名《拦江夺斗》，改编自《三国演义》六十一回，赵云为主角，通常由武生应工。《截江夺斗》演孙权屡讨荆州不得，知刘备入川，乃用张昭之计，差心腹周善赴荆州，伪称母病，接孙夫人携阿斗归吴，欲以阿斗为质换取荆州。孙夫人不察，携阿斗登舟回吴。赵云得知，驾舟追赶，跃上大船，夺回阿斗。张飞随后赶来，杀死周善，同保阿斗回荆州。

《截江夺斗》是赵云戏的代表作，重要程度仅次于《长坂坡》。道光四年（1824 年）《庆升平戏目》中即有此剧，是

《截江夺斗》中的赵云（郝帅饰）

京剧诞生之初最早的一批剧目。

早期，赵云的扮相既有武生，也有武老生，京剧专家黄裳在《旧戏新谈》中讲解《截江夺斗》时说：

> 这戏的主角当然是赵云，用生扮。我这里说"生"，而不是武生，是有一点缘故的。因为这里赵云的年纪似乎并无定准。旧日京中名伶演此，李顺亭挂长髯，是武老生；而刘春喜不挂髯口，乃是武生也。

后人多从刘春喜，赵云不挂髯口，由武生应工。

截江夺斗的故事情节并不丰富，作为一出戏有些单薄。为了丰富情节，剧作者借题发挥，让赵云把长坂救主的经过连说带演详细叙述了一番，其中不乏"大翻身""屁股座子""叉""倒扎虎"等高难度动作。结尾还有一段唱：

> 赵云怒气冲，怒气冲，杀得满眼红，满眼红。曹营将士心胆痛，一片丹心报主公！只杀遍地成血海，阎罗王差来追魂牌。娘娘若去留太子，免得为臣挂心怀。

　　武生大师厉慧良先生对《截江夺斗》的改编非常成功。追舟截江时，为表现赵云的箭法，厉慧良先生巧妙地把《三国演义》中赵云射落船帆的情节移植了过来。设计夺斗的情节时，周善抢过阿斗，赵云见状内心十分焦急，在锣鼓点配合下，以搓手、揉肚、拾鞭、藏鞭、跋步、舞鞭、望门、扔鞭砸脚等身段动作表现赵云的矛盾，强夺阿斗恐失礼，不夺又眼看到东吴了。情急之下，赵云骗周善和孙夫人说阿斗左肩之上有一个朱砂痣，是真命天子，当年长坂坡时曾化作一道红光保护自己闯出长坂坡。孙夫人和周善找不到朱砂痣，赵云引得周善凑近，猛踏其足顺势夺过阿斗。这个改动，即表现了赵云的智谋，又照顾到了长坂坡的情节。

　　稍有遗憾的是，在诸多版本的《截江夺斗》中，阿斗仍然与《长坂坡》中一样，以婴儿的形态出现。

《子龙护忠》

　　《子龙护忠》，又名《阳平关》，改编自《三国演义》七十一回《据汉水赵云寡胜众》，赵云为主角，由武老生应工，挂黑色髯口。《子龙护忠》演赵云与黄忠前去北山劫粮，黄忠过期不归，赵云前去接应，击败曹将，救出黄忠，曹操率大军随后赶来，赵云摆空营计吓退曹操，乘胜追击，获得大胜。

　　昔日，谭鑫培曾与杨小楼合演此剧，谭鑫培演黄忠，杨小楼演赵云，两人将遇良才，棋逢对手，唱、念、做、打无懈可击，被称为"四美具而二难并"。

《子龙护忠》中的赵云（谭正岩饰）

原著中，赵云与黄忠二人通过拈阄的形式决定谁先去劫粮。但在京剧中，为了加快叙事节奏，删除了这段情节，改为由诸葛亮智激黄忠前去劫粮。赵云也说：

> 这老儿从来施惯性，不去激他功难成。

黄忠走后，诸葛亮暗中告诉赵云黄忠若是成功，赵云不用出兵，黄忠若是过午不回，赵云再出手相救。这样一来，故事就由"黄赵争功"变成了"子龙护忠"。

次日，黄忠果然过午未归，赵云前去接应，先后击败张郃、徐晃、曹洪、许褚，杀死焦炳、慕容烈，将黄忠救出。曹操认出赵云，唱到：

> 看看猛虎将擒到，何方来了这条蛟？只见他白盔白甲白旗号，好似那赵子龙他又到了灞陵桥。

剧中，赵云救出黄忠后，二人一同回到营中，开展了一段对话。黄忠不愿承认失败，夸耀自己功劳，赵云顾及黄忠面子，也不点破。两人一唱一和，饶有趣味：

赵云：老将军今日越发辛苦了。

黄忠：哎，说什么辛苦不辛苦，我指望那曹兵有限，却带五百名小卒，同张著将军，直杀到曹营大寨，心想劫他的粮草夺他的军器，一到北山，便尔放起火来烧粮。不料曹操亲统大兵，一拥而来，却是老夫左冲右突，如入无人之境一般，正在杀得高兴，忽见将军也在其中，真正杀得好爽快也。

赵云：这……赵某若不进去，相请老将军出来，此时那些曹兵，大约被将军都要杀尽了。

黄忠：尽呢却也难尽，只是烧得那贼，粮草已完，军兵丧半，虽未擒得张郃，眼见得那贼锐气尽矣。

赵云：此皆老将军之功也。

黄忠：哎。

赵云：哈。

黄忠、赵云：哈哈！

黄忠：多谢。

黄忠嘴上不承认，但心里十分清楚，最后说出了"多谢"二字，感谢赵云的救命之恩。

《凤鸣关》

　　《凤鸣关》，又名《斩五将》，改编自《三国演义》九十二回，赵云为主角，由武老生应工，挂白色髯口。《凤鸣关》演诸葛亮初出祁山，因赵云年迈，不用赵云，赵云大怒，请为先锋坚决出征，至凤鸣关，力斩曹魏大将韩德父子五人，建立奇功。

《凤鸣关》中用刀的赵云

京剧中，为了丰富情节，夺印时，增加了赵云表功勋的唱段：

> 军师说话藐视人，细听子龙表一表功勋。卧牛山前来归顺，跟随先帝数十春。当年大破金锁阵，我一人能挡百万兵。长坂坡我救过幼主性命，七进七出我显过了奇能。大功劳一时诉不尽，小功劳我数、我数也数不清。军师若是还不信，在功劳簿上细查个分明。眼前若有军师令，管叫那韩家父子难逃生。

诸葛亮再三劝阻，赵云坚决出征，甚至以死相逼，诸葛亮拗不过，最终派邓芝与赵云一同出征。

到了凤鸣关，为了渲染赵云武艺高强，增加了韩德击败邓芝的情节。赵云上阵后，连斩韩德四子。次日，韩德上阵，也被赵云斩杀。

值得一提的是，《凤鸣关》中，赵云的武器并不是枪，而是刀。赵云出马时唱：

> 人来带过刀和马……

击败韩德四子时，赵云唱：

> 宝刀一举狗命丧……

韩德出阵时，赵云唱：

> 四子俱在刀下丧……

甚至，赵云在对阵韩德时，竟然用了拖刀计：

且住，韩德老儿杀法厉害。倘若追来，拖刀计伤他……

在《三国演义》中，这一回的回目是"赵子龙力斩五将"，一个斩字给了京剧创作者灵感，创造出了赵云用刀的设定。这个设定也影响了后世的评书，在南派评书中，即有赵云晚年封枪用刀一说。

《天水关》

《天水关》，又名《收姜维》，改编自《三国演义》九十三回，赵云为重要角色，由武老生应工，挂白色髯口。《天水关》演诸葛亮攻取天水关，魏国守将马遵部将姜维请令出城迎战，击败赵云。诸葛亮深爱姜维之才，用计收降姜维。

老年赵云

这出戏中，最著名的是姜维请战时细数五虎将的唱段：

> 叫一声众三军细听根苗：刘玄德坐西川人称有道，全凭着五虎将立下功劳。他二哥关美髯谁人不晓，他三弟张翼德喝断了当阳桥。西凉将小马超英雄年少，还有个老黄忠惯使大刀。这一班五虎将俱已丧了，只剩下赵子龙老迈年高。

"赵子龙老迈年高"这句唱词被"相声八德"之一刘德智写进了相声《歪批三国》，流传甚广。《歪批三国》中，逗眼提到三国里有三个做小买卖的，第一个是卖草鞋的刘备，第二个是卖肉的张飞，这两个皆有据可查，但第三个竟然是卖年糕的赵云。苏文茂版本的《歪批三国》台词如下：

> 乙：第三一位谁做过买卖呀？
>
> 甲：第三一位就是赵云。
>
> 乙：赵云？
>
> 甲：赵云赵子龙。
>
> 乙：他做过什么买卖呀？
>
> 甲：他卖过年糕。
>
> 乙：赵云卖什么？
>
> 甲：卖过年糕啊！
>
> 乙：赵云卖年糕？您要说刘备卖草鞋，张飞卖肉，这个我不跟您抬啦。你要说"赵云卖过年糕"，这咱们得抬啦！据我知道赵云他没卖过年糕。
>
> 甲：依您说呢？
>
> 乙：赵云是世家子弟。
>
> 甲：噢，依你说嘛，赵云是卖柿子的。
>
> 乙：哎……谁说的？谁说卖柿子？世家子弟。

甲："世家子弟"怎么讲？

乙：也就是说赵云他们家是辈辈出做官的。

甲：不对，不对。卖年糕的。

乙：《三国》里头有吗？

甲：这个呀，《三国》是没有。

乙：你你怎么知道他"卖年糕"啊？

甲：哎，我是专门研究三国啊，我为了考证这一点，我翻了多少书，观摩了多少出戏，最后在一出戏里边，证实了这一点。才知道赵云赵子龙的确是卖年糕的。

乙：什么戏呀？

甲：有这么出京戏，叫《天水关》听过吗？

乙：收姜维？

甲：哎，对。姜维唱的几句流水板，把赵子龙这点儿家底儿，全给抖搂出来了。后人才知道他是卖年糕的。

乙：哦，姜维是怎么唱的？

甲：这样唱的。

乙：您学一学。

甲：(唱)"这一班五虎将俱都丧了，只剩下那赵子龙他老迈年高！"说赵子龙是"老卖年糕"。也就是说一辈子没卖过别的。这个"老"啊，就当"总"字儿讲。

乙：是啊，也就是一贯的卖年糕啊。

甲：哎，对对。

乙：连"驴打滚儿"都没卖过呀？

甲：没有，没有。赵子龙是"老卖年糕"。

乙：好！您这是"醉雷公"！

甲：这话怎么讲？

乙：胡批（劈）呀！您这是在哪儿听来的？不像话呀！

苏文茂（左）与搭档王佩元

甲：怎么不像话？

乙：哎呀，不错！姜维是唱过这么两句，说"赵子龙老迈年高"并不是他"卖过年糕"啊，而是说他岁数大了。这个"迈"不是买卖的"卖"！一个千万的"万"字儿，加一个"走之儿"。年高迈嘛！

甲：大概你这是错误！我这是正根儿！

乙：哦！正根儿在他这儿！

甲：那没错。

京剧中，姜维在单挑中击败了赵云，并不符合原著。在原著中，赵云败走是因为马遵、梁虔前来助战：

云恰待攻城，忽然喊声大震，四面火光冲天。当先一员少年将军，挺枪跃马而言曰："汝见天水姜伯约乎！"云挺枪直取姜维。战不数合，维精神倍长。云大惊，暗忖曰："谁想此处有这般人物！"正战时，两路军夹攻来，乃是马遵、梁虔引军杀回。赵云首尾不能相顾，冲开条路，引败兵奔走。（九十三回）

《失空斩》

　　《失空斩》，是《失街亭》《空城计》《斩马谡》的合称，三出戏故事内容前后衔接，常常连演，故称《失空斩》。《失空斩》改编自《三国演义》九十五回、九十六回，赵云为重要角色，由武老生应工，挂白色髯口。《失空斩》演诸葛亮派马谡镇守街亭，马谡违背诸葛亮将令，在山顶扎营，被魏军击败。司马懿乘胜直取西城，诸葛亮缺兵少将，无奈之下摆出空城计，吓退司马懿，并派赵云抵挡，彻底击退司马懿。马谡回营后，诸葛亮为严明军纪，挥泪斩之。

　　《失空斩》最早由卢胜奎根据王九龄的演出本修订而成，后来谭鑫培又对剧本进行了再加工，今天演员大多遵循谭鑫培的演出本。《失空斩》剧本结构严谨、主题鲜明、唱念精彩、人物形象栩栩如生，深受观众喜爱，特别是诸葛亮"我本是卧龙岗散淡的人"和"我正在城楼观山景"两段唱词更是脍炙人口。

　　《三国演义》中，诸葛亮派将时，命赵云与邓芝在箕谷埋伏，牵制魏军。《失空斩》做了一些改动，诸葛亮命赵云镇守柳城。原著中，柳城与街亭"此二处皆是汉中咽喉"，由高翔镇守。

　　为了使情节更加连贯，赵云箕谷退兵的故事也做了改动。马谡丢失街亭，诸葛亮摆空城计吓退司马懿后，赵云从柳城回营交令。诸葛亮料定司马懿必将去而复返，派赵云前去抵挡。司马懿听探报说西城乃一空城，果然下令复夺西城。这时，赵云引兵出场，截住司马懿。司马懿听说来将是赵云，立即下令收兵。并说："我说是实城，你们说是空城，难道那赵云是从天而降、就地而出？"。

　　赵云拒绝金帛的故事在《失空斩》中也没有表现。战退司马懿后，赵云回营交令，诸葛亮为赵云敬酒，赵云接杯先

《失空斩》中的赵云

敬天地后一饮而尽，然后下场。

原著中，诸葛亮挥泪斩马谡后，蒋琬问诸葛亮为何流泪。《失空斩》中，为了精简人物，蒋琬没有出场，询问诸葛亮之人换成了赵云。诸葛亮讲明原因后，说："后帐摆宴，与老将军贺功！"然后全剧结束。

京剧中没有关于赵云病逝的剧目，因此，《失空斩》是最后一出涉及赵云的京剧。

虽未谱金兰，前生信有缘。

忠勇付汉室，情义比桃园。

匹马单枪出重围，英风锐气敌胆寒！

一袭征袍鲜血染，当阳常志此心丹。

子龙，子龙，世无双，

五虎上将威名传。

——电视剧《三国演义》插曲《赵云之歌》

现代三国作品中的赵云

第五章
现代三国作品中的赵云

1. 连环画《三国演义》中的赵云

1955 年年底，上海人民美术出版社决定出版 60 卷的大型连环画《三国演义》，目的是希望"读者可以从那里认识整整一个时代"。

连环画《三国演义》在忠于原著的前提下做了慎重的改编，对原著中的著名情节和著名人物基本都予以保留，对于原著过分美化的诸葛亮、关羽等人作了一定程度的淡化，对于原著中宣扬的尊刘抑曹的封建正统观念、封建伦理观念和封建思想意识作了较为客观且有所批判地描述，对于原著中宣扬的封建迷信，因果报应等作了删除回避。这样的改编，有益于读者在正确思想观点主导下认识三国故事和三国人物，并为后来再版及发展不同版本打下了基础。

连环画《三国演义》采用传统手绘，画家们用纯朴的白描手法，再现人物之丰采，战争之激烈。从人物的喜怒哀乐，举手投足，到宫廷的雕梁画栋，军旅的行动作战，战场的金戈铁马，无不描绘得细致入微，栩栩如生，令人爱不释手。

连环画《三国演义》的绘画队伍囊括了当时上海滩所有优秀的古典题材高手，使整体水平保持在相当的高度。由

连环画《三国演义》

于创作者多达几十人，为了保证风格统一，出版社决定由刘锡永、徐正平、陈光镒、凌涛、卢汶五位画家先确定人物造型。他们参考了《历代帝王图》《凌烟阁功臣图》《三国演义》原著以及相关史料中对主要人物的年龄、身材、相貌特征的描述，经过反复研究、修改，塑造了曹操、刘备、孙权、关羽、张飞、赵云、吕布、周瑜、诸葛亮等115个形象。汇聚几十位优秀文本作者以及绘画名家共同创作，还能保持全书风格整体统一，实属不易。

连环画《三国演义》文字简洁，画工细腻，不仅受到儿童们的喜爱，就连一些专家学者也赞不绝口，改变了人们对小人书的理解。毛泽东也是这套连环画的忠实读者，把这套书放在床头，常常一连看好几天。有次，他的卫兵叫他吃饭，他靠在床上看，不愿动弹。卫兵说："主席，您还迷上看小人书啊？"毛泽东边翻书边说："小人书不简单呐，言简意赅。就那么几句话，多少大事多少人物就交代出来了，道理一目了然。"

连环画《三国演义》在1956年第四季度便陆续出版，到了1958年，由于政治形势和社会风气的原因，组稿、创作等工作都被停止。直到1962年，政治环境稍微松动，创作工作又重新开展起来，1964年60册全本终于出齐。

"文革"后，连环画《三国演义》重版时，删去了12册，只剩下48册。1989年，又把原来的60册合订成三大本32开的精装本出版，社会反响强烈，一版再版。1992年，再次再版，印数仍有好几万册。2014年，上海人民美术出版社以最初版为底本，重新整理出版了《三国演义》精装本连环画。据统计，自出版以来，连环画《三国演义》累计印数接近两亿册，为所有连环画出版物之最，在整个中国连环画史上无疑是巅峰之作。

赵云造型

赵云出场

1957年的《连环画研究》刊载了《三国演义》连环画的人物造型，赵云的形象是一位英俊的年轻武将。连环画中的赵云"浓眉大眼，阔面重颐"，与原著中的描述一致，仿佛从书中走出来一般。

在连环画第五本《跨江击刘表》中，第一次出场时，赵云跨马横枪，挡住文丑，救下公孙瓒。

二十三本《长坂坡》中，赵云是主角，因此成为封面人物，这让我们有机会一睹彩色的赵云。《长坂坡》的封面由刘锡永所绘，选取的是赵云为甘夫人夺马一幕，刘锡永笔下的赵云白马长枪，银盔银甲，一枪刺敌人于马下。

《长坂坡》的内容也是刘锡永所绘，他笔下的赵云略显消瘦。

《长坂坡》封面

《长坂坡》中赵云

《长坂坡》中赵云特写

《甘露寺》封面

　　二十九本《甘露寺》中，赵云是主要人物，也上了封面。《甘露寺》的封面由刘旦宅所绘，选取的是赵云保护刘备在甘露寺拜见吴国太一幕，赵云身着黄蓝两色盔甲。

《截江夺阿斗》封面

　　三十三本《截江夺阿斗》中，赵云也是主角，又成为封面人物。《截江夺阿斗》的封面也是由刘旦宅所绘，选取的是赵云夺回阿斗站在船头的一幕。

　　《截江夺阿斗》的内容由卢汶所绘，他笔下的赵云相比刘锡永略胖，更接近人物造型中的赵云。

《截江夺阿斗》中赵云

《定军山》中赵云

《刘备征吴》中赵云

汉水大战的故事被放进三十七本《定军山》中，由朱光玉所绘，此时的赵云仍然是没有胡须的年轻武将。

赵云第一次有胡须出现在四十一本《刘备征吴》中，由蒋萍所绘。

在四十五本《天水关》中，诸葛亮北伐，赵云请令担任先锋，力斩五将，由赵三岛所绘，此时赵云已经须发皆白。

《天水关》中赵云

《空城计》中赵云

在四十七本《空城计》中，赵云最后一次出场，拒绝诸葛亮的赏赐，由钱笑呆、徐兴与所绘。

在四十九本《姜维献书》中，赵云去世，赵统、赵广向诸葛亮报丧，由严绍唐、李铁生所绘。赵云虽然没有出场，但出现了赵云墓，墓上刻有"汉顺平侯赵云墓"。

《姜维献书》中赵云墓

《计取桂阳》封面

漫画中的赵云

连环画《三国演义》完美诠释了原著小说中赵云的风采，使赵云变得更加形象立体。但是，这套书也有一个遗憾，赵云计取桂阳的故事一笔带过，并没有详细描绘。后来，上海画报出版社请孙宏本先生补画了这段故事。

在国内外，也有一些三国漫画非常优秀，比如横山光辉的漫画《三国志》，在日本影响颇大。

2. 电视剧《三国演义》中的赵云

84集电视剧《三国演义》由中央电视台斥资1.7亿人民币打造，自播出以来，经久不衰，成为中国电视剧史的巅峰之作。

1987年，中国电视剧制作中心主任阮若琳，顾问戴临风，历史学家刘世德、冯其庸，评书《三国演义》监制袁枫和《红楼梦》制片人任大惠等人开会决定将《三国演义》改编为电视剧。1989年7月，电视剧《红楼梦》导演王扶林被任命为电视剧《三国演义》的总导演。

1990年6月，电视剧《三国演义》领导小组成立，由中央电视台台长王枫担任组长。8月，由杜家福、朱晓平、刘

电视剧《三国演义》

树生、叶式生、李一波、周锴六人组成编剧组，开始剧本创作。年底，编剧组以小说《三国演义》为基础，同时参考正史《三国志》，把一百二十回原著改编成80集的剧本（最终剪辑成84集），分为群雄逐鹿、赤壁鏖战、三足鼎立、南征北战、三分归晋五部分。

1990 年 8 月，剧组开展演员遴选工作，初选演员的工作由李法曾和顾凤莉负责，他们先后走访了北影、八一厂、北京人艺、青艺、儿艺、北京儿艺、总政、空政、海政等单位物色演员。角色基本确定后，剧组又在北京举办了演员学习班，第一阶段由李希凡、黎虎、王荣增、孟繁树、王辉强等专家为演员讲授三国历史文化课，第二阶段由马术师培训演员学习马术。

《三国演义》于 1991 年 3 月正式开机，拍摄期间，剧组辗转河北、内蒙古、四川、宁夏、甘肃、青海、西藏、江苏、湖北、云南等十余个省、市、自治区取景。参与拍摄的群众演员多达 40 余万人，规模空前。拍摄官渡之战，动用了解放军一个师的兵力；拍摄赤壁之战，动用了 3000 多名群众演员。经过近三年的努力，剧组最终于 1994 年 1 月完成拍摄，经过后期制作，同年 10 月 23 日在中央电视台一套黄金时间正式播出。电视剧《三国演义》之所以能这么快与观众见面，是因为剧组采取了五组同时拍摄的模式。

第一组导演蔡晓晴，负责拍摄第一集《桃园三结义》至第七集《凤仪亭》、二十四集《跃马檀溪》至四十四集《回荆州》，共计二十八集。

第二组导演沈好放，负责拍摄第八集《三让徐州》至二十三集《大破袁绍》，共计十六集。

第三组导演孙光明，负责拍摄五十三集《单刀赴会》至六十四集《安居平五路》，共计十二集。

第四组导演张绍林，负责拍摄六十五集《兵渡泸水》至七十七集《秋风五丈原》，共计十三集。

第五组导演张中一，负责拍摄四十五集《三气周瑜》至五十二集《夺占西川》、七十八集《诈病赚曹爽》至八十四集《三分归晋》，共计十五集。

分组拍摄加快了拍摄进度，但也造成演员分身乏术。剧组决定，除曹操、刘备、孙权、诸葛亮、关羽、张飞外，其他跨组人物采用多人一角的办法。比如，饰演赵云的演员就多达三人，分别是北京电影制片厂的张山、辽宁艺术剧院的杨凡、大连话剧团的侯永生。

张山在第一组，饰演赤壁之战前后的赵云，包括长坂救主、智取桂阳等故事。

杨凡在第二组、第三组、第五组，饰演归顺刘备前的青年赵云和三足鼎立时的中年赵云，包括截江夺斗、汉水之战等故事。

侯永生在第四组，饰演七擒孟获和一出祁山时的老年赵云，包括力斩五将等故事。

为赵云配音的是著名配音演员曲敬国，曲敬国声音浑厚强劲、力度十足，让人感觉特别沉稳成熟，深沉睿智，非常有男子汉的魅力。除赵云外，曲敬国还为剧中周瑜、姜维等人配音，电视剧《水浒传》中的武松也是曲敬国所配。

下面我们挑选重要情节介绍一下电视剧《三国演义》中的赵云。

赵云出场

从第八集《三让徐州》至二十三集《大破袁绍》，由沈好放导演，主要讲群雄逐鹿的故事。赵云在第八集《三让徐州》中第一次出场，由杨凡饰演。《三让徐州》中，曹操为报父仇攻打徐州，北海太守孔融邀刘备共救陶谦。初播版中，刘备与孔融的对话如下：

> 刘备：容备去公孙瓒处借三五千人马并求赵云同行，随后便到。

古城相聚时的赵云（杨凡饰）

> 孔融：公有关、张二将，何以更求子龙耶？
>
> 关羽：兄长自磐河之战与赵云相识，一见如故，甚相敬爱，从此便有不舍之心。
>
> 孔融：如此英雄相惜，实在令人可敬啊。

由于电视剧中没有磐河之战的情节，关羽的回答正好可以把这段故事交代一下。但是，在修正版中，删除了赵云相关的对话，变成了：

> 刘备：容备去公孙瓒处借三五千人马，随后便到。
>
> 孔融：如此英雄相惜，实在令人可敬啊。

这样一改，孔融口中的"英雄相惜"就变得不知所云了。我们不知道为什么会删除赵云相关的对话，可能是因为孔融此时不该称赵云为"子龙"。

接下来，赵云出场，与刘关张三人一起击败曹军，拜见陶谦。这时，删除了前面关于赵云对话的问题再一次显现。由于公孙瓒这个角色也由杨凡饰演，所以也许会有目光敏锐的观众认为刘备借来了公孙瓒，只是这个公孙瓒来之前剃光了胡子。

曹操退兵后，赵云与刘备分别，原剧本中，赵云与刘备有一段对话，刘备依依不舍，赵云承诺后会有期，但在正式播出版中，删除了这段情节。因此，《三让徐州》中赵云虽然出场，但并没有一句台词。

赵云的第一句台词发生在十九集《古城相会》，赵云与刘备巧遇，两人互诉衷肠。赵云正式归顺刘备后，杨凡在沈好放导演分组的戏也宣告结束。

长坂救主

从二十四集《马跃檀溪》开始到四十四集《回荆州》，剧情进入赤壁之战，由蔡晓晴导演拍摄，赵云也换成张山来演。这段剧情包括长坂坡等妇孺皆知的故事，因此，在饰演赵云的三位演员中，张山戏份最多、最重，留给观众的印象也最深。

张山是山东青岛人，1959 年出生，1976 年考入山东省话剧院，1982 年考入中央戏剧学院表演系，1986 年毕业后进入北京电影制片厂。

张山身材高大，相貌英俊，拍过多部武打片，身怀绝技，特别擅长骑马。因此，《三国演义》剧组一成立就找到张山，希望他能出演赵云。但张山一看送过来的剧本足有二尺来高，翻了半天仍不见赵云出场，而且又要与剧组签约三年，故而他犹豫不决。这时，太原电视台找到张山，说要拍摄电视连续剧《关公》，请他扮演主角关羽。张山一听来了兴致，于是放弃了《三国演义》中赵云，前往太原拍摄《关公》。

张山饰演的赵云

半年后，《关公》拍摄完成，张山回到北京。负责拍摄赤壁鏖战的第一组导演蔡晓晴再次找到张山，对他说："怎么样？赵云还是得由你来演！"张山被蔡导的诚意打动，刚刚放下青龙刀，就又拿起亮银枪。有了参演《关公》的基础，张山对三国有了深刻的认识。张山认为，虽然赵云与关羽同虎将，但赵云更加冷静谦逊。

在原剧本中，赵云单骑救主的故事本是独立的一集，叫《长坂雄风》。但经过后期剪辑，被一分为二，放在二十九集《携民渡江》的后半段和三十集《舌战群儒》的前半段，《长坂雄风》的名字也没有了。《携民渡江》从夺取青釭剑演到糜夫人投井，可以算进长坂坡，《舌战群儒》从抱阿斗突围演到刘备摔孩子，可以算出长坂坡。

张山骑术超群，甚至比剧组的马术师都好，因此拍摄长坂坡时，全程没有用过替身。在长坂突围一场戏中，张山身穿七层战袍，外罩30多斤重的盔甲，仍然表演了很多高难度的马上动作，比如镫里藏身、双手撒缰、侧方隐蔽等。蔡晓

《三国演义》剧照

晴导演对张山的骑术十分信赖，最早甚至考虑让他带一个真孩子上阵，但最终还是觉得太危险，放弃了这个想法。

在拍摄《三国演义》时，剧组为张山准备了两匹马，一匹是"走马"大白，另一匹是"跑马"小青。张山与他的坐骑建立了深厚的感情，常常用省下的钱买苹果、奶粉喂它们。特别是小青，别人骑它时又咬又踢，但对张山却老老实实。拍摄马落陷坑一场戏中，小青的鼻骨摔碎了，每次提及此事张山都无比伤心。

后期制作时，长坂突围一场戏还配上了一首歌曲，名叫《当阳常志此心丹》，也叫《赵云之歌》《子龙颂》，由谷建芬作曲、王建作词、崔京浩演唱，歌词如下：

> 虽未谱金兰，前生信有缘。
>
> 忠勇付汉室，情义比桃园。
>
> 匹马单枪出重围，
>
> 英风锐气敌胆寒！
>
> 一袭征袍鲜血染，
>
> 当阳常志此心丹。
>
> 子龙，子龙，世无双，
>
> 五虎上将威名传。
>
> 虽未谱金兰，前生信有缘。
>
> 忠勇付汉室，情义比桃园。
>
> 匹马单枪出重围，
>
> 英风锐气敌胆寒！
>
> 一袭征袍鲜血染，
>
> 当阳常志此心丹。
>
> 子龙，子龙，世无双，
>
> 五虎上将威名传。

在电视剧《三国演义》中，有专属歌曲的人物只有赵云、刘备、关羽、张飞、诸葛亮、曹操、曹植、周瑜、吕布、邹氏、貂蝉11人。

智取桂阳

原著五十二回赵子龙智取桂阳的故事被写进四十一集《力夺四郡》，原剧本中，桂阳太守赵范听说赵云前来夺取桂阳，准备开城投降，但陈应和鲍隆两员大将不同意，三人有如下对话：

> 赵范：今领兵攻城之赵子龙，当初在长坂坡万马丛中，如入无人之境，桂阳人马不多，莫如开城投降，以保全城池，使百姓免于战火……
>
> 陈应上前：太守，我愿出战！倘若敌不过赵云，再降不迟！
>
> 鲍隆：鲍隆也愿出战！

赵范拗不过二人，只得应允。陈应出战，抵不过赵云，逃跑中用飞叉掷赵云，赵云接住飞叉，生擒陈应，赵范投降。

拍摄时，也是按照剧本拍的，但剪辑时，为了简化情节，把陈应、鲍隆请战和陈应被擒的情节都删掉了，改为赵范直接投降。赵范与陈应、鲍隆的对话改为：

> 赵范：今领兵攻城之赵云，当初在长坂坡万马丛中，如入无人之境啊。唉，桂阳人马不多，莫如……莫如开城投降，以保全城池，使百姓免于战火……
>
> 鲍隆：鲍隆也愿出降。

如果仔细观察会发现，虽然配音说的是"鲍隆也愿出降"，但鲍隆的口型明显是"鲍隆也愿出战"。而且，此时鲍隆双手抱拳、眼神坚毅，完全不是说出投降该有的表情。

计取桂阳时的赵云（张山饰）

赵范投降后，提出与赵云结拜，赵云同意。两人摆设香案，对天盟誓，结为兄弟，赵云年长四个月，赵范拜赵云为兄。对饮中，两人有一段对话：

赵云：我父母早丧，又无兄弟姐妹，今天遇到贤弟，使我又多一亲人也！

赵范：我虽有一兄，却已弃世。从此我看待将军便同亲兄长一般！

这段叙述，原著中并没有，赵云父母何时去世于史无据，但正史上明确说赵云有个哥哥。

酒席间，赵范的寡嫂樊氏前来斟酒，赵云以礼相待，不敢对视。樊氏走后，赵范提出将樊氏许配给赵云，赵云大怒，拳打赵范拂袖而去。

原著中，赵范气不过，又派陈应、鲍隆诈降，但被赵云识破，杀死二人，假扮桂阳部队，声称陈鲍二将已经杀死赵云，骗赵范开城，将其生擒。但是，在电视剧中，把这段情节删掉了。

《力夺四郡》之后的三集是《美人计》《甘露寺》《回荆州》，讲的是刘备孙夫人龙凤呈祥的故事，赵云的戏份也非常重。

从二十四集《马跃檀溪》到四十四集《回荆州》，张山一共出演了二十一集的赵云，他扮演的赵云相貌英俊，骑术高超，能文能武，有礼有节，深受观众喜欢。赵云是张山一生中最重要的角色，《三国演义》播出前，接受中国电视报采访时，张山说：

中央电视台推出全国人民所熟知的《三国演义》，能在剧中扮演常山赵子龙，作为演员的我非常幸运，也是一生中的一大幸事。我非常感谢中央电视台和导演给予我这样的机会，也不会忘记与刘、关、张等所有主创人员艰苦奋斗、转战南北的日日夜夜。《三国演义》终于展现在全国亿万观众的面前，我的心情激动、紧张，用言语不能表达。因为我知道，像《三国演义》这种名著，剧中的每个人物，老百姓是太熟悉了。不过作为演员的我和导演及全体创作人员，为了完成好这部作品，已尽了心血和努力，但愿不会使亿万观众失望。希望你们能满意和喜欢赵云——长坂坡、救阿斗、七进七出——我所创造的这一艺术形象。

值得一提的是，张山可以称得上三国武将专业户，除了《关公》中的关羽，《三国演义》中的赵云，他还在电影《赤壁》中扮演过黄盖，电视剧《武神赵子龙》中扮演过黄忠。

在《武神赵子龙》中饰演黄忠的张山

截江夺斗中的赵云（杨凡饰）

截江夺斗

四十五集《三气周瑜》至五十二集《夺占西川》，剧情由赤壁之战转入三足鼎立，由张中一导演拍摄，杨凡再次饰演赵云。截江夺斗的故事出现在四十九集《刘备入川》，在原剧本中，这集就叫《截江夺斗》。

编剧为了表现阿斗与赵云的感情，增加了两段戏。一段是孙夫人与阿斗的对话：

> 阿斗：今天我们到哪里去玩？
>
> 孙夫人：今天不是去玩，带你去外婆家。
>
> 阿斗：外婆，远吗？
>
> 孙夫人：嗯，远。
>
> 阿斗：那赵将军怎么不跟我们一起去？
>
> 孙夫人：赵将军……军务太忙，不能同去。
>
> 阿斗：娘，我想赵将军。还想三叔……
>
> 孙夫人：阿斗，你不愿跟我去见外婆？
>
> 阿斗：娘，我愿意去。
>
> 孙夫人：阿斗！……

另一段是等赵云跳上孙夫人之船后，阿斗看见，扑向赵云想让赵云抱他，并叫："赵将军！"但被孙夫人拉了回来。

正式播出的版本中，保留了这两段加戏，但把"赵将军"的称谓改成了"赵叔"。从赵云加入刘备集团后，就称呼关羽、张飞为兄长，刘备也称赵云为四弟，因此，这里阿斗叫赵云"赵叔"也是合情合理的，也为接下来的截江夺斗埋下了伏笔。此时阿斗只有七岁，叫赵云赵将军反倒有些不合情理。

但是，也有观众对这种称呼提出了质疑，认为无论是正史还是演义，赵云从来没有成为刘备的四弟。我觉得这种看法有吹毛求疵之嫌，电视剧本身是一种再创作，不必处处死扣原著，况且无论京剧还是评书，都有"刘关张桃园结义，后续四弟赵子龙"的说法，民间对此早已接受。这有点像《水浒传》中武松擒方腊的故事，虽然在原著中没有，但影响力巨大，每一版本的电视剧水浒都采用了这个情节。

汉水之战

五十三集《单刀赴会》至六十四集《安居平五路》剧情正式进入三足鼎立阶段，由孙光明导演拍摄。赵云在五十六集《定军山》中出场，此时赵云有了三缕胡须，意味着赵云在剧中进入中年。

汉水之战的故事出现在五十七集《巧取汉中》。黄忠前去劫粮，与赵云约定午时返回。但黄忠到期未回，赵云前去

汉水之战中的赵云（杨凡饰）

接应。原著中，对赵云救黄忠的描述十分精彩：

> 　　直至北山之下，见张郃、徐晃两人围住黄忠，军士被困多时。云大喝一声，挺枪骤马，杀入重围，左冲右突，如入无人之境。那枪浑身上下，若舞梨花；遍体纷纷，如飘瑞雪。张郃、徐晃心惊胆战，不敢迎敌。（七十一回）

剧本中也有这样的描述：

> 　　赵云单人独骑冲杀进来！一条大枪上下翻舞，左挑右刺，神出鬼没，无人敢当……
>
> 　　"黄将军不必惊慌。赵云来也！"赵云大喝一声，挺枪直取张郃徐晃二人。
>
> 　　张徐不敢迎战，慌忙闪避。

但是，电视剧中只给了赵云两个镜头，丝毫没有"若舞梨花，如飘瑞雪"的美感。

接下来是赵云空营退敌。按照原著的设定，赵云摆出空营时"天色昏黑，正不知蜀兵多少"，所以曹操才会退兵。原剧本中，编剧也特意强调"他身后那座静悄悄的空营，在初临的夜幕笼罩下显得神秘莫测，给人以不祥之感。"但是，电视剧中这场戏却选择了在白天拍摄，如此一来，曹操退兵在逻辑上就有点讲不通了。

汉水之战本应是赵云除长坂坡外最精彩的表现，但电视剧拍摄得非常粗糙、潦草，无法体现原著的韵味。

六十一集《曹丕篡汉》中，刘备登基，准备伐吴，赵云劝谏，未穿戎装，而是身着鹖冠，是全剧中唯一一次。

六十四集《安居平五路》中，刘备托孤，嘱咐赵云多多看顾阿斗，此时赵云头发和胡须已经花白。这也是杨凡在《三国演义》中的最后一场戏。

总体来说，杨凡的赵云也是十分优秀的。拍完《三国演义》后，杨凡还曾在电视剧《水浒传》中扮演石秀，电视剧《曹操》中扮演关羽。

力斩五将

从六十五集《兵渡泸水》至七十七集《秋风五丈原》，故事进入南征北战阶段，由孙绍林导演拍摄，赵云的演员换成了侯永生。

侯永生本是大连话剧团的话剧演员，在 1987 年主演电视剧《努尔哈赤》，成功塑造了老年努尔哈赤的形象，从此声名鹊起，加之侯永生身高一米八二，多部电视剧都找他扮演老年将军，被称为老将专业户。

六十八集《出师北伐》中，赵云请令，担任先锋，力斩韩家五虎。原著中，赵云不过三回合刺死韩瑛、独战三将刺中韩琪、一箭射死韩琼、赤手空拳生擒韩瑶，击败韩德四子的方式各不相同。原剧本与原著基本相同，但是，拍出来的效果让人失望，赵云一枪一个，用同样的招式解决了韩德四子。

丢失街亭后，诸葛亮兵退汉中，赵云断后，原剧本保留了赵云箕谷退兵和拒绝金帛的故事，但播出时删除了这段情节。

力斩五将中的赵云（侯永生饰）

赵云谢幕

七十一集《空城退敌》的结尾，诸葛亮准备二次北伐，赵云的两个儿子前来报丧，告诉诸葛亮赵云病逝，还加了一句台词，说：

> 家父临终时说，他不能随军伐魏，虽死也难瞑目于九泉之下。

原著中，赵云儿子报丧之前，忽然来了一阵大风，把庭前松树吹折。孔明袖占一课，认为这是折损大将的预兆。剧中，因为涉及封建迷信，并没有这段情节。

但是，在七十二集《司马取印》的开头，赵云再次出现。当时，诸葛亮正在写《后出师表》，劳累过度的他睡意蒙眬，梦到了赵云，须发皆白的赵云对诸葛亮说：

> 丞相，子龙老矣，我已见不到恢复中原，先帝遗愿我已无法尽力。复兴汉室大业，丞相，就靠您一人了。子龙死不瞑目啊！丞相……

诸葛亮眼含热泪，突然惊醒，方知是梦。这段情节在原著中并没有，是编剧所加，但却是侯永生饰演的赵云留给我最深刻的印象。侯永生通过精湛的演技，表现出赵云的无奈与不甘，让人动容。这也是全剧中赵云最后一次出场。

电视剧《三国演义》一共84集，赵云第八集出场，七十二集谢幕，横跨六十五集，在所有人物中排名第一。总体来说，杨凡、张山、侯永生三位演员对赵云的演绎是成功的。尤其是张山扮演的赵云，是迄今为止我见过的最接近原著的形象。

聂远饰演的赵云

刘德华饰演的赵云

除央视版《三国演义》外，赵云的形象还在很多影视作品中出现，比如电影《见龙卸甲》、电视剧《三国》、电视剧《武神赵子龙》等等。虽然其中也不乏亮点，比如刘德华饰演的老年赵云，聂远饰演的青年赵云，但是，这几部影视作品在我看来都不属于正统的三国故事，编剧对《三国演义》的改动过大，只能算同人作品，我们就不加赘述了。

林更新饰演的赵云

《武神赵子龙》中的单骑救主场面

3. 游戏《三国志》中的赵云

在诸多三国游戏中，历史最长、影响最大、玩家最多的当属日本光荣公司（KOEI 株式会社）出品的三国志系列游戏。从 1985 年推出《三国志 1》到 2020 年推出《三国志 14》，长达 35 年的时间里光荣公司共出品了 14 代三国志游戏。

虽然名叫三国志，但游戏中的人物和事件综合了《三国志》与《三国演义》。光荣三国志的专家团队对历史和演义进行了详细的考究，使光荣三国志兼具游戏性和知识性，可以看作是三国文化的一种传承和推广，而非一般打着三国旗号的快餐游戏。很多年轻人甚至是外国人，正是因为玩了光荣三国志才了解甚至爱上三国的。因此，我们选择光荣三国志考察游戏中的赵云形象。

光荣三国志是回合策略类游戏，每一代都有不同的侧重，一般分为君主扮演和武将扮演两种模式。玩家扮演三国时代的人物，通过种田经商、招贤纳士、练兵习武、攻城略地，最终实现统一天下的目标。

光荣《三国志》游戏中的赵云

有人对日本读者最喜欢的三国人物做过调查，赵云仅次于诸葛亮排在第二位。因此，在光荣三国志中，赵云是非常重要的人物，经常会出现在游戏的宣传片中，也是少数几个有独立造型和独立音乐的人物之一。

光荣三国志人物众多，最新一代《三国志 14》有超过 1000 位人物供玩家选择，光荣三国志用两种方式区分人物，一是绘像，二是属性。

光荣三国志中人物绘像非常传神，在复古的同时兼顾现代人的审美，许多网络游戏、影视作品中都大量引用光荣三国志的人物绘像。历代赵云的绘像都是英俊小生的相貌，年龄在 25 岁上下，半身像则是白马长枪，银盔银甲，符合《三国演义》中"相貌堂堂，威风凛凛"的描述。

人物属性值决定了人物在游戏中的能力。每一代游戏中的属性类别会有差异，出现最多是统率、武力、智力、政治、魅力这五项。一般来说，统率决定战斗时部队的攻击力；武力决定单挑时武将的攻击力；智力决定战斗时计略的成功率；政治决定处理内政时的效果；魅力决定征兵的效果和登庸其他武将时的成功率。历代光荣三国志中赵云的五维属性如下：

光荣三国志赵云五维

	统率	武力	智力	政治	魅力
三国志 1		99	90		86
三国志 2		99	85		92
三国志 3		98	84	80	93
三国志 4	96	98	85	80	95
三国志 5		98	88	80	95
三国志 6	95	98	87	74	90
三国志 7		91	78	64	84
三国志 8		96	78	75	88
三国志 9	88	96	78	72	
三国志 10	91	96	75	65	81
三国志 11	91	96	76	65	81
三国志 12	91	96	76	65	
三国志 13	92	96	75	65	
三国志 14	91	96	76	65	71

《三国志 13》中的赵云名鉴

　　赵云的武力是五维中最高的，接近 100，其次是统率和魅力，都在 90 左右，智力在 80 左右，最低的是政治，在 70 左右。我们可以把最新一代游戏中五虎上将的五维属性做下对比。

《三国志 14》中五虎上将的五维属性

	统率	武力	智力	政治	魅力
关羽	96	97	75	63	94
张飞	86	98	33	22	44
赵云	91	96	76	65	81
马超	90	96	44	26	82
黄忠	87	93	63	52	74

《三国志 10》中选择是否答应与樊氏结婚

在五虎将中，赵云的智力和政治都是最高的，统率仅次于关羽，武力与关羽、张飞、马超不相上下，这基本符合《三国志》与《三国演义》的描述。

在武将扮演类型的作品中，玩家可以扮演游戏中的任何一个人物，考虑到赵云的人气，光荣公司为赵云设置了丰富的专属剧情。在《三国志 10》中，赵云排在推荐扮演人物的第一名，称赵云为"浑身是胆的真正武将"。游戏中，玩家既可以按照历史进程领略赵云传奇的一生，也可以做出改变历史的选择。比如，界桥之战后，刘备返回平原，演义中赵云继续留在公孙瓒处，但在游戏中玩家可以选择转投刘备。再如，智取桂阳后，赵范投降，欲将寡嫂樊氏许配给赵云，正史上赵云断然拒绝，游戏中玩家可以接受樊氏，与她结婚生子。

　　《三国志13》还设计了关于赵云早年经历的情节，名字叫飞龙乘云。故事从184年黄巾之乱开始，赵云与同乡夏侯兰组织私兵，在关羽的帮助下，击败黄巾贼，解放巨鹿郡。游戏的结尾，赵云与夏侯兰展开了一场关于未来的对话：

　　夏侯兰：赵云大人，请听我说，能将义勇军解散吗？

　　赵云：什么！？我已聚集到了像关羽大人如此值得信赖的伙伴，而且武名也正在上升啊……

　　夏侯兰：那么，容我提出个疑问，赵云大人在这乱世所为何志？

　　赵云：……为了义。

　　夏侯兰：义？

　　赵云：我想要展示义，展示大义……我愿将我化身为一把枪，去矫正天下之道，拯救痛苦的百姓。

　　夏侯兰：……嗯。既然如此，更应该要解散。去侍奉明君，为了平定天下而尽一己之力。要解散义勇军只能趁现在了。

　　赵云：……

　　夏侯兰：不论赵子龙还是关云长，都是能成为名将之才，若将其埋没，要如何对天下万民有所贡献。

　　赵云：可是……

　　夏侯兰：……呵呵。

　　赵云：夏侯兰大人……？

　　夏侯兰：哈哈哈！赵子龙，有什么好迷茫的！龙要得云，翱翔天际才配称龙啊！

　　赵云：！

　　夏侯兰：只要对自己老实就行了。

　　赵云：……抱歉。我要解散我军，作为一名将领，迈向天下。

　　夏侯兰：嗯！那么士兵以及关羽大人那边，就由我来

《三国志13》中赵云与夏侯兰的对话

转达解散军队的消息吧。

　　赵云：夏侯兰……你替我指出了该前进的道路，由衷地感谢。总有一天，我一定会回报你的恩义。

　　夏侯兰：哈哈哈！请你一定要平定这乱世……未来的英雄大人！

　　赵云：……我以这把枪发誓！

　　根据史书，之后赵云率领着义勇军，前往公孙瓒手下仕官。而数年之后，他遇上了命中注定的主公，为了向天下展现大义，尽情地挥洒了他那无双的武艺。

手游中的赵云形象

　　正史或演义都没有提及赵云早年的经历，飞龙乘云的情节恰好对这段空白做了补充。夏侯兰在正史上的确与"少小相知"，赵云在游戏中表达的政治理念也完全符合赵云"从仁政所在"的决心。游戏情节虽然是虚构的，但作者确实用心了。

　　除了光荣三国志外，还有很多优秀的三国游戏，比如《全面战争：三国》《三国群英传》等等，甚至还有以赵云为主角的《三国赵云传》。

长坂坡前忆子龙，

痴迷幼主累英雄。

孤忠未挽狂澜倒，

故址犹存国士风。

——范曾《过当阳作》

赵云的遗迹与传说

第六章
赵云的遗迹与传说

1. 赵云的遗迹

正定赵云庙

赵云庙位于河北省石家庄市正定县，1958 年 10 月毛泽东在天津接见中共正定县委书记杨才魁时说："正定是个好地方，那里出了个赵子龙。"

赵云庙旧址在正定滹水北岸。清代光绪年间，正定府学教授赵文濂在《顺平侯祠》一诗中写道："功从长坂坡前建，祠自滹沱水畔留。"正定历史上先后四次为赵云修庙。《古常山郡新志》记载："清乾隆帝过正定，特拨库银重建，并勒

赵云故里碑

石曰：赵云故里。文武百官至此下马。"道光六年（1826 年）
赵云庙由沱水北岸移建于东北草场，时任正定知府的金洙在
《改建赵将军庙》碑文开头写道："天下人虽乡愚，妇孺无不
知古有赵子龙将军，亦无不知将军为常山正定人。"同治元
年（1862 年），立"汉顺平侯赵云故里"碑，保留至今。如
今的赵云庙，是在道光年间的旧址上第四次重修的，于 1997
年 4 月 13 日正式对游客开放。

赵云庙占地 12 亩，东西宽 50 米，南北长 150 米，总建
筑面积 1500 平方米，基本保留和丰富了原庙的历史风貌。赵
云庙采用仿明清古建筑结构，分为二进院落，主要建筑有庙
前广场、山门殿、四义殿、五虎殿、君臣殿和顺平侯殿。

庙前广场中央设有一座汉白玉赵云雕像，是长坂坡赵云
怀抱阿斗跃马挺枪时的英雄形象。塑像前还立有一尊石碑，
上书"赵云故里"四个大字。

山门殿匾额"赵云庙"三字为前佛教协会会长赵朴初所
题。山门殿内有赵云的塑像、壁画及生平简介。

进入赵云庙一进院，东西有两个六角碑亭和两个卧碑。
东碑亭为《重修赵云庙碑记》，西碑亭为清同治元年（1862 年）
八月所立的"汉顺平侯赵云故里"碑。东卧碑为陈寿所著《赵
云传》，西卧碑为裴松之所引《云别传》。

一进院的正中为四义殿，供奉刘备、关羽、张飞、赵云
四人塑像。刘备坐在正中，赵云在刘备右侧，关羽、张飞在
刘备身后。殿内还有正定现代书法家手书的《四义赋》《四
义殿怀古》等辞赋。

二进院的西侧为五虎殿，自左向右依次供奉黄忠、赵云、
关羽、张飞、马超五人塑像，关羽居中。殿内还有介绍五人
生平的文字和壁画。

二进院的东侧为君臣殿，自左向右依次供奉张飞、关羽、

汉顺平侯赵云故里碑

刘备、诸葛亮、赵云五人塑像，刘备居中。殿内还有介绍五人生平的文字和壁画。

二进院北侧为顺平侯殿，也就是赵云庙的主殿，供奉赵云及其长子赵统、次子赵广。赵云居中端坐，赵统持剑，赵广持枪，在赵云左右护卫，两旁有十位勇士按刀肃立。顺平侯殿两侧画有八幅壁画，分别从忠、义、仁、勇不同角度反映赵云的一生。

此外，赵云庙内还有饮马槽、八角井、练功锁等物，均为原庙遗物。

正定积极打造"赵云故里"这一文化品牌，县内多处地名与赵云有关，如常山公园、子龙广场、子龙大桥、子龙小学等。2004年4月25日，河北省赵子龙文化研究会在正定成立。

当阳长坂坡公园

当阳市赵云塑像

长坂坡公园位于湖北省宜昌市下属县级市当阳市。明万历十年（1582年），当阳本地有识之士在本县树立"长坂雄风"石碑一块，纪念赵云单骑救主之忠勇。1936年，当阳县长熊杏圃与当地驻军王禹九团长协力在县内兴建长坂坡公园，隆其观瞻，以彰先民尚武精神。1979年，长坂坡公园扩建，增加子龙阁等建筑物。2015年再次扩建，总占地面积达30800平方米。

长坂坡公园位于当阳市中心城区，公园大门外10余米的街心花坛中，有一尊赵云雕塑。雕塑修建于1985年，由塑像和基座两部分组成。塑像采用赵云长坂救主时挺枪跃马的形象，长4.5米，宽1.8米，高4.3米，由青铜制成，重20余吨。基座采用红砖浆砌、青石贴面饰浮雕。正面刻有国学大师范曾诗作《过当阳作》:"长坂坡前忆子龙,痴迷幼主累英雄。孤忠未挽狂澜倒,故址犹存国士风。"背面刻有赵云长坂救主的经过和雕塑的简介,侧面为蛟龙戏水花纹图案。

　　赵云雕塑马路对面就是长坂坡公园的东南门,东南门建筑为四柱三间牌楼式大门,上书"长坂坡"三个大字,两侧是中国书法家协会副主席李铎题写的对联,上联:"孟德追玄德,德追德,翼德退孟德,有德无德,德外有德",下联:"子龙救幼龙,龙救龙,真龙敬子龙,似龙非龙,龙中有龙"。孟德为曹操、玄德为刘备、翼德为张飞,子龙为赵云、幼龙为阿斗,真龙为刘备,巧妙地把赵云单骑救主和张飞喝退曹兵的故事嵌入联中。

　　穿过牌楼门,拾阶而上,高台尽头便是公园中最醒目的

长阪雄风碑

建筑子龙阁。子龙阁建筑采用仿汉式建筑风格，三层重檐攒尖顶，粗犷简约，色彩朴素，反映了赵云所在的时代特征。子龙阁底座两旁是一组浮雕，展现的是与当阳相关的三国故事。登上36级台阶即进入子龙阁，阁内有一尊赵云坐像，两旁对联为"浑身是胆七出重围存太子，有口皆碑三分激战数将军"，横批"蜀顺平侯"。

穿过子龙阁，即可看到长坂坡公园正中的长阪雄风石碑。最早的石碑为明万历十年（1582年）所立，清乾隆年间重刻。抗日战争时期，日军占领当阳，石碑被日寇掠走。抗日胜利后，当阳县长胡次平于1947年按照旧制重刻了长阪雄风石碑。石碑高2米，宽0.9米，厚21厘米。正面楷书"长阪雄风"四个大字，直径为35厘米，石碑顶上塑有龙凤图案。石碑四周塑有10组雕像，分别为：悬羊鸣鼓、三顾太子、解救甘母、拱下避难、古井遗风、景山观战、单骑救主、跃马冲阵、张飞断桥、刘备掷子。这些故事，有些来自历史，有些来自演义和传说。

长坂坡公园内还有一条碑廊和一条画廊，碑廊收集了历代文人雅士在长坂坡留下的题字碑刻，画廊的壁画展现了赵云长坂救主的英姿。

当阳市还有太子桥、娘娘井等景点，也与赵云长坂救主的故事有关。

太子桥本为元代所建，原名玉阳桥，清代为纪念赵云救幼主，改名太子桥，如今原桥已毁，太子桥石碑犹存。

娘娘井为感念糜夫人而建，又名糜夫人井，旧时井边有糜后祠，又名娘娘庙，如今庙祠已毁，娘娘井尚存。

当阳市内与赵云相关的地名更是俯首皆是，如长坂街、子龙路、子龙小学等等。赵云，已经成为当阳市的一张文化名片。

大邑赵云墓

赵云墓位于四川省成都市大邑县东郊银屏山（又名锦屏山）南麓，与《三国演义》的说法一致："（后主）敕（赵云）葬于成都锦屏山之东，建立庙堂，四时享祭。"

但是，在《三国志》等正史中，并没有记载赵云葬于何处，直到明清地方志中才有所提及。据曹学佺《蜀中名胜记》卷十三《上川南道》载："静惠山，一名东山，山下土城，相传是蜀汉将军赵云筑，盖云尝防羌于此，有云墓及庙存。"《大清一统志》卷三百十《邛州》载："赵云墓，在大邑县东三里。"

原子龙庙在明代末年毁于战火，清康熙四年（1665年），大邑知县李德耀为赵云墓建祠立碑，春秋祭祀。墓碑高七尺、宽三尺，上书"汉顺平侯赵云墓"七个阴刻贴金大字，两侧有对联"赤胆永佑江原父老，忠魂犹壮蜀国山河"。乾隆、嘉庆年间对子龙庙进行过三次大规模修葺，道光、咸丰年间又加以扩建，拥有三重大殿，山门悬挂"常山正气"匾额，大殿前有石马一对，象征赵云的坐骑。

1930年，大邑县长解汝襄会同县人扩建子龙庙，占地一万多平方米，由戏台、仪门、前殿、正殿、拜殿、厢房等部分组成，栋宇错落，蔚为壮观。每年阳春三月，子龙庙都会举行庙会，车水马龙，热闹非凡。

民国时期，四川军阀刘成勋、刘湘、刘文辉都是大邑人。他们认为，赵子龙功勋盖世，使大邑成了人杰地灵的蜀之望县。他们每年回乡都要来祭拜，或捐款培修，或铸金匾悬挂庙堂，以表敬仰。

1949年后，县人民政府曾先后两次拨款培修子龙庙，并在里面开设茶园，举办文物展览，供群众闲暇游憩。1961年赵云墓成为县级文物保护单位，1985年成为市级文物保护单位，1996年成为省级文物保护单位。

历经十年浩劫和汶川地震，赵云墓损毁严重。2011 年 3 月，大邑县修复赵云墓时，无意中掘到了赵云墓道，挖出了很多墓砖。为了不破坏赵云墓，最终决定停止挖掘、封存保留。如今的赵云墓冢呈半圆形，形如小山丘，依山而建，红墙巍巍，隐现于翠柏、修竹之间。墓前石碑为九十年代所建，宽约四尺，高约一丈，上书："汉顺平侯赵公子龙神位"。

子龙庙受到的打击更为严重，曾经 2000 平方米建筑面积如今剩下 150 平方米，当地政府正在积极修复中。

静惠山公园内还有望羌台、平云亭、子龙祠。

静惠山山顶旧有土台，相传赵云在此防羌，故名望羌台。如今的望羌台也建在静惠山山顶，高 14 米，登临极目，千里平川，万点青苍，尽收眼底。

平云亭原亭为北宋诗人范镇所筑，"平云"之名有双关之意，一指此亭高耸入云，二指做人与赵云看齐。范镇有五言绝句《平云亭》二首，其中两句为："坐来知日永，立处与云平。"南宋诗人陆游来到大邑时曾在此亭中休息，并作七律《平云亭》。原亭在"文革"中被毁，如今的平云亭两楼一底，通高 14 米，朱漆彩绘，飞角凌空。

子龙祠内有一尊赵云坐像，全身银盔银甲，白髯垂胸，双手扶膝，头戴四方侯爷帽，双目炯炯有神。长子赵统、次子赵广在赵云两旁守护。两侧还有表现赵云忠勇的壁画和雕塑。

除静惠山公园，大邑县还有寨子山、望军山，相传为赵云安营和演兵之所。

大邑县的很多地名都与赵云有关，如顺平大道、子龙街、子龙街小学等。2005 年 12 月 2 日，大邑赵子龙文化研究会成立，致力于弘扬"忠、义、仁、智、勇"的子龙精神。

2. 赵云的传说

民间有很多关于赵云的传说，最著名的是关于赵云死因的故事。这个故事有两个版本，都与洗澡有关。一个版本说赵云晚年与同僚在河里洗澡，大家脱光衣服，都遍体鳞伤，只有赵云一生未尝败绩，一点伤疤都没有。赵云哈哈大笑，岔气而死。另一个版本是说赵云晚年在家洗澡，赵云妻子发现赵云征战一生没留伤疤，和赵云开玩笑，拿绣花针刺了赵云一下，要给赵云留点伤疤，赵云血流不止（血友病？），不久身亡。这两个版本都以常胜将军为出发点，把赵云的死因归结到征战一生未留伤疤上，为赵云之死增加了传奇色彩。

大部分关于赵云的民间传说都和这个故事一样子虚乌有，但也有一些传说有迹可循，反映了赵云在当地的影响，可供后人凭吊。

赵子龙饮马槽

河北正定兴隆寺内有一石槽，后移入赵云庙，相传赵云曾用此石槽饮马。

常山真定城南有条河，河的拐弯处有块大怪石。平时这怪石安安静静隐藏在水中，一有船过就兴风作浪，蹿出水面，撞翻船只，百姓称这里叫怪石湾。

有一年，赵云坐船在此经过。船行到怪石湾时，怪石露出来，掀起波浪，扑向赵云乘坐的小船。赵云一看，说声不妙，挺身举枪，向那怪石刺去，只听得一声巨响，赵云的枪尖已深深刺入怪石。他用尽全身力气，向上一挑，又是一声巨响，那怪石被挑到河岸上，怪石上留下了银枪刺中的一个大窟窿。赵云这一枪除去了怪石，河水顿时风平浪静，船夫们都夸赵云神勇。

据说，后来赵云把这块怪石当作饮马槽。这饮马槽一年四季清水不断，夏天水不热，冬天水不冷，赵云的战马饮此槽之水后百病不生。

赤壁矶子龙滩

在赤壁矶的东边，翼江亭下，有一片大沙滩，涨水时，隐没在水里，水退后，露出茫茫黄沙，这就是有名的子龙滩。

传说，赤壁大战前，诸葛亮借来东风后，在赵云的保护下返回夏口。周瑜派徐盛、丁奉追赶，要除掉诸葛亮。赵云不想伤了两家和气，于是一箭射断吴军船上挂帆的缆绳。那帆篷落下，飘入江中，变成了一片大沙滩，挡住了东吴船只前边的水路。徐盛、丁奉仗着人多势众，本想追赶，但是，船搁浅在沙滩上，休想再动一步。

沙滩帮助赵云保护诸葛亮逃脱，因此被人们称为子龙滩。

桂阳八角井

八角井又名蒙泉，在桂阳县城西南芙蓉峰下，泉水甘洌，为桂阳城第一泉。八角井旁有宋刻"蒙泉"二字石碑一方，高 2.3 米，宽 1 米。清光绪十三年（1887 年）知州陈国仲雇石匠将蒙泉砌成八形井，并在井侧建一石亭。

相传赵云领兵取桂阳，大营扎在城西芙蓉峰下，桂阳太守赵范坚守不出。双方相持多日，赵云全军无水可喝，只好求诸葛军师出主意。诸葛亮说："我只管用兵打仗，不管饮水。给你一张八卦图，拿回去好好琢磨用兵攻城之法。"

赵云心想：有妙计破城，倒也不必为饮水着急。他回营把纸铺在地上，见纸上只画有一个平平常常的八角图形。他左看右看，看不出什么门道，一着急，就提枪朝那张纸掷去，枪尖正好刺中八角图形中心。顿时一声巨响，面前出现一口井，样子、大小都和军师所画的图形一模一样。井中直涌泉水，那水又清又甜。围城的人马有了水喝，终于攻破桂阳城。

镇江果子巷

镇江有一小巷叫果子巷，地名与赵云有关。

相传赵云随刘备到东吴招亲，被孙权安排在城外驿馆住下，不许走动。根据诸葛亮的锦囊妙计，赵云应该把刘备到东吴招亲一事四处张扬，如今寸步难行，此计无法施行，赵云十分焦急。驿馆的厨师是赵将军同乡，见赵云不思饮食，以为赵云水土不服染病，就精心做了几样点心送去。点心中有一种焦黄的甜果子，赵云见后心生一计。

赵云派人赶做了一万个这种甜果子，然后命士兵抬到城里最热闹的地方大声吆喝，请百姓来尝刘皇叔招亲的喜果子。果子又香又甜，百姓奔走相告，都赶来讨喜果子吃，没几天工夫，孙权嫁妹的事全城皆知。孙权被迫假戏真做，承认了这门亲事。

赵云散果子给百姓吃的地方，被人们叫作果子巷。

子龙洗马塘

子龙洗马塘原址在四川成都和平街小学内，今已不在。明代，和平街称子龙塘街，相传是赵云成都府邸所在地。子龙塘街原有一池塘，清代初年塘边尚嵌有"汉赵顺平侯洗马池"八个大字。

相传赵云的战马叫白龙驹，脚力好，通人性。赵云特别喜欢这匹马，每次征战回来，总要给它好好洗刷一番。赵云到成都后，为了洗马，特地在宅第后面挖了一个池塘。他每天操练完毕，就把白龙驹牵到池中洗一洗。

天长日久，白龙驹洗得膘肥毛光。其他将领问赵云，白龙驹为啥养得这样好。赵云说他有一口洗马池塘。将领们都要求去洗一洗自己的坐骑。赵云待人宽厚，就让大家来洗马。那池塘果真神奇，其他将领的战马来这里洗过之后，也是膘肥毛光，精神抖擞。

这池水的奇功神效就一传十、十传百地传开了。蜀汉灭亡后，人们还来这池塘洗马，池水的奇效又一代一代传了下来。

南阳赵云墓

南阳赵云墓及子龙祠在南阳城南三十里屯，其墓相传为唐代创建，应为赵子龙衣冠冢。古冢系夯土所筑，高约 5 米，呈椭圆，南北长约 25 米，东西宽 20 米。墓前原有螭首古碑两通，如今墓碑已经不在，但有碑记拓片存世。

传说，为了拉拢汉人，清顺治皇帝自称是刘备转世，并对群臣说二弟关羽托梦告诉他三弟张飞在辽阳，四弟赵云在南阳，并下了三道圣旨，第一道是令全国大修关帝庙，第二道是在辽阳访张飞，第三道是在南阳寻访赵云。

南阳知县三个月也没有找到一个像赵云的人。恰巧，南阳城南三十里屯村有个农民叫赵走军，外号赵大个，因打人被送到衙门。知县见赵走军浓眉大眼，长相非凡，顿时转忧为喜，忙问姓名，听说叫赵走军，知县心想："走"字加一个"军"字，不是"運"吗。赵运就是赵云转世。他马上命人给赵大个松绑，更衣吃饭，然后说："你好好歇一天，明天跟我进京见皇上。"赵大个不知道发生了什么事，以为进京是要杀头，越想越怕，当晚悬梁自尽。

听说赵大个自杀，钦差大人吓得魂不附体，赶紧回京向圣上请罪。顺治得知事情的来龙去脉，没有怪罪他，只是伏案痛哭，并下了一道圣旨，将四弟赵云的化身赵走军按王侯待遇埋葬在南阳三十里屯，并修建子龙祠永远悼念，于是就有了南阳的子龙墓。

台湾佳里永昌宫

台湾佳里永昌宫

明永历十五年（1661年）郑成功率兵收复台湾，赶走荷兰人，推行寓兵于农的政策。来自福建省同安县的林六叔退役后，被分配在今台南县佳里镇，成为创村之始祖。

清康熙三十年（1691年），村民为谋求精神寄托，共同决定筑一草屋供奉神明。恰巧，村民林廷龙于村旁溪中捞鱼，见溪中漂来一块樟木，经多次驱入溪流中竟仍回流不前，林廷龙将该樟木拾起，发现上面有白蚁所嗑"常山赵子龙"五字。林廷龙大惊，将这块樟木拿回村中，村民看后叹为观止，认为是神明暗中指引，于是建造了一座草屋供奉这块樟木，早晚焚香膜拜。不久，村里又来了一个泉州的雕刻师，自称是赵云托梦命他来此雕刻金身，村民听后便委托他将此樟木雕成大小两尊赵云神像。

乾隆十八年（1753 年），村民林秋眼见草屋颓废，会集乡老林寅、沈定、杨待等倡议筹资兴建庙宇，至乾隆二十年（1755 年）兴建完成，同年十月吉日恭请赵府元帅入庙安座，并因赵云曾被刘禅册封为永昌亭侯，乃取庙名为永昌宫，又称子龙庙。

附录

1.《三国志·赵云传》

（裴松之引《云别传》注释）

赵云字子龙，常山真定人也。本属公孙瓒，瓒遣先主为田楷拒袁绍，云遂随从，为先主主骑。

《云别传》曰：云身长八尺，姿颜雄伟，为本郡所举，将义从吏兵诣公孙瓒。时袁绍称冀州牧，瓒深忧州人之从绍也，善云来附，嘲云曰："闻贵州人皆原袁氏，君何独回心，迷而能反乎？"云答曰："天下讻讻，未知孰是，民有倒县之厄，鄙州论议，从仁政所在，不为忽袁公私明将军也。"遂与瓒征讨。时先主亦依讬瓒，每接纳云，云得深自结讬。云以兄丧，辞瓒暂归，先主知其不反，捉手而别，云辞曰："终不背德也。"先主就袁绍，云见于邺。先主与云同床眠卧，密遣云合募得数百人，皆称刘左将军部曲，绍不能知。遂随先主至荆州。

及先主为曹公所追于当阳长阪，弃妻子南走，云身抱弱子，即后主也，保护甘夫人，即后主母也，皆得免难。迁为牙门将军。先主入蜀，云留荆州。

《云别传》曰：初，先主之败，有人言云已北去者，先主以手戟擿之曰："子龙不弃我走也。"顷之，云至。从

340

平江南，以为偏将军，领桂阳太守，代赵范。范寡嫂曰樊氏，有国色，范欲以配云。云辞曰："相与同姓，卿兄犹我兄。"固辞不许。时有人劝云纳之，云曰："范迫降耳，心未可测；天下女不少。"遂不取。范果逃走，云无纤介。先是，与夏侯惇战于博望，生获夏侯兰。兰是云乡里人，少小相知，云白先主活之，荐兰明于法律，以为军正。云不用自近，其慎虑类如此。先主入益州，云领留营司马。此时先主孙夫人以权妹骄豪，多将吴吏兵，纵横不法。先主以云严重，必能整齐，特任掌内事。权闻备西征，大遣舟船迎妹，而夫人内欲将后主还吴，云与张飞勒兵截江，乃得后主还。

先主自葭萌还攻刘璋，召诸葛亮。亮率云与张飞等俱溯江西上，平定郡县。至江州，分遣云从外水上江阳，与亮会于成都。成都既定，以云为翊军将军。

《云别传》曰：益州既定，时议欲以成都中屋舍及城外园地桑田分赐诸将。云驳之曰："霍去病以匈奴未灭，无用家为，今国贼非但匈奴，未可求安也。须天下都定，各反桑梓，归耕本土，乃其宜耳。益州人民，初罹兵革，田宅皆可归还，令安居复业，然后可役调，得其欢心。"先主即从之。夏侯渊败，曹公争汉中地，运米北山下，数千万囊。黄忠以为可取，云兵随忠取米。忠过期不还，云将数十骑轻行出围，迎视忠等。值曹公扬兵大出，云为公前锋所击，方战，其大众至，势偪，遂前突其陈，且斗且却。公军败，已复合，云陷敌，还趣围。将张著被创，云复驰马还营迎著。公军追至围，此时沔阳长张翼在云围内，翼欲闭门拒守，

而云入营，更大开门，偃旗息鼓。公军疑云有伏兵，引去。云雷鼓震

天，惟以戎弩于后射公军，公军惊骇，自相蹂践，堕汉水中死者甚多。先主明旦自来至云营围视昨战处，曰："子龙一身都是胆也。"作乐饮宴至暝，军中号云为虎威将军。孙权袭荆州，先主大怒，欲讨权。云谏曰："国贼是曹操，非孙权也，且先灭魏，则吴自服。操身虽毙，子丕篡盗，当因众心，早图关中，居河、渭上流以讨凶逆，关东义士必裹粮策马以迎王师。不应置魏，先与吴战；兵势一交，不得卒解。"先主不听，遂东征，留云督江州。先主失利于秭归，云进兵至永安，吴军已退。

建兴元年，为中护军、征南将军，封永昌亭侯，迁镇东将军。五年，随诸葛亮驻汉中。明年，亮出军，扬声由斜谷道，曹真遣大众当之。亮令云与邓芝往拒，而身攻祁山。云、芝兵弱敌强，失利于箕谷，然敛众固守，不至大败。军退，贬为镇军将军。

《云别传》曰：亮曰："街亭军退，兵将不复相录，箕谷军退，兵将初不相失，何故？"芝答曰："云身自断后，军资什物，略无所弃，兵将无缘相失。"云有军资余绢，亮使分赐将士，云曰："军事无利，何为有赐？其物请悉入赤岸府库，须十月为冬赐。"亮大善之。

七年卒，追谥顺平侯。初，先主时，惟法正见谥；后主时，诸葛亮功德盖世，蒋琬、费祎荷国之重，亦见谥；陈祗宠待，特加殊奖，夏侯霸远来归国，故复得谥；于是关羽、张飞、

马超、庞统、黄忠及云乃追谥，时论以为荣。

> 　　《云别传》载后主诏曰："云昔从先帝，功积既著。朕以幼冲，涉涂艰难，赖恃忠顺，济于危险。夫谥所以叙元勋也，外议云宜谥。"大将军姜维等议，以为云昔从先帝，劳绩既著，经营天下，遵奉法度，功效可书。当阳之役，义贯金石，忠以卫上，君念其赏，礼以厚下，臣忘其死。死者有知，足以不朽；生者感恩，足以殒身。谨按谥法，柔贤慈惠曰顺，执事有班曰平，克定祸乱曰平，应谥云曰顺平侯。

云子统嗣，官至虎贲中郎，督行领军。次子广，牙门将，随姜维沓中，临陈战死。

2.《三国演义》赵云内容节选

四十一回《赵子龙单骑救主》

> 　　……却说赵云自四更时分，与曹军厮杀，往来冲突，杀至天明，寻不见玄德，又失了玄德老小，云自思曰："主公将甘、糜二夫人与小主人阿斗，托付在我身上；今日军中失散，有何面目去见主人？不如去决一死战，好歹要寻主母与小主人下落！"回顾左右，只有三四十骑相随。云拍马在乱军中寻觅，二县百姓号哭之声震天动地；中箭着枪抛男弃女而走者不计其数。赵云正走之间，见一人卧在草中，视之，乃简雍也。云急问曰："曾见两位主母否？"雍曰："二主母弃了车仗，抱阿斗而走。我飞马赶去，转过山坡，被一将刺了一枪，跌下马来，马被夺了去。我争斗不得，故卧在此。"云乃将从骑所骑之马，借一匹与简雍骑坐；又着二卒扶护简雍先去报与主人："我上天入地，好歹寻主母与小主人来。如寻不见，死在沙场上也！"

　　说罢，拍马望长坂坡而去。忽一人大叫："赵将军那里去？"云勒马问曰："你是何人？"答曰："我乃刘使君帐下护送车仗的军士，被箭射倒在此。"赵云便问二夫人消息。军士曰："恰才见甘夫人披头跣足，相随一伙百姓妇女，投南而走。"云见说，也不顾军士，急纵马望南赶去。只见一伙百姓，男女数百人，相携而走。"云大叫曰："内中有甘夫人否？"夫人在后面望见赵云，放声大哭。云下马插枪而泣曰："使主母失散，云之罪也！糜夫人与小主人安在？"甘夫人曰："我与糜夫人被逐，弃了车仗，杂于百姓内步行，又撞见一枝军马冲散。糜夫人与阿斗不知何往。我独自逃生至此。"正言间，百姓发喊，又撞出一枝军来。赵云拔枪上马看时，面前马上绑着一人，乃糜竺也。背后一将，手提大刀，引着千余军。乃曹仁部将淳于导，拿住糜竺，正要解去献功。赵云大喝一声，挺枪纵马，直取淳于导。导抵敌不住，被云一枪刺落马下，向前救了糜竺，夺得马二匹。云请甘夫人上马，杀开条大路，直送至长坂城。只见张飞横矛立马于桥上，大叫："子龙！你如何反我哥哥？"云曰："我寻不见主母与小主人，因此落后，何言反耶？"飞曰："若非简雍先来报信，我今见你，怎肯干休也！"云曰："主公在何处？"飞曰："只在前面不远。"云谓糜竺曰："糜子仲保甘夫人先行，待我仍往寻糜夫人与小主人去。"言罢，引数骑再回旧路。

　　正走之间，见一将手提铁枪，背着一口剑，引十数骑跃马而来。赵云更不打话，直取那将。交马只一合，把那将一枪刺倒，从骑皆走。原来那将乃曹操随身背剑之将夏侯恩也。曹操有宝剑二口：一名"倚天"，一名"青釭"；倚天剑自佩之，青釭剑令夏侯恩佩之。那青釭剑砍铁如泥，锋利无比。当时夏侯恩自恃勇力，背着曹操，只顾引人抢夺掳掠。不想撞着赵云，被他一枪刺死，夺了那口剑，看靶上有金嵌"青釭"二字，方知是宝剑也。云插剑提枪，复杀入重围，回顾手下从骑，已没一人，只剩得孤身。云并无半点退心，只顾往来寻觅；但逢百姓，便问糜夫人消息。

忽一人指曰："夫人抱着孩儿，左腿上着了枪，行走不得，只在前面墙缺内坐地。"赵云听了，连忙追寻。只见一个人家，被火烧坏土墙，糜夫人抱着阿斗，坐于墙下枯井之傍啼哭。云急下马伏地而拜。夫人曰："妾得见将军，阿斗有命矣。望将军可怜他父亲飘荡半世，只有这点骨血。将军可护持此子，教他得见父面，妾死无恨！"云曰："夫人受难，云之罪也。不必多言，请夫人上马。云自步行死战，保夫人透出重围。"糜夫人曰："不可！将军岂可无马！此子全赖将军保护。妾已重伤，死何足惜！望将军速抱此子前去，勿以妾为累也。"云曰："喊声将近，追兵已至，请夫人速速上马。"糜夫人曰："妾身委实难去。休得两误。"乃将阿斗递与赵云曰："此子性命全在将军身上！"赵云三回五次请夫人上马，夫人只不肯上马。四边喊声又起。云厉声曰："夫人不听吾言，追军若至，为之奈何？"糜夫人乃弃阿斗于地，翻身投入枯井中而死。后人有诗赞之曰："战将全凭马力多，步行怎把幼君扶？拼将一死存刘嗣，勇决还亏女丈夫。"

赵云见夫人已死，恐曹军盗尸，便将土墙推倒，掩盖枯井。掩讫，解开勒甲绦，放下掩心镜，将阿斗抱护在怀，绰枪上马。早有一将，引一队步军至，乃曹洪部将晏明也，持三尖两刃刀来战赵云。不三合，被赵云一枪刺倒，杀散众军，冲开一条路。正走间，前面又一枝军马拦路。当先一员大将，旗号分明，大书河间张郃。云更不答话，挺枪便战。约十余合，云不敢恋战，夺路而走。背后张郃赶来，云加鞭而行，不想趷跶一声，连马和人，颠入土坑之内。张郃挺枪来刺，忽然一道红光，从土坑中滚起，那匹马平空一跃，跳出坑外。后人有诗曰："红光罩体困龙飞，征马冲开长坂围。四十二年真命主，将军因得显神威。"

张郃见了，大惊而退。赵云纵马正走，背后忽有二将大叫："赵云休走！"前面又有二将，使两般军器，截住去路：后面赶的是马延、张顗，前面阻的是焦触、张南，都是袁绍手下降将。赵云力战四将，曹军一齐拥至。云乃拔青釭剑乱砍，手起处，衣甲平过，血如涌泉。杀退众军将，直透重围。

却说曹操在景山顶上，望见一将，所到之处，威不可当，急问左右是谁。曹洪飞马下山大叫曰："军中战将可留姓名！"云应声曰："吾乃常山赵子龙也！"曹洪回报曹操。操曰："真虎将也！吾当生致之。"遂令飞马传报各处："如赵云到，不许放冷箭，只要捉活的。"因此赵云得脱此难；此亦阿斗之福所致也。这一场杀：赵云怀抱后主，直透重围，砍倒大旗两面，夺槊三条；前后枪刺剑砍，杀死曹营名将五十余员。后人有诗曰："血染征袍透甲红，当阳谁敢与争锋！古来冲阵扶危主，只有常山赵子龙。"

赵云当下杀透重围，已离大阵，血满征袍。正行间，山坡下又撞出两枝军，乃夏侯惇部将钟缙、钟绅兄弟二人，一个使大斧，一个使画戟，大喝："赵云快下马受缚！"……赵云挺枪便刺，钟缙当先挥大斧来迎。两马相交，战不三合。被云一枪刺落马下，夺路便走。背后钟绅持戟赶来，马尾相衔，那枝戟只在赵云后心内弄影。云急拨转马头，恰好两胸相拍。云左手持枪隔过画戟，右手拔出青釭宝剑砍去，带盔连脑，砍去一半，绅落马而死，余众奔散。赵云得脱，望长坂桥而走，只闻后面喊声大震，原来文聘引军赶来。赵云到得桥边，人困马乏。见张飞挺矛立马于桥上，云大呼曰："翼德援我！"飞曰："子龙速行，追兵我自当之。"

云纵马过桥，行二十余里，见玄德与众人憩于树下。云下马伏地而泣。玄德亦泣。云喘息而言曰："赵云之罪，万死犹轻！糜夫人身带重伤，不肯上马，投井而死，云只得推土墙掩之。怀抱公子，身突重围；赖主公洪福，幸而得脱。适来公子尚在怀中啼哭，此一会不见动静，多是不能保也。"遂解视之，原来阿斗正睡着未醒。云喜曰："幸得公子无恙！"双手递与玄德。玄德接过，掷之于地曰："为汝这孺子，几损我一员大将！"赵云忙向地下抱起阿斗，泣拜曰："云虽肝脑涂地，不能报也！"后人有诗曰："曹操军中飞虎出，赵云怀内小龙眠。无由抚慰忠臣意，故把亲儿掷马前。"

五十二回《赵子龙计取桂阳》

……玄德入城安抚已毕，赏劳三军。乃问众将曰："零陵已取了，桂阳郡何人敢取？"赵云应曰："某愿往。"张飞奋然出曰："飞亦愿往！"二人相争。孔明曰："终是子龙先应，只教子龙去。"张飞不服，定要去取。孔明教拈阄，拈着的便去。又是子龙拈着。张飞怒曰："我并不要人相帮，只独领三千军去，稳取城池。"赵云曰："某也只领三千军去。如不得城，愿受军令。"孔明大喜，责了军令状，选三千精兵付赵云去。张飞不服，玄德喝退。

赵云领了三千人马，径往桂阳进发。早有探马报知桂阳太守赵范。范急聚众商议。管军校尉陈应、鲍隆愿领兵出战。原来二人都是桂阳岭山乡猎户出身，陈应会使飞叉，鲍隆曾射杀双虎。二人自恃勇力，乃对赵范曰："刘备若来，某二人愿为前部。"赵范曰："我闻刘玄德乃大汉皇叔；更兼孔明多谋，关、张极勇；今领兵来的赵子龙，在当阳长坂百万军中，如入无人之境。我桂阳能有多少人马？不可迎敌，只可投降。"应曰："某请出战。若擒不得赵云，那时任太守投降不迟。"赵范拗不过，只得应允。

陈应领三千人马出城迎敌，早望见赵云领军来到。陈应列成阵势，飞马绰叉而出。赵云挺枪出马，责骂陈应曰："吾主刘玄德，乃刘景升之弟，今辅公子刘琦同领荆州，特来抚民。汝何敢迎敌！"陈应骂曰："我等只服曹丞相，岂顺刘备！"赵云大怒，挺枪骤马，直取陈应。应捻叉来迎，两马相交，战到四五合，陈应料敌不过，拨马便走。赵云追赶。陈应回顾赵云马来相近，用飞叉掷去，被赵云接住。回掷陈应。应急躲过，云马早到，将陈应活捉过马，掷于地下，喝军士绑缚回寨。败军四散奔走。云入寨叱陈应曰："量汝安敢敌我！我今不杀汝，放汝回去；说与赵范，早来投降。"陈应谢罪，抱头鼠窜，回到城中，对赵范尽言其事。范曰："我本欲降，汝强要战，以致如此。"遂叱退陈应，赍捧印绶，引十数骑出城投大寨纳降。云出寨迎接，待以宾礼，置酒共饮，纳了印绶，酒至数巡，范曰："将军姓赵，某亦姓赵，五百年前，合是一家。将军乃真定人，某亦真定人，又是同乡。倘得不弃，结为兄弟，实为万幸。"云大喜，各叙年庚。云与范同年。云长范四个月，范遂拜云为兄。二人同乡、同年，又同姓，十分相得。至晚席散，范辞回城。

次日，范请云入城安民。云教军士休动，只带五十骑随入城中。居民执香伏道而接。云安民已毕，赵范邀请入衙饮宴。酒至半酣，范复邀云入后堂深处，洗盏更酌。云饮微醉。范忽请出一妇人，与云把酒。子龙见妇人身穿缟素，有倾国倾城之色，乃问范曰："此何人也？"范曰："家嫂樊氏也。"子龙改容敬之。樊氏把盏毕，范令就坐。云辞谢。樊氏辞归后堂。云曰："贤弟何必烦令嫂举杯耶？"范笑曰："中间有个缘故，乞兄勿阻：先兄弃世已三载，家嫂寡居，终非了局，弟常劝其改嫁。嫂曰：'若得三件事兼全之人，我方嫁之：第一要文武双全，名闻天下；第二要相貌堂堂，威仪出众；第三要与家兄同姓。'你道天下那得有这般凑巧的？今尊兄堂堂仪表，名震四海，又与家兄同姓，正合家嫂所言。若不嫌家嫂貌陋，愿陪嫁资，与将军为妻，结累世之亲，如何？"云闻言大怒而起，厉声曰："吾既与汝结为兄弟，汝嫂即吾嫂也，岂可作此乱人伦之事乎！"赵范羞惭满面，答曰："我好意相待，如何这般无礼！"遂目视左右，有相害之意。云已觉，一拳打倒赵范，径出府门，上马出城去了。

范急唤陈应、鲍隆商议。应曰："这人发怒去了，只索与他厮杀。"范曰："但恐赢他不得。"鲍隆曰："我两个诈降在他军中，太守却引兵来搦战，我二人就阵上擒之。"陈应曰："必须带些人马。"隆曰："五百骑足矣。"当夜二人引五百军径奔赵云寨来投降。云已心知其诈，遂教唤入。二将到帐下，说："赵范欲用美人计赚将军，只等将军醉了，扶入后堂谋杀，将头去曹丞相处献功：如此不仁。某二人见将军怒出，必连累于某，因此投降。"赵云佯喜，置酒与二人痛饮。二人大醉，云乃缚于帐中，擒其手下人问之，果是诈降。云唤五百军入，各赐酒食，传令曰："要害我者，陈应、鲍隆也；不干众人之事。汝等听吾行计，皆有重赏。"众军拜谢。将降将陈、鲍二人当时斩了；却教五百军引路，云引一千军在后，连夜到桂阳城下叫门。城上听时，说陈、鲍二将军杀了赵云回军，请太守商议事务。城上将火照看，果是自家军马。赵范急忙出城。云喝左右捉下，遂入城，安抚百姓已定，飞报玄德。

玄德与孔明亲赴桂阳。云迎接入城，推赵范于阶下。孔明问之，范备言以嫂许嫁之事。孔明谓云曰："此亦美事，公何如此？"云曰："赵范既与某结为兄弟，今若娶其嫂，惹人唾骂，一也；其妇再嫁，使失大节，二也；赵范初降，其心难测，三也。主公新定江汉，枕席未安，云安敢以一妇人而废主公之大事？"玄德曰："今日大事已定，与汝娶之，若何？"云吾："天下女子不少，但恐名誉不立，何患无妻子乎？"玄德曰："子龙真丈夫也！"遂释赵范，仍令为桂阳太守，重赏赵云。

六十一回《赵子龙截江夺斗》

……周善方欲开船，只听得岸上有人大叫："且休开船，容与夫人饯行！"视之，乃赵云也。原来赵云巡哨方回，听得这个消息，吃了一惊，只带四五骑，旋风般沿江赶来。周善手执长戈，大喝曰："汝何人，敢当主母！"叱令军士一齐开船，各将军器出来，摆列在船上。风顺水急，船皆随流而去。赵云沿江赶叫："任从夫人去。只有一句话拜禀。"周善不睬，只催船速进。赵云沿江赶到十余里，忽见江滩斜缆一只渔船在那里。赵云弃马执枪，跳上渔船。只两人驾船前来，望着夫人所坐大船追赶。周善教军士放箭。赵云以枪拨之，箭皆纷纷落水。离大船悬隔丈余，吴兵用枪乱刺。赵云弃枪在小船上，掣所佩青釭剑在手，分开枪搠，望吴船涌身一跳，早登大船。吴兵尽皆惊倒。

赵云入舱中，见夫人抱阿斗于怀中，喝赵云曰："何故无礼！"云插剑声喏曰："主母欲何往？何故不令军师知会？"夫人曰："我母亲病在危笃，无暇报知。"云曰："主母探病，何故带小主人去？"夫人曰："阿斗是吾子，留在荆州，无人看觑。"云曰："主母差矣。主人一生，只有这点骨血，小将在当阳长坂坡百万军中救出，今日夫人却欲抱将去，是何道理？"夫人怒曰："量汝只是帐下一武夫，安敢管我家事！"云曰："夫人要去便去，只留下小主人。"夫人喝曰："汝半路辄入船中，必有反意！"云曰："若不留下小主人，纵然万死，亦不敢放夫人去。"夫人喝侍婢向前揪捽，被赵云推倒，就怀中夺了阿斗，抱出船头上。欲要傍岸，又无帮手；欲要行凶，又恐碍于道理：进退不得。夫人喝侍婢夺阿斗，赵云一手抱定阿斗，一手仗剑，人不敢近。周善在后梢挟住舵，只顾放船下水。风顺水急，望中流而去。赵云孤掌难鸣，只护得阿斗，安能移舟傍岸。

正在危急，忽见下流头港内一字儿使出十余只船来，船上磨旗擂鼓。赵云自思："今番中了东吴之计！"只见当头船上一员大将，手执长矛，高声大叫："嫂嫂留下侄儿去！"原来张飞巡哨，听得这个消息，急来油江夹口，正撞着吴船，急忙截住。当下张飞提剑跳上吴船。周善见张飞上船，提刀来迎，被张飞手起一剑砍倒，提头掷于孙夫人前。夫人大惊曰："叔叔何故无礼？"张飞曰："嫂嫂不以俺哥哥为重，私自归家，这便无礼！"夫人曰："吾母病重，甚是危急，若等你哥哥回报，须误了我事。若你不放我回去，我情愿投江而死！"张飞与赵云商议："若逼死夫人，非为臣下之道。只护着阿斗过船去罢。"乃谓夫人曰："俺哥哥大汉皇叔，也不辱没嫂嫂。今日相别，若思哥哥恩义，早早回来。"说罢，抱了阿斗，自与赵云回船，放孙夫人五只船去了。后人有诗赞子龙曰："昔年救主在当阳，今日飞身向大江。船上吴兵皆胆裂，子龙英勇世无双！"又有诗赞翼德曰："长坂桥边怒气腾，一声虎啸退曹兵。今朝江上扶危主，青史应传万载名。"二人欢喜回船。行不数里，孔明引大队船只接来，见阿斗已夺回，大喜。三人并马而归。孔明自申文书往葭萌关，报知玄德。

七十一回《据汉水赵云寡胜众》

……却说赵云在营中，看看等到午时，不见忠回，急忙披挂上马，引三千军向前接应；临行，谓张翼曰："汝可坚守营寨。两壁厢多设弓弩，以为准备。"翼连声应诺。云挺枪骤马直杀往前去。迎头一将拦路，乃文聘部将慕容烈也，拍马舞刀来迎赵云；被云手起一枪刺死。曹兵败走。云直杀入重围，又一枝兵截住；为首乃魏将焦炳。云喝问曰："蜀兵何在？"炳曰："已杀尽矣！"云大怒，骤马一枪，又刺死焦炳。杀散余兵，直至北山之下，见张郃、徐晃两人围住黄忠，军士被困多时。云大喝一声，挺枪骤马，杀入重围，左冲右突，如入无人之境。那枪浑身上下，若舞梨花；遍体纷纷，如飘瑞雪。张郃、徐晃心惊胆战，不敢迎敌。云救出黄忠，且战且走；所到之处，无人敢阻。操于高处望见，惊问众将曰："此将何人也？"有识者告曰："此乃常山赵子龙也。"操曰："昔日当阳长坂英雄尚在！"急传令曰："所到之处，不许轻敌。"赵云救了黄忠，杀透重围，有军士指曰："东南上围的，必是副将张著。"云不回本寨，遂望东南杀来。所到之处，但见"常山赵云"四字旗号，曾在当阳长坂知其勇者，互相传说，尽皆逃窜。云又救了张著。

曹操见云东冲西突，所向无前，莫敢迎敌，救了黄忠，又救了张著，奋然大怒，自领左右将士来赶赵云。云已杀回本寨。部将张翼接着，望见后面尘起，知是曹兵追来，即谓云曰："追兵渐近，可令军士闭上寨门，上敌楼防护。"云喝曰："休闭寨门！汝岂不知吾昔在当阳长坂时，单枪匹马，觑曹兵八十三万如草芥！今有军有将，又何惧哉！"遂拨弓弩手于寨外壕中埋伏；将营内旗枪，尽皆倒偃，金鼓不鸣。云匹马单枪，立于营门之外。

却说张郃、徐晃领兵追至蜀寨，天色已暮；见寨中偃旗息鼓，又见赵云匹马单枪，立于营外，寨门大开，二将不敢前进。正疑之间，曹操亲到，急催督众军向前。众军听令，大喊一声，杀奔营前；见赵云全然不动，曹兵翻身就回。赵云把枪一招，壕中弓弩齐发。时天色昏黑，正不知蜀兵多少。操先拨回马走。只听得后面喊声大震，鼓角齐鸣，蜀兵赶来。曹兵自相践踏，拥到汉水河边，落水死者，不知其数。赵云、黄忠、张著各引兵一枝，追杀甚急。操正奔走间，忽刘封、孟达率二枝兵，从米仓山路杀来，放火烧粮草。操弃了北山粮草，忙回南郑。徐晃、张郃扎脚不住，亦弃本寨而走。赵云占了曹寨，黄忠夺了粮草，汉水所得军器无数，大获胜捷，差人去报玄德。玄德遂同孔明前至汉水，问赵云的部卒曰："子龙如何厮杀？"军士将子龙救黄忠、拒汉水之事，细述一遍。玄德大喜，看了山前山后险峻之路，欣然谓孔明曰："子龙一身都是胆也！"
后人有诗赞曰："昔日战长坂，威风犹未减。突阵显英雄，
被围施勇敢。鬼哭与神号，天惊并地惨。常山赵子龙，一
身都是胆！"于是玄德号子龙为虎威将军，大劳将士，欢
宴至晚。

九十二回《赵子龙力斩五将》

　　……却说夏侯楙在长安聚集诸路军马。时有西凉大
将韩德，善使开山大斧，有万夫不当之勇，引西羌诸路兵
八万到来；见了夏侯楙，楙重赏之，就遣为先锋。德有四子，
皆精通武艺，弓马过人：长子韩瑛，次子韩瑶，三子韩琼，
四子韩琪。韩德带四子并西羌兵八万，取路至凤鸣山，正
遇蜀兵。两阵对圆。韩德出马，四子列于两边。德厉声大
骂曰："反国之贼，安敢犯吾境界！"赵云大怒，挺枪纵马，
单搦韩德交战。长子韩瑛，跃马来迎；战不三合，被赵云
一枪刺死于马下。次子韩瑶见之，纵马挥刀来战。赵云施
逞旧日虎威，抖擞精神迎战。瑶抵敌不住。三子韩琼，急
挺方天戟骤马前来夹攻。云全然不惧，枪法不乱。四子韩
琪，见二兄战云不下，也纵马抢两口日月刀而来，围住赵云。
云在中央独战三将。少时，韩琪中枪落马，韩阵中偏将急
出救去。云拖枪便走。韩琼按戟，急取弓箭射之，连放三箭，
皆被云用枪拨落。琼大怒，仍绰方天戟纵马赶来；却被云
一箭射中面门，落马而死，韩瑶纵马举宝刀便砍赵云。云
弃枪于地，闪过宝刀，生擒韩瑶归阵，复纵马取枪杀过阵来。
韩德见四子皆丧于赵云之手，肝胆皆裂，先走入阵去。西
凉兵素知赵云之名，今见其英勇如昔，谁敢交锋？赵云马

到处，阵阵倒退。赵云匹马单枪，往来冲突，如入无人之境。后人有诗赞曰："忆昔常山赵子龙，年登七十建奇功。独诛四将来冲阵，犹似当阳救主雄。"邓芝见赵云大胜，率蜀兵掩杀，西凉兵大败而走。韩德险被赵云擒住，弃甲步行而逃。云与邓芝收军回寨。芝贺曰："将军寿已七旬，英勇如昨。今日阵前力斩四将，世所罕有！"云曰："丞相以吾年迈，不肯见用，吾故聊以自表耳。"遂差人解韩瑶，申报捷书，以达孔明。

却说韩德引败军回见夏侯楙，哭告其事。楙自统兵来迎赵云。探马报入蜀寨，说夏侯楙引兵到。云上马绰枪，引千余军，就凤鸣山前摆成阵势。当日，夏侯楙戴金盔，坐白马，手提大砍刀，立在门旗之下。见赵云跃马挺枪，往来驰骋，楙欲自战。韩德曰："杀吾四子之仇，如何不报！"纵马轮开山大斧，直取赵云。云奋怒挺枪来迎；战不三合，枪起处，刺死韩德于马下，急拨马直取夏侯楙。楙慌忙闪入本阵。邓芝驱兵掩杀，魏兵又折一阵，退十余里下寨。

后记

小时候，家里的大人经常聊起三国，内容涉及军事、政治，但我只记住了"一吕二赵三典韦，四关五马六张飞"的顺口溜，排名第二的与我一个姓，名字也好听，姓赵名云，字子龙。

小学三四年级，为了附庸风雅，我也看起了《三国演义》。前面的群雄逐鹿故事看得我昏昏欲睡，几次想要放弃。直到有一天看到了长坂坡那回，我一下子精神了，体会到了《三国演义》的精彩，一口气把全书都看完了。

再大一点，央视播出电视剧《三国演义》时，我已经是一个三国粉了，每天都在电视机前准时守候。我还记得，长坂坡一场戏看得我热血沸腾，看完电视剧后，我还萌生了练习枪法的念头。

初中，我喜欢上了街机游戏《三国志》，我总爱选赵云，希望再现单骑救主，可惜水平不行，玩不了几关就 Game Over 了。现在想想，挺对不起赵云的。

高中，我听到了袁阔成先生的评书《三国演义》，让我对赵云有了新的认识。之前喜欢赵云，是因为他长得帅，武艺高，但经过袁先生的讲解，我才意识到赵云最可贵的并不是他的颜值或武艺，而是他高尚的品德。

上大学的时候，我的枕边经常放着两本书，一本《三国演义》，一本《三国志》，没事就翻翻，把涉及赵云的全部文字都看了 N 遍，经常上网络三国聊天室，显摆自己对赵云了解得多。

工作后，我成为一名大学老师，主讲四大名著。每次讲到赵云时，我都手舞足蹈，唾沫横飞，完全沉浸在自己的世界中，也不知道学生爱不爱听。

人到中年，喜欢上了听京剧，特别爱看赵云戏，扮相俊美，动作干净，可惜天生嗓子不行，腿脚不好，文的武的都来不了。

假期，我会出去旅旅游，正定赵云庙、当阳长坂坡公园、大邑赵云墓已经走遍了，准备二周目。

赵云似乎成了我的朋友，一路伴我走来。有时候他还是我的老师，每逢遇到抉择，我常常问自己，这件事儿如果换做赵云，他会怎么做。

多年来，总觉得欠赵云点什么，于是就写了这本书还债。

接下来是感谢。

感谢我的读者，也就是您，谢谢您选择了这本书，我很想与您聊聊赵云，欢迎给我发邮件：122633995@qq.com。

感谢我的学生赵丽雪，谢谢你帮我找出了书中的很多错误，我是个马虎的人，辛苦你了。

感谢我的朋友王来鹤和三国艺苑的站长袁光裕，谢谢你们在本书出版过程中对我的帮助，你们费心了。

感谢我的责任编辑冉智超老师和指文图书出版总监罗应中先生，谢谢你们能看中这个稿子，我们合作得非常愉快，期待下次再合作。

感谢董志新老师，谢谢您给我的写作建议，没有您的提携，不会有我的今天。

感谢老版《三国演义》电视剧赵云的扮演者张山，谢谢您为这本书写推荐语，在我心中，赵云就是您的模样。

感谢段锦川导演，谢谢您为这本书写序，期待有一天我们煮酒论三国，不祀他人，只敬赵云。

感谢我的妻子向淑静，谢谢你的默默付出，年龄大了，老夫老妻了，嘴中很难说出那句话了，只能换做用笔，我爱你。

感谢我的女儿，谢谢你成为我的女儿，这本书，其实是我写给你的。爸爸给你起名叫赵云，希望你不会怪爸爸。

最后，感谢赵云。

赵春阳

2019 年 2 月 24 日凌晨

《心意武将：赵云》

是赵云的百科全书，

是云迷一件备读物。

十云精读一 张山

伊朗

伊朗称霸中东？
波斯称霸的是世界！

波 · 斯 · 千 · 年 · 战 · 争

一部挑战西方学术霸权
的波斯视角中东史

伊朗-波斯史泰斗、
哈佛大学名誉教授
理查德·弗赖伊作序推荐

前传

波斯金狮奖
年度历史图书

中国甲胄史图鉴

一场有关甲胄的视觉指南，多方位展现中国甲胄发展史

◎高清的陶俑、壁画、出土甲胄图片
◎刘永华教授、复原甲胄画师刘诗巍的精美手绘图
◎函人堂甲胄复原工作室、中式甲胄艺术家李辉提供的精美复原甲图片

战争事典